秦漢諸子禮學思想研究

論《呂氏·十二紀》至《春秋繁露》

賴 昇 宏 著

文 史 哲 學 集 成

文史哲出版社印行

國家圖書館出版品預行編目資料

秦漢諸子禮學思想研究：論《呂氏·十二紀》
至《春秋繁露》 / 賴昇宏著. -- 初版 --
臺北市：文史哲，民 107.03
　　頁；　公分（文史哲學集成；706）
參考書目：頁
ISBN 978-986-314-403-8（平裝）

1.秦漢哲學　2.文集

121.07　　　　　　　　　　　107002890

文 史 哲 學 集 成　　706

秦漢諸子禮學思想研究

論《呂氏·十二紀》至《春秋繁露》

著　　者：賴　　昇　　宏
出 版 者：文　史　哲　出　版　社
http://www.lapen.com.tw
e-mail：lapen@ms74.hinet.net
登記證字號：行政院新聞局版臺業字五三三七號
發 行 人：彭　　正　　雄
發 行 所：文　史　哲　出　版　社
印 刷 者：文　史　哲　出　版　社
臺北市羅斯福路一段七十二巷四號
郵政劃撥帳號：一六一八〇一七五
電話886-2-23511028・傳真886-2-23965656

實價新臺幣四〇〇元

二〇一八年（民一〇七）三月初版

ISBN 978-986-314-403-8　　01706

自　序

　　本書乃筆者任教中國文化大學中文系六年來的階段性成果，有感中華本禮儀之邦，禮學思想源遠流長，周文郁郁乎文哉，豈虛言矣？周文之美立於尊尊與親親，尊尊隨王室強弱而遞減，親親隨時空距離而遞疏，造成春秋時期禮崩樂壞，先秦諸子百家蜂起，漢儒藉由君王的支持，由上而下，重建漢世人倫禮教，可謂中華禮樂文化第一次的崩壞與重建。漢末禮教文化因權威化而僵固，社會秩序再次瓦解，歷經南北朝亂世，隋唐帝國繼起，立基於感性與佛教生命的隋唐文化，不足以安定人心。故有宋、明儒的興起，以德性生命為本，以禮樂文化為德性的延伸表現，透過講學、著書、家禮、鄉校等，由下而上，重建宋、明社會君臣、父子、夫婦、兄弟、朋友之新人倫規範，可謂中華禮樂文化第二次的崩壞與重建。宋明儒的禮教之風，至於清兵入關而漸泯，以至於近代中西文化的衝突，禮崩樂壞更甚前代，可視作中華禮樂文化第三次的崩壞，每有感於斯乃有志焉！漢儒、宋明儒前賢皆能承先啟後，吐故納新，以重建一代禮樂文化，吾輩亦當發憤。

　　自治學以來，承蒙王師俊彥栽培愛護，王師精於宋明義理之學，近年研究中國氣學思想另闢蹊徑，成果斐然！筆者有志禮學思想，當歸功於王師指導拙作《禮記氣論思想研究》而進

入禮學殿堂，師恩浩瀚，無以報之。此外，本篇論文也要感謝陳錫勇教授的指正，陳教授專精老子，筆者昔從陳教授習荀子，承蒙陳教授愛護指導使本文更完善。本書為階段性成果，惟願有生之年，能繼續完成中國禮學思想的研究，以稍盡綿力。

賴昇宏　謹誌于板橋二〇一八年二月

秦漢諸子禮學思想研究

論《呂氏·十二紀》至《春秋繁露》

目　　次

第一章　先秦諸子禮學思想概說

第一節　前　言

「禮學」範圍廣大，包括禮的文獻，歷代禮制，禮的思想等[1]。本文偏向各家禮學思想的探討，包括禮的來源、內容、意義、價值等主張，試圖透過秦漢時期思想家論「禮」的看法，呈現秦漢時期禮學思想發展軌跡並說明其意義。

「禮」的成因久遠而複雜，《禮記‧禮運》曰：「夫禮之初，始諸飲食，其燔黍捭豚，汙尊而抔飲，蕢桴而土鼓，猶若可以致其敬於鬼神。」[2]說明「禮」乃遠古先民為求生存而致敬於鬼神的心態而起。《說文》曰：「禮，履也，所以事神致福也。」[3]

---

1 楊志剛認為禮學有廣義與狹義之分，狹義指研究三禮之禮經學，廣義則包括禮經學、禮儀學、禮論的總稱，禮論是對禮的本質、價值、功能和歷史作用等進行理論性闡釋。（參見楊志剛：〈中國禮學史發凡〉《復旦學報》(社會科學版)1995年第 6 期，頁 52-68)，陸建華認為禮學是對禮的發生、內涵、本質、價值、識知、禮樂關係、禮法關係等作系統的理論說明而形成的哲學體系。（參見陸建華：《荀子禮學研究》，2004，頁 2)，王啟發認為禮學是針對古代禮法制度與觀念所作的解釋說明引申發揮的思想與學說。（參見王啟發：《禮學思想體系探源》，頁 7)，勾承益認為「禮學是自古及今一切關於禮的學術活動的總稱，是以禮為研究對象的專門的學術」（參見勾承益：《先秦禮學》，頁 3。）
2 《禮記》，頁 416。
3 段玉裁：《說文解字注》，頁 2。

說明「禮」是為向神明求福而進行的活動，對象為「事神」，目的為「致福」，「神」包括天地日月山川之神及祖先，或源於遠古先民對不可知之鬼神的崇敬、恐懼與祈求之心態。故「禮」之成因當與遠古祭祀有關，至於今日「禮」的事神致福這部分的祭祀活動仍相沿不絕。

先秦禮學淵源可溯及夏商周三代，《論語‧為政》曰：「殷因於夏禮，所損益可知也；周因於殷禮，所損益可知也；其或繼周者，雖百世可知也。」[4]孔子說明三代之禮的因革損益，《論語‧八佾》曰：「夏禮，吾能言之，杞不足徵也；殷禮，吾能言之，宋不足徵也。文獻不足故也，足則吾能徵之矣。」[5]《禮記‧中庸》也有類似的話[6]，表現孔子對夏商周三代之禮應有相當認識，孔子指出三代之禮有其傳承之共通處，也有其差異處。好奇的是，三代之禮共同處具體內容為何？其差異處又為何？或因為文獻不足，孔子並無進一步說明，今日《禮記》尚存數則三代禮制之異同可窺見一二[7]。

《詩經‧大雅‧文王》曰：「天命靡常」[8]周人有感乃生「以德應天」觀念，歌頌文王之德的崇高。《詩經‧周頌‧維天之

---

4 《論語》，頁19。
5 同前注《論語》，頁27。
6 子曰：「吾說夏禮，杞不足徵也。吾學殷禮，有宋存焉；吾學周禮，今用之，吾從周。」《禮記》，頁898。
7 《禮記》中尚存數則論三代禮制異同之紀錄：「有虞氏瓦棺，夏后氏堲周，殷人棺槨，周人牆置翣。周人以殷人之棺槨葬長殤，以夏后氏之堲周葬中殤、下殤，以有虞氏之瓦棺葬無服之殤。」《禮記‧檀弓上》，頁113。「夏后氏殯於東階之上，則猶在阼也；殷人殯於兩楹之間，則與賓主夾之也；周人殯於西階之上，則猶賓之也。」《禮記‧檀弓上》，頁130。「委貌，周道也。章甫，殷道也。毋追，夏后氏之道也。」《禮記‧郊特牲》，頁504。
8 《詩經》，頁536。

命》曰：「維天之命，於穆不已。於乎不顯！文王之德之純。」[9]春秋時期由文王之德的推崇，更進而擴大為君子之德以應鬼神之享。《左傳‧僖公五年》宮之奇諫虞君「鬼神非人實親，惟德是依」，「皇天無親，惟德是輔」，「神所馮依，將在德矣」[10]強調鬼神受享在於人之德，是鬼神信仰漸脫離於宗教祭祀，而端賴人之德行表現，故人之德地位提高了。《左傳‧隱公十一年》論鄭莊公曰：「禮，經國家，定社稷，序民人，利後嗣者也」[11]「禮」又由人君之德擴大為國家綱紀、人民秩序的社會規範義發展。《左傳‧昭公廿五年》簡子問禮於子大叔，子大叔以子產之言曰：「夫禮，天之經也，地之義也，民之行也。」[12]子大叔已屬春秋晚期，論「禮」內涵包括天地之常道與社會之規範，此見春秋時期「禮」的發展脈絡：由三代祭祀鬼神之儀，逐漸下落為人德之應天，再擴及於社會規範，最後再上溯天道以為禮之形上根源的發展軌跡。

　　蔡仁厚以為：「孔子身當春秋後期，春秋時代最有代表性的觀念是『禮』。禮的原初義，當然與祭祀有關，禮這個字一本是從豐字發展而來。由意指『行禮之器』的豐字，發展到意指『祭祀者之行為儀節』的『禮』字，再拓展到包括『法制、規範』的意義，乃是經過西周三百餘年的演變而漸次形成的。到了春秋時代，在說明『禮』的內容意指時，便已脫離了原始宗教的意味，而成為一個涵蓋全幅人文世界的共同理念了。」[13]

9　《詩經》，頁708。

10　《左傳》，頁208。

11　同前注，頁81。

12　同前注，頁888。

13　蔡仁厚：《孔孟荀哲學》，頁50。

蔡氏清楚說明春秋時期「禮」的發展脈絡，「禮」的內涵確實逐漸由天道祭祀下落為人文規範，但「禮」同時也上溯以涵攝天道之規律，「禮」的天道義由原始宗教義轉為理性的形上根據義，故「禮」仍具豐富之天人內涵，這樣的發展軌跡可視作春秋晚期「禮」學思想的反思與擴充。

　　以下則略述先秦諸子禮學思想概說：春秋時期以孔子，老子為代表，孔子主張「克己復禮，天下歸仁」，老子主張「先道德而後禮義」，二子可謂先秦禮學思想的先驅。戰國諸子則以孟子，《郭店楚簡》，《莊子》，《管子》及荀子為主，表現先秦禮學思想的多元內涵。

第二節　孔子與老子論「禮」

一、孔子論「禮」

　　周文的封建禮樂制度建立在「親親與尊尊」[14]的基礎上，經西周三百餘年的發展而「郁郁乎文哉」。至於春秋，隨著王室東遷，周文隨時間的疏遠與政治實力的消長而漸向崩解，諸侯僭越天子之禮，大夫僭越諸侯之禮，更是屢見不鮮。《史記・孔子世家》曰：「孔子之時，周室微而禮樂廢、詩書缺。追迹三代之

14　哀公問政。子曰：「文、武之政，布在方策，其人存，則其政舉；其人亡，則其政息。人道敏政，地道敏樹。夫政也者，蒲盧也。故為政在人，取人以身，修身以道，修道以仁。仁者人也，親親為大；義者宜也，尊賢為大。親親之殺，尊賢之等，禮所生也。」《禮記・中庸》，頁887。

禮，序書傳，上紀唐虞之際，下至秦繆，編次其事。曰：『夏禮，吾能言之，杞不足徵也。殷禮，吾能言之，宋不足徵也。足則吾能徵之矣』觀殷、夏所損益，曰：『後雖百世可知也。』以一文一質，周監二代，郁郁乎文哉！『吾從周。』故書傳、禮記自孔氏。」[15]孔子（B.C.551-B.C.479）身處春秋禮樂崩壞的現實環境，雖然極力批判僭越之非禮[16]，但仍難扭轉周文崩壞之大勢，此乃孔子對「禮」省思的時代背景。

　　林放問禮之本？[17]孔子沒有明確地回答，「與其奢」孔子以為「禮」外在形式不在誇耀而在適切；喪禮與其儀節習熟，不如盡其哀戚之心，此由「禮」之形式與內涵來論述，「禮」乃綜合外在形式的適切與內在人心的真誠表現而成。宰我對「三年之喪」的質疑[18]，孔子以「人心之安否？」為本質，乃針對喪禮乃源於人心之安而言。最後「禮」的內在本質為何？《論語・八佾》曰：「人而不仁，如禮何？人而不仁，如樂何？」[19]雖以反問形式呈現，答案呼之欲出，即禮樂的本質正是「仁」。

15　司馬遷：《史記》，頁770。
16　孔子謂季氏：「八佾舞於庭，是可忍也，孰不可忍也？」；三家者以雍徹。子曰：「『相維辟公，天子穆穆』，奚取於三家之堂？」；季氏旅於泰山。子謂冉有曰：「女弗能救與？」對曰：「不能。」子曰：「嗚呼！曾謂泰山，不如林放乎？」《論語・八佾》，頁25-26。
17　林放問禮之本。子曰：「大哉問！禮，與其奢也，寧儉；喪，與其易也，寧戚。」同前注，頁26。
18　宰我問：「三年之喪，期已久矣。君子三年不為禮，禮必壞；三年不為樂，樂必崩。舊穀既沒，新穀既升，鑽燧改火，期可已矣。」子曰：「食夫稻，衣夫錦，於女安乎？」曰：「安。」「女安則為之！夫君子之居喪，食旨不甘，聞樂不樂，居處不安，故不為也。今女安，則為之！」宰我出。子曰：「予之不仁也！子生三年，然後免於父母之懷。夫三年之喪，天下之通喪也。予也有三年之愛於其父母乎？」《論語・陽貨》，頁157-158。
19　《論語》，頁26。

　　《論語‧顏淵》曰：「顏淵問仁。子曰：『克己復禮為仁。一日克己復禮，天下歸仁焉。為仁由己，而由人乎哉？』顏淵曰：『請問其目』子曰：『非禮勿視，非禮勿聽，非禮勿言，非禮勿動。』顏淵曰：『回雖不敏，請事斯語矣！』」[20]「攝禮歸仁」乃孔子對禮的省思偏向理論說，「克己復禮為仁」則是實踐說，在生活中如何實踐才是「仁」的表現？「仁」包含內在人心與外在表現，「克己」是內在人心的省察，「克己」在《論語》中沒有類似的說法，但「己」在《論語》中有兩面意義：一是正面的「夫仁者，己欲立而立人，己欲達而達人」[21]，二是反面的「己所不欲，勿施於人。」[22]「克己」偏向反面說，朱熹便以「身之私欲」注之[23]，人心之私欲須克勝之乃得其仁心，宋儒以天理、人欲辨之，人心之天理即為仁心，人心之人欲即為私欲，故「克己」乃自我省察功夫。「復禮」則就外在形式說，人心之省察得其仁心，仁心之發則必循禮而為之，故內有人心之誠，外有禮儀之發，內外合一是為「仁」。「為仁由己」即「我欲仁，斯仁至矣」[24]，強調「仁」的內在主體性，「一日克己復禮，天下歸仁」強調仁心由個人而天下的普遍性。至於「非禮勿視，非禮勿聽，非禮勿言，非禮勿動」則是強調個人本其仁心發為外在的視聽言行之表現。

　　「克己復禮為仁」是孔子針對周文衰微的反思而提出的新內涵，面對春秋中期以後諸侯、大夫僭禮、失禮情況，孔子試

20　《論語》，頁106。
21　《論語‧雍也》，頁55。
22　《論語‧衛靈公》，頁140。
23　朱熹：《四書章句集注‧論語》，頁182。
24　《論語‧述而》，頁64。

圖重新為周文找到內在生命力，周文的維繫在周天子的「親親與尊尊」，但孔子新的禮學內涵，維繫「禮」的規範是在人心之仁，於是「禮」遂超越血緣、超越政治，而有其永恆性。孔子或許只想為周文衰微找出繼續延續的內在精神，卻為中國文化開啟出道德方向，如何將仁心落實在生活？如何建構以仁心為本質的禮樂文化？遂成為中國文化日後發展的努力方向。

　　《論語・季氏》曰：「天下有道，則禮樂征伐自天子出；天下無道，則禮樂征伐自諸侯出。」[25]此乃孔子對周文秩序的嚮往，也是對當時禮樂失序的不滿。《論語・顏淵》曰：「君君、臣臣、父父、子子」[26]正是孔子心中的理想，個人在自己的分際內各司其職，各盡其分。故《論語・為政》曰：「道之以政，齊之以刑，民免而無恥；道之以德，齊之以禮，有恥且格。」[27]「克己復禮為仁」是儒者個人的道德實踐，擴而大之「道之以德，齊之以禮」便是天下歸仁的理想，以政以刑只能約束人民外在行為，使民不敢為惡；以德以禮才能教化人民，啟發其仁心，讓民不僅不為惡，更會主動興善。孔子主張以德以禮為本，以政以刑為輔，啟發民之仁心自覺為主，禁制為惡為從，期人民能克己復禮，終將天下歸仁。

　　勞思光認為：「孔子如何發展其有關『禮』之理論？簡言之，即攝『禮』歸『義』，更進而攝『禮』歸『仁』是也。通過此一理論，不唯本身不同於儀文，而且『禮』之基礎亦不在於『天』，而在於人之自覺心或價值意識。於是孔子一方面固

25　《論語》，頁147。
26　同前注，頁108。
27　同前注，頁16。

吸收當時知識份子區分禮儀之說，而脫離禮生傳統；另一方面，更建立『仁、義、禮』之理論體系，透顯人對自身之肯定，離開原始信仰之糾纏。於是，孔子序周文之精神以自覺基礎，遂開創儒學之規模。故『仁、義、禮』三觀念，即構成孔子之基本理論。」[28]孔子「攝禮歸仁」將禮的根據係於人心之真情實感，確實表現以人心為本的人文精神，凸顯出人文價值，但孔子並非要脫離天地鬼神，而是在此仁心之誠的基礎下，重新安頓天地鬼神，祭祀天地祖先仍是儒家之所重，故孔子提出「仁」的主張，實則是要「復禮」。孔子的「仁」立基於人心之誠，他試圖重新賦予周文以人內在之真情實感，面對日漸廢弛的天地、山川、天子、諸侯、大夫之禮，試圖重新回復那發自人心的真誠與尊重，站在這一點上，孔子可說是周文的改革者。

　　孔子省思周文之弊提出「克己復禮，天下歸仁」的主張，雖仍無法挽救周文之衰，但「仁」的方向與價值卻對中華文化的發展影響深遠。其次，孔子可說是先秦諸子中針對「周文之禮」議題，第一個提出理論主張者[29]，乃周文改革的開創者。此外，孔子保存古代禮學典籍，對學術文化傳承居功厥偉。[30]

---

28 勞思光：《新編中國哲學史（一）‧〈第三章孔孟與儒學（上）〉》，頁112。

29 前述春秋時期宮之奇，子產，子大叔等有識之士，雖對「禮」的議題有所省思與發揮，惟皆未提出完整理論。

30 《史記‧孔子世家》：「孔子之時，周室微，而禮樂廢、詩書缺。追迹三代之禮，序書傳，上紀唐虞之際，下至秦繆，編次其事。曰：『夏禮，吾能言之，杞不足徵也。殷禮，吾能言之，宋不足徵也。足則吾能徵之矣』觀殷、夏所損益，曰：『後雖百世可知也。』以一文一質，周監二代，郁郁乎文哉！『吾從周。』故書傳、禮記自孔氏。」司馬遷：《史記》，頁770。

二、老子論「禮」

　　老子（？－？）[31]，古之隱君子也[32]，《史記‧老莊申韓列傳》曰：「老子者，楚人也，名聃，周守藏室之史也。」[33]司馬貞索隱：「藏室史乃周藏書室之史也。」[34]老子屬古代知識階層之有識之士，面對春秋亂世，《老子‧第三十一章》[35]曰：「君子居則貴左，用兵則貴右。故曰兵者不祥之器也，不得已而用之。……夫樂殺，不可以得志於天下。故吉事尚左，喪事尚右。是以偏將軍居左，上將軍居右，言以喪禮居之也。故殺人眾，則以哀悲蒞之，戰勝，則以喪禮居之。」[36]老子以兵器為不祥之物，以戰勝為不美之事，以樂殺人不可得志於天下，軍陣以喪禮目之，殺人當哀悲泣之，戰勝當以喪禮面對，表現老子目睹春秋時期兵禍之苦，悲憫不忍之情。不能不有所感，但老子並非從周文制度面思考，而是從人性面思考亂世之生。《老子‧

---

31 關於老子其人與《老子》一書，歷來眾說紛紜，一派主張老子生當孔子前，《老子》成書於孔子前；一派主張老子生當孔子後，《老子》成書於孔子後，考之先秦史料與近年出土文獻，筆者認同老子當生於孔子前，《老子》當成於孔子前，即所謂「早出論」看法。但就禮學思想發展而言，老子思想重心不在「禮」而在「道」與「德」，故此書仍將老子置於孔子後論之。參看。劉建國：《中國哲學史史料學概要上‧〈道德經〉的成書年代與真偽問題》，頁91。

32 司馬遷：「老子，隱君子也。」《史記》，頁859。

33 《史記》今本：「楚苦縣厲鄉曲仁里人也，姓李氏，名耳，字伯陽，諡曰聃。」其文不合〈列傳〉體例，當為唐初道教徒為尊老氏所衍增，詳見陳錫勇先生《老子論集‧敘論》，頁13。

34 司馬遷：《史記》，頁858。

35 《老子》版本眾多，本文版本採用陳錫勇先生：《老子釋義》，臺北：國家，2011.08。

36 陳錫勇先生：《老子釋義》，頁75。

第四十六章》曰：

> 天下有道，卻走馬以糞。天下無道，戎馬生於郊。罪莫
> 厚乎甚欲，咎莫憯乎欲得，禍莫大乎不知足，故知足之
> 為足，此恆足矣。[37]

　　老子以為天下無道，兵禍連連的起因在於人不知足、必欲
得之貪欲，不在於制度面問題，而是人性之貪欲造成，《史記‧
老莊申韓列傳》載孔子適周問禮於老子。老子曰：「子所言者，
其人與骨皆已朽矣，獨其言在耳。且君子得其時則駕，不得其
時則蓬累而行。吾聞之，良賈深藏若虛，君子盛德容貌若愚。
去子之驕氣與多欲，態色與淫志，是皆無益於子之身。吾所以
告子，若是而已。」[38]勞思光以為《史記》所載孔子問禮老子事
「考之史實，舛謬顯然，且他說亦多不可通，『問禮』之事遂
成為一問題。」[39]孔子是否向老子問禮一事，先秦古籍《禮記》、
《莊子》、《呂氏春秋》所載多有[40]。孔子問禮於老子，老子當
為知禮者，惟老子所重本不在「禮」。《老子》論「禮」之處
不多[41]。老子回答孔子：1.「禮」乃先王之陳跡。2.君子當順時

37　陳錫勇先生：《老子釋義》，頁 106。

38　司馬遷：《史記‧老莊申韓列傳》，頁 858。

39　勞思光：《新編中國哲學史（一）》〈孔子問禮之問題〉，頁 217。

40　「（孔子適周將問禮於老子)此事古籍所載多有，太史公據其實而書之本〈本
　　傳〉，雖或有撰述異同，然孔子見老子之事必有，是孔子所嚴事者。」詳見陳
　　錫勇先生《老子論集‧敘論》，頁 16。

41　陳鼓應以為：「《老子》談到禮的地方並不多，卻有其特殊的哲學意涵，並
　　反映著深刻的時代意義。《老子》31 章提到喪禮，但所談的並不是喪禮的儀
　　節，而是藉喪禮表達對戰爭為人類帶來慘烈災難時流露內心戒懼審慎的哀戚
　　心情。《老子》另外在 38 章提到禮，是將它和仁義與道德並舉列論。前者藉
　　禮表現了老子對時代悲劇的悲憫之情及深厚的人道關懷；後者論禮，則表達

而動，得志則行，不得志則隱。3.君子當以德為本，外在表現之
容貌若愚。4.當去人性之驕與欲，依此驕氣表現而出之儀態神色
與抱負雄心皆無益於人。觀老子答孔子之問禮，並未觸及「禮」
之省思問題或當時諸侯、大夫僭禮問題，而是針對人性面之偏
失而言，此點與老子對「禮」的看法是相應的。

　　《史記・老莊申韓列傳》曰：「老子修道德，其學以自隱
無名為務。居周久之，見周之衰，乃遂去。」[42]老子思想建立在
「尊道貴德」，「禮」乃先王之儀文而已，禮崩樂壞乃時代之
所必然，不足以為據。故老子以為天地人物長久之道不在「禮」
而在「道」，《老子・第五十一章》曰：「道生之而德畜之，
物形之而器成之，是以萬物尊道而貴德。」[43]人世長治久安之方
在依「道」而行「德」，人世之紛亂皆因人失「道」失「德」
所導致，故尊「道」貴「德」乃老子對周文之衰省思後所得之
結論[44]。

　　《老子・第三十八章》曰：「失道而後德，失德而後仁，
失仁而後義，失義而後禮。夫禮者，忠信之薄也而亂之首也。」[45]
「道」對「本體」而言，「德」對「人」而言，「仁」對「心」

了老子貫通形上之道與形下之禮義，以求其無為而治的治道理想正常運作於
現實社會中。」陳鼓應：〈先秦道家之禮觀〉《漢學研究》第 18 卷第 1 期，
2000.6，頁 3。

42 司馬遷：《史記・老莊申韓列傳》，頁 858。

43 陳錫勇先生：《老子釋義》，頁 114。

44 勞思光以為「老子之學起於觀變思常。萬象無常，常者唯道。於是『道』為
老子思想之中心。而『道』為形上之實體；是實有義。以心觀道，心遂離物。
心依於道，乃成其德，故『德』為自覺之理境，是實踐義。主客對分，超驗
與經驗之界別乍顯，此老子論『道德』之主旨。」勞思光：《新編中國哲學
史（一）・〈第四章　道家學說〉》，頁 252。

45 陳錫勇先生：《老子釋義》，頁 88。

而言，「義」對「事」而言，「禮」對「行」而言，故「道」、「德」、「仁」、「義」、「禮」非層層下落的關係，「道」、「德」、「仁」、「義」、「禮」實同質異層的關係[46]。人心與「道」同化則不失；人心離「道」乃據「德」以行；人心離「德」乃求「仁」以存，人心失「仁」乃據「義」以則，人心失「義」遂依「禮」而行。故「道」、「德」、「仁」、「義」、「禮」實因時代演進造成的人心陷溺偏失所致，「道」、「德」、「仁」、「義」、「禮」的本質皆為體「道」而設，惟人心隨時代變遷日漸失落，離「道」漸遠，逐欲不返，不得已乃有「德」、「仁」、「義」、「禮」之自守因應，故世亂之首並非「禮」所致，實因人心「忠信之薄」所導致。

　　陳鼓應以為「在老子的想法，在最好的狀態，仁義禮都蘊含在大道中，不用特異去標舉，也不用將道德行為外化出來。老子所以正言若反地發話，乃基於人倫道德之日漸淪喪，『攘臂而扔之』在老子時代已是相當普遍的現象，這種現象反映的是在那禮崩樂壞的年代，禮失去了內在的情質，外化不僅流於形式，而且華而不實地相率以偽，同時演為強民就範的工具，38章所謂『夫禮者，忠信之薄，而亂之首。』並非對禮的否定，而是對那時代的動亂發出沉痛的呼喚，反映在周文凋敝的歷史背景下，如何來重建社會人倫，這是對一個時代的重大課題進

46　林明照以為：「（老子)道德仁義禮的序列並非價值的墮落程序，而是以道的同一性為價值依據，在形式與型態層面作出轉變。剋就禮而言，從德經仁、義而延伸至禮，禮已成為偏向行為、對象性、形式制作的型態，不過，其內在仍蘊含著道這價值根源，亦即作為人自然本性之『德』。只是在行為與形式意義濃重的禮中，由德所承介而來的道，已隱而不彰，漸趨式微。」《先秦道家的禮樂觀・〈第三章老子的禮樂反思〉》，頁102。

行的深刻反省。」[47]老子的理想政治為「道德之治」，在個人方
面《老子・第三章》曰：「聖人之治，虛其心，實其腹，弱其
志，強其骨。恆使民無智無欲也。使夫智不敢、不為而已，則無
不治矣。」[48]《老子・第十九章》曰：「視素保樸，少私寡欲。」[49]
主張回復人心樸實無爭之性；在群體社會理想方面則主《老子・
第八十章》曰：「小邦寡民，使十伯人之器勿用；使民重死而
遠徙。有舟車無所乘之，有甲兵無所陳之，使民復結繩而用之，
甘其食，美其服，樂其俗，安其居，鄰邦相望，雞犬之聲相聞，
民至老死不相往來。」[50]老子主張有邦有民、器物、舟車、甲兵
之設，以此知老子並未反文明、反知識，乃反對人智巧之弊。
但此中亦無禮樂之施，知老子不主張禮治，而是要越過禮治，
直以「尊道貴德」為治，回復人性之樸為理想。

　　陸建華以為：「（老子）不同於持"禮廢而世亂"觀點的
哲人們幻想恢復禮治來重新整治社會，老子獨闢蹊徑，由"禮
存而世亂"的思維路徑出發，企圖以道代替禮、以道治取代禮
治。為此，有別於前者高揚禮的價值，幾乎全盤否定禮的存在
的必要性與治世功能，為禮的"缺憾"做哲學證明。這樣，老
子所構建的禮學體系便呈現強烈的批判性，而與其同時代孔子
等所構築的禮學學說的顯明的建設性旨趣大異。」[51]陸氏以為老
子「企圖以道代替禮、以道治取代禮治」是對的，但老子並非
認為世亂乃因「禮」存，實則對老子而言，世亂在人心失去了

47　陳鼓應：〈先秦道家之禮觀〉《漢學研究》第 18 卷第 1 期，2000.6，頁 7。
48　陳錫勇先生：《老子釋義》，頁 21。
49　同前注，頁 49。
50　同前注，頁 179。
51　陸建華：《先秦諸子禮學研究・〈道家之禮學〉》，頁 12-13

「道」、「德」、「仁」、「義」、「禮」而產生欲求不足的
貪欲所致，因此回復「道」、「德」、「仁」、「義」、「禮」
背後人心的樸實溫厚，恐正是老子用心之所在。孔子主張「禮
之本在仁」主回復人之道德心，老子則主回復人心之樸，從這
點看老子與孔子並非針鋒相對，只是彼此主張的途徑不同。

第三節　戰國諸子論「禮」

一、孟子論「禮」

　　孟子（B.C.372-B.C.289），當齊宣王，梁惠王時。《史記・
孟子荀卿列傳》曰：「孟軻，鄒人也。受業子思之門人。道既
通，游事齊宣王，宣王不能用。適梁，梁惠王不果所言，則見
以為迂遠而闊於事情。當是之時，秦用商君，富國彊兵；楚、
魏用吳起，戰勝弱敵；齊威王、宣王用孫子、田忌之徒，而諸
侯東面朝齊。天下方務於合從連衡，以攻伐為賢，而孟軻乃述
唐、虞、三代之德，是以所如者不合。退而與萬章之徒序詩書，
述仲尼之意，作孟子七篇。」[52]

　　孔子論「禮」本於仁心，孟子承孔子之說亦主張「禮」發
於人心。孟子論葬禮之起源，《孟子・滕文公上》曰：「蓋上
世嘗有不葬其親者。其親死，則舉而委之於壑。他日過之，狐
狸食之，蠅蚋姑嘬之。其顙有泚，睨而不視。夫泚也，非為人

52　司馬遷：《史記・孟子荀卿列傳》，頁939。

泚，中心達於面目。蓋歸反虆梩而掩之。掩之誠是也，則孝子仁人之掩其親，亦必有道矣。」趙岐注：「聖人緣人心而制禮也。」[53]孔子由「心之安否？」論三年之喪[54]，已啟「守喪之禮」源於人心之不安之說。孟子論喪禮的由來，正來自於不忍親曝屍於外之仁心，不忍之心。

《孟子・公孫丑上》曰：「人皆有不忍人之心。先王有不忍人之心，斯有不忍人之政矣。以不忍人之心，行不忍人之政，治天下可運之掌上。所以謂人皆有不忍人之心者，今人乍見孺子將入於井，皆有怵惕惻隱之心；非所以內交於孺子之父母也，非所以要譽於鄉黨朋友也，非惡其聲而然也。由是觀之，無惻隱之心非人也，無羞惡之心非人也，無辭讓之心非人也，無是非之心非人也。惻隱之心，仁之端也；羞惡之心，義之端也；辭讓之心，禮之端也；是非之心，智之端也。人之有是四端也，猶其有四體也。有是四端而自謂不能者，自賊者也；謂其君不能者，賊其君者也。凡有四端於我者，知皆擴而充之矣，若火之始然、泉之始達。苟能充之，足以保四海；苟不充之，不足以事父母。」[55]不忍之心有四：惻隱、羞惡、辭讓、是非四端之心，來自於仁、義、禮、智之性，此乃孟子「性善說」之理據。此說是孔子「禮本於仁」後，儒家心性論重要發展。值得注意

53　焦循：《孟子正義（上）》，頁404-405。
54　宰我問：「三年之喪，期已久矣。君子三年不為禮，禮必壞；三年不為樂，樂必崩。舊穀既沒，新穀既升，鑽燧改火，期可已矣。」子曰：「食夫稻，衣夫錦，於女安乎？」曰：「安。」「女安則為之！夫君子之居喪，食旨不甘，聞樂不樂，居處不安，故不為也。今女安，則為之！」宰我出。子曰：「予之不仁也！子生三年，然後免於父母之懷。夫三年之喪，天下之通喪也。予也有三年之愛於其父母乎？」《論語・陽貨》，頁157。
55　《孟子》，頁65。

者，「禮」之端來自於人性，發而為辭讓之心，進而為冠婚喪祭之禮，故「禮」源於人性之四端。

> 君子所以異於人者，以其存心也。君子以仁存心，以禮存心。[56]

> 君子所性，仁義禮智根於心。[57]

君子以仁、以禮存心，進而言仁、義、禮、智本根於心之內，君子以「禮義禮智」為性，不以耳目感官為性，孟子以葬禮源於人心之不忍，辭讓之心源於人性之禮端，「禮」本於性善。這樣的說法脫離了《說文》：「禮，履也，所以事神致福也。」[58]的宗教色彩，也脫離了孔子論三代之禮因革損益的文化傳承義[59]。當孟子提出「禮」源於人性之善，乃將先秦儒家「禮」內化於人性，孟子對「禮」源於人性四端這樣的說法有其新意，因「禮」在先秦多指祭祀、治國之道或修身處事之則，屬外在行為表現，孟子將「禮」立基於人性之善的發展，以禮之本於人性之善，實有深化「禮」的價值義，可謂先秦儒家禮學思想重要發展。

孟子將「禮」源於人性，人心之善，故孟子對當世之禮的批判，往往不是站在對周文禮制的僭越與否？而是站在人性辭

56　《孟子‧離婁下》，頁 153。
57　《孟子‧公盡心上》，頁 233。
58　段玉裁：《說文解字注》，頁 2。
59　子張問：「十世可知也？」子曰：「殷因於夏禮，所損益可知也；周因於殷禮，所損益，可知也；其或繼周者，雖百世可知也。」《論語‧為政》，頁19。

讓之心為「禮」的基礎上作為判準，批判當時君權高漲而導致君尊臣卑的種種無禮情況。

> 孟子告齊宣王曰：「君之視臣如手足，則臣視君如腹心；君之視臣如犬馬，則臣視君如國人；君之視臣如土芥，則臣視君如寇讎。」[60]

> 齊宣王問曰：「湯放桀，武王伐紂，有諸？」孟子對曰：「於傳有之。」曰：「臣弒其君可乎？」曰：「賊仁者謂之賊，賊義者謂之殘，殘賊之人謂之一夫。聞誅一夫紂矣，未聞弒君也。」[61]

孟子論君臣之對待分三種層次，最上者：君視臣如手足，臣視君如腹心，君臣如一體；次者，君視臣如犬馬，臣視君如國人，君臣如國人；最下者，君視臣如土芥，臣視君如寇讎，君臣如仇。對孟子而言，其論君臣關係已經超越周文的規範，直接就君臣二者的內在發心處論，君以辭讓之心待臣，則臣以辭讓之心回應君；君以非禮之心待臣，臣必以非禮之心應君。此非由血緣而定，亦非由身分而定的君臣關係。孟子對君臣之禮的看法正與他所提「禮之本於四端之心」的性善說一致。《左傳・哀公十四年》曰：「齊陳恆弒其君王于舒州，孔丘三日齊，而請伐齊」[62]孔子面對齊大夫陳恆弒簡公以獨攬國政之事亦不能

60　《孟子・離婁下》，頁 142。
61　《孟子・梁惠王下》，頁 42。
62　「齊陳恆弒其君王于舒州，孔丘三日齊而請伐齊，三，公曰：『魯為齊弱久矣，子之伐之，將若之何？』對曰：『陳恆弒其君，民之不與者半，以魯之眾，加齊之半，可克也。』公曰：『子告季孫。』孔子辭，退而告人曰：『吾

認同，乃請魯哀公伐齊討其罪，孔子乃是站在周文「親親尊尊」的立場，《論語‧顏淵》曰：「君君、臣臣、父父、子子。」[63]，《論語‧八佾》曰：「君使臣以禮，臣事君以忠。」[64]君臣當回歸周文有序的君臣關係，並點出君臣關係有其內在仁心的「禮」與「忠」的道德內涵。孟子面對「湯放桀，武王伐紂」的立場已不站在維護周文的秩序，而更近於孔子強調的君臣關係內在「禮」與「忠」的內涵的發展，「賊仁者謂之賊，賊義者謂之殘」正就其心中無仁義之心而言，君以無禮待其民乃不得為君，是為「獨夫」，人人得而誅之。湯、武伐桀、紂與「陳成子弒簡公」不同，陳成子懷非禮之心犯君，故當討之；湯、武伐桀、紂則本於四端不忍之心，乃弔民伐罪之義舉。

　　孟子對「禮」行為的判斷乃超越外在的行為表現，深入到人物的動機來判斷「禮」與「非禮」，「禮」與「非禮」的判斷是「義」的是與非。如《孟子‧公孫丑下》陳臻問孟子曰：「前日於齊，王餽兼金一百而不受；於宋，餽七十鎰而受；於薛，餽五十鎰而受。前日之不受是，則今日之受非也；今日之受是，則前日之不受非也。夫子必居一於此矣。」孟子曰：「皆是也。當在宋也，予將有遠行。行者必以贐，辭曰：『餽贐。』予何為不受？當在薛也，予有戒心。辭曰：『聞戒。』故為兵餽之，予何為不受？若於齊，則未有處也。無處而餽之，是貨之也。焉有君子而可以貨取乎？」[65]「君王餽贈之禮」當收或不收其標準

<hr>

以從大夫之後也，故不敢不言。』」《左傳》，頁1034。亦見《論語‧憲問》，頁128。
63　《論語》，頁108。
64　同前注，頁30。
65　《孟子》，頁75。

何在？孟子以「義」衡量時、空、人、物條件下合宜與否？在宋，孟子有遠行，宋君贈金相助，心感其情而受；在薛地時有危，薛君為兵贈金，心感其恩而受；在齊無端而贈金乃君王賄賂也，心不得安故不受。「受」與「不受」皆是也，皆是於心之「義」也。故孟子主張「禮」與「義」的結合，《孟子・萬章下》曰：「夫義，路也；禮，門也。」[66]是為「義、禮一體」。這樣的主張使得孟子特別重視「禮」的「常」與「變」的取捨問題。

> 任人有問屋廬子曰：「禮與食孰重？」曰：「禮重。」「色與禮孰重？」曰：「禮重。」曰：「以禮食則飢而死，不以禮食則得食，必以禮乎？親迎則不得妻，不親迎則得妻，必親迎乎？」屋廬子不能對。明日之鄒，以告孟子。孟子曰：「於答是也，何有？不揣其本而齊其末，方寸之木可使高於岑樓。金重於羽者，豈謂一鉤金與一輿羽之謂哉？取食之重者與禮之輕者而比之，奚翅食重？取色之重者與禮之輕者而比之，奚翅色重？往應之曰，『紾兄之臂而奪之食則得食，不紾則不得食，則將紾之乎？踰東家牆而摟其處子則得妻，不摟則不得妻，則將摟之乎？』」[67]

---

66 萬章曰：「欲見賢人而不以其道，猶欲其入而閉之門也。夫義，路也；禮，門也。惟君子能由是路，出入是門也。」同前注，頁187。

67 《孟子・告子下》，頁209。

> 淳于髡曰：「男女授受不親，禮與？」孟子曰：「禮也。」
> 曰：「嫂溺則援之以手乎？」曰：「嫂溺不援，是豺狼也。
> 男女授受不親，禮也。嫂溺援之以手者，權也。」[68]

「禮與食孰重？」，「色與禮孰重？」，以禮而食為常道，奉父母之命親迎為常理，但不食則死則有時而無禮，不娶則無後則有時而不親迎，是為「權變」。時人則以為「禮」乃拘泥外在之規範而不知變通者，孟子重申「男女授受不親」為常禮，「嫂溺則援之以手」為權變，故「義」乃由心之主體判斷時空條件下之輕重取捨而為，最後的取捨主體乃為心之一端，故孟子強調「義內」。

孔子「克己復禮為仁」克己乃內在之自省，復禮為外在之表現，合內外而表現為視聽言動之行為「仁」，孔子之「仁」乃全德之名，「仁」的內涵包括了道德主體，事理之判斷，合宜行為之表現，可謂集仁義禮智諸德於「仁」之內。孟子說仁義禮智根於心，本於先天之人性，此說固然降低了孔子「仁」的實踐層面的內涵，但孟子將仁義禮智的道德根據立基於先天的人性層面，卻也超越孔子重建周文的文化義層次。畢竟對戰國時期的孟子來說，周文確實已不可為，再提周文之禮樂，面對追求富國強兵的戰國時期而言，恐不識時務，但孟子並非隨波逐流，而是進一步越過周文的傳統，直指先天、內在的人性層面論「禮」，由心之是非判斷「禮」之合宜，使「禮」成為心之道德主體之所發，以心之「義」審視時空條件再採用合宜之「禮」，使「禮」有「義」能更適應於時代變化，卻又不失人心之「仁」。

---

68 《孟子‧離婁上》，頁134。

二、《郭店楚簡》論「禮」

　　1993 年 10 月湖北省荊門市「郭店一號」楚墓出土 800 餘枚竹簡，稱為「郭店楚簡」。「郭店楚簡」的內容經整理分為十六種文獻，屬於道家典籍有：《老子》甲、乙、丙，〈太一生水〉。屬於儒家典籍有〈緇衣〉，〈魯穆公問子思〉，〈窮達以時〉，〈五行〉，〈唐虞之道〉，〈忠信之道〉，〈君子於教〉，〈尊德義〉，〈性自命出〉，〈六德〉，〈語叢〉四種。其中《老子》與〈緇衣〉二篇為傳世本，〈五行〉篇曾見於湖南長沙馬王堆出土的帛書之中，其餘十餘篇均為失傳二千餘年的佚書。根據墓葬形制及隨葬器物推斷，「郭店一號」楚墓的下葬時間為戰國中期（B.C.300），隨葬器物中有一件漆耳杯，杯底刻有「東宮之杯（一說東宮之師）」四字，此墓之主或為楚國之「士」，隨葬品有鳩杖，或年老而終。[69]此 16 篇典籍或為墓主藏書，著成年代應更早於戰國中期（B.C.300）[70]，郭店楚簡的著作年代與孟子重疊，可補充孔子（B.C.551-B.C.479）至孟子（B.C.372-B.C.289）這段時期史料的闕佚。

　　「郭店楚簡」屬於儒家典籍者，各篇主旨如下：〈緇衣〉篇又稱「簡本」〈緇衣〉，「簡本」〈緇衣〉與「今本」《禮記·緇衣》比較，二本可相互印證，為先秦儒家德治主張的重要文獻。〈魯穆公問子思〉乃論忠臣之義；〈窮達以時〉表現早期儒學對窮達的思考；〈五行〉篇言仁義禮智聖行於內者之德之行五為一，乃

---

69 陳錫勇先生：《老子論集·敘論》，頁 32。
70 劉永信，龍永芳編著：《郭店楚簡綜覽》，頁 1。

為君子，為善，為德；〈唐虞之道〉論堯舜禪讓之德；〈忠信之道〉言忠、信與仁、義的關係；〈君子於教〉論君子之教以反求諸己為本，以及教民與治民之道；〈尊德義〉論為君之道在尊德義明人倫；〈性自命出〉論道、情、性、命的關係，並論及禮樂對人心的作用；〈六德〉以夫婦、父子、君臣為六位，聖智仁義忠信為六德，使六位各行其職，修其六德，言先王之教民，始於孝悌；〈語叢〉則論及天生百物人為貴，父子兄弟，禮生於情，慎言善處等主題。

　　孔子論「禮」本於仁，主「克己復禮，天下歸仁」，至於戰國中期的「郭店楚簡」儒家諸篇論「禮」有了變化，〈語叢一〉云：「禮因人之情而為之」[71]，〈語叢二〉云：「禮生於情」[72]，〈性自命出〉云：「禮作於情」[73]，皆論「禮」起於人之情。陸建華以為「禮出自情，表明郭店儒簡作者在天命喪落的大背景下刻意將外在于人的禮安置於內在于人的情之中，有為禮的存在尋找內在根據的企圖。雖然，禮出自情似乎也有淡化禮的強制性而賦予禮以切近於人之身心的親切感的意味。」[74]可見「禮」的發展至於戰國中期有進一步人性化傾向，「禮」源於祭祀的神聖義更減弱了。〈五行〉篇又曰：

> 五行：仁形於內，謂之德之行；不形於內，謂之行；義形於內，謂之德之行，不形於內，謂之行；禮形於內，謂之德之行，不形於內，謂之行；智形於內，謂之德之

71　涂宗流，劉祖信：《郭店楚簡先秦儒家佚書校釋》，頁275。
72　同前注，頁290。
73　同前注，頁153。
74　陸建華：《先秦諸子禮學研究‧〈附錄一 郭店儒簡之禮學〉》，頁213。

行，不形於內謂之行；聖形於內，謂之德之行，不形於內，謂之德之行。[75]

　　「禮」本為外在的祭祀之儀，此則演化為人內在之德，且與「仁」、「義」、「智」、「聖」並列為「五德」，陳麗桂認為：「在《論語》中，『禮』是為政要項，也是群體生活的總綱。它以仁、義、恭、讓、敬……為內質，和『仁』一體和合，成為儒門立身行事的終境。在郭店儒簡中，它成為『人道』的總內容，被要求須有自然的根源，並與『義』緊密結合，以『義』為制，為極則。並開始因著心性學派的推闡而深度德化，與仁、義、智、聖並列為士君子需要深入培成的德目。至孟子時，更將之深入人的心性中，使成為基本的道德潛能。且因著孟子對『義』的大肆強調與推闡，而常與『義』並用或連稱。」[76]陳氏論「禮」由孔子經郭店楚簡以至孟子的發展，「禮」由為政之綱領逐漸深化德化，成為道德潛能的內化經過，並增進了「義」的內涵。故「郭店楚簡」儒家典籍有關禮學思想的材料，表現孔子之後「禮」有逐漸內化於人性的傾向。

三、《莊子》論「禮」

　　莊周（約 B.C.369-B.C.286），與梁惠王、齊宣王同時。[77]莊

---

75 涂宗流，劉祖信：《郭店楚簡先秦儒家佚書校釋》，頁 377。
76 陳麗桂：《近四十年出土簡帛文獻思想研究》，頁 262。
77 「莊子者，蒙人也，名周。周嘗為蒙漆園吏，與梁惠王、齊宣王同時。其學無所不闚，然其要本歸於老子之言。故其著書十餘萬言，大抵率寓言也。作漁父、盜跖、胠篋，以詆訿孔子之徒，以明老子之術。」司馬遷：《史記‧老莊申韓列傳》，頁 859。

子思想主旨並非在「禮」，〈內〉篇論禮意本於人性，〈外〉〈雜〉篇多批判儒家「禮」虛偽之弊，以凸顯「道」與「自然」[78]的重要。內篇〈大宗師〉論子桑戶的喪禮曰：

> 子桑戶、孟子反、子琴張三人相與友，曰：「孰能相與於无相與，相為於无相為？孰能登天遊霧，撓挑無極；相忘以生，无所終窮？」三人相視而笑，莫逆於心，遂相與為友。莫然有閒而子桑戶死，未葬。孔子聞之，使子貢往侍事焉。或編曲，或鼓琴，相和而歌曰：「嗟來桑戶乎！嗟來桑戶乎！而已反其真，而我猶為人猗！」子貢趨而進曰：「敢問臨屍而歌，禮乎？」二人相視而笑曰：「是惡知禮意！」[79]

子桑戶、孟子反、子琴張三人為友，子桑戶死，二人卻相和而歌，莊子〈知北遊〉曰：「人之生，氣之聚也；聚則為生，散則為死。若死生為徒，吾又何患！」[80]由氣化思想解釋生死情狀，由大道觀之，氣聚則生，氣散則死，故大道無損，氣化則有別，人往往囿於一己生命之氣化聚散，故悲泣難捨。〈至樂〉篇曰：「莊子妻死，惠子弔之，莊子則方箕踞鼓盆而歌。惠子曰：『與人居，長子老身，死不哭亦足矣，又鼓盆而歌，不亦甚乎！』莊子曰：『不然。是其始死也，我獨何能無概然！察其始而本无生，非徒无生也而本无形，非徒无形也而本无氣。雜乎芒芴

---

78 「太史公曰：老子所貴道，虛無，因應變化於無為，故著書辭稱微妙難識。莊子散道德，放論，要亦歸之自然。」司馬遷：《史記・老莊申韓列傳》，頁863。

79 郭慶藩：《莊子集釋》，頁264-267。

80 同前注，頁733。

之間，變而有氣，氣變而有形，形變而有生，今又變而之死，
是相與為春秋冬夏四時行也。人且偃然寢於巨室，而我嗷嗷然
隨而哭之，自以為不通乎命，故止也。』」[81]此段表現〈至樂〉
對喪禮的看法。莊妻死，惠子弔唁，莊子不哀反鼓盆而歌，以
此態度面對妻喪，惠子斥之。〈至樂〉由造化之氣化思想論之，
天地之始本無生無形，繼而氣化有形有生，今則由生復死，故
氣化聚散生死如四時周而復始，明白氣化之道，則能消解人情
之悲，感大道之全而歌。

　　〈大宗師〉論子桑戶之喪與〈至樂〉篇莊子妻死皆表現莊
子面對喪禮的態度，〈大宗師〉明白直斥代表儒家的子貢「惡
知禮意」，對莊子而言，氣聚為生，氣散為死，生死如四時，
乃自然之行，故言「而已反其真」。子桑戶雖死，實則返歸造
化之真，故孟子反、子琴張主張當知造化之情，順生命之自然
生死，不強為世俗之禮，才是真知禮意者，是以不悲而歌，乃
以「順道」與「返真」作為「禮」之內涵。[82]劉丰以為「莊子這
裡所說的“禮意”，雖然看似超越了人的日常之情，是“無
情”，但莊子的本意是與儒家的“世俗之禮”對比，因此放在
莊子的思想中來看，這實際上是一種擺脫了各種外在的束縛，
是人的真實情感流露的自然之禮。」[83]誠然如此，莊子強調的「禮
意」乃針對儒家只重形式儀節之禮而言，莊子不否定「禮」，

---

81 郭慶藩：《莊子集釋》頁 614-615。
82 「莊子『臨尸而歌』、『鼓盆而歌』式的喪禮，將禮是虛靈身心自適展現的
　　意義，更往天地的境界提升，而這表達了如此的『禮意』，…這也意顯出莊
　　子由道之天地一氣的意涵來詮釋禮樂。」林明照：《先秦道家的禮樂觀·〈第
　　三章老子的禮樂反思〉》，頁 138。
83 劉丰：《先秦禮學思想與社會的整合》，頁 115。

他肯定發自「人的真實情感流露的自然之禮」，批判儒家無真性情，徒具繁文縟節的形式之禮。

〈漁父〉曰：「真者，精誠之至也。不精不誠，不能動人。故強哭者雖悲不哀，強怒者雖嚴不威，強親者雖笑不和。真悲无聲而哀，真怒未發而威，真親未笑而和。真在內者，神動於外，是所以貴真也。其用於人理也，事親則慈孝，事君則忠貞，飲酒則歡樂，處喪則悲哀。忠貞以功為主，飲酒以樂為主，處喪以哀為主，事親以適為主，功成之美，无一其跡矣。事親以適，不論所以矣；飲酒以樂，不選其具矣；處喪以哀，无問其禮矣。禮者，世俗之所為也；真者，所以受於天也，自然不可易也。故聖人法天貴真，不拘於俗。」[84]〈漁父〉強調「貴真」，「法天貴真」乃其重要的價值觀，「真者，所以受於天也，自然不可易也」，發乎真情乃能動人。針對儒家之禮已淪為世俗之強制規範，婚禮當具六禮之備，喪禮更有居喪之禁，守三年之喪等硬性強迫的規範，最為莊子後學所詬病，所謂強哭不哀，強怒不威，強親不和，以其不真也，非發乎性情之真也。故〈漁父〉對儒家之禮的批判，乃針對儒家之禮的虛偽而發。

〈大宗師〉不反對「禮」，反對的是虛矯之「禮」，面對生死主張要由造化之自然以消解人情之悲，對人性主張要「貴真」，認為「強哭不哀，強怒不威，強親不和」，此為「真禮意」，批判虛偽之禮，以其不真也。

《莊子》外篇則表現較強烈批判儒家之「禮」本身，以為天道才是永恆，禮樂之道乃一時之制而已，不可以執一時之禮

84　《莊子集釋》，頁1032。

制作為永恆之常道。外篇〈秋水〉曰：「昔者堯、舜讓而帝，之噲讓而絕；湯、武爭而王，白公爭而滅。由此觀之，爭讓之禮，堯、桀之行，貴賤有時，未可以為常也。梁麗可以衝城，而不可以窒穴，言殊器也；騏驥驊騮，一日而馳千里，捕鼠不如狸狌，言殊技也；鴟鵂夜撮蚤，察毫末，晝出瞋目而不見丘山，言殊性也。故曰：蓋師是而无非，師治而無无亂乎？是未明天地之理，萬物之情者也。是猶師天而无地，師陰而無陽，其不可行明矣。然且語而不舍，非愚則誣也。帝王殊禪，三代殊繼。差其時，逆其俗者，謂之簒夫；當其時，順其俗者，謂之義之徒。默默乎河伯！女惡知貴賤之門，小大之家！」[85]言天地萬物殊技、殊器，以何為正？政治上堯、舜、湯、武，或爭或讓，乃順其時之所為，非可以視為天下之常道。帝王非皆以禪讓為正，三代亦莫有傳承之意，唯有「當其時，順其俗」而已，〈秋水〉對儒家倡禪讓政治與三代之禮持批判態度。

外篇〈天運〉云：「故夫三皇五帝之禮義法度，不矜於同而矜於治。故譬三皇五帝之禮義法度，其猶柤梨橘柚邪！其味相反而皆可於口。故禮義法度者，應時而變者也。」[86]三皇五帝之禮義法度皆異，皆可使天下大治，故禮義法度本順時而為、應時而變之價值觀。外篇〈馬蹄〉更強烈批判禮樂之生乃聖人之過，其曰：「夫至德之世，同與禽獸居，族與萬物並，惡乎知君子小人哉！同乎無知，其德不離；同乎無欲，是謂素樸；素樸而民性得矣。及至聖人，蹩躠為仁，踶跂為義，而天下始疑矣；澶漫為樂，摘僻為禮，而天下始分矣。故純樸不殘，孰

85 《莊子集釋》，頁580。
86 同前注，頁514-515。

為犧尊！白玉不毀，孰為珪璋！道德不廢，安取仁義！性情不離，安用禮樂！五色不亂，孰為文采！五聲不亂，孰應六律！夫殘樸以為器，工匠之罪也；毀道德以為仁義，聖人之過也。」[87]其論上古至德，民性素樸，禮樂不用，此與老子之說相近，惟對於聖人制禮樂仁義之事的看法不同，〈馬蹄〉對後世禮樂之生採否定批判角度，以為禮樂之起乃屈折人身，扭曲人性，使民爭利欺詐，甚至以為「毀道德以為仁義，聖人之過」。

　　戰國晚期莊子後學對儒家禮樂主張明顯與老子或《莊子》內篇〈大宗師〉面對「禮」的態度不同。實則對老子而言「毀道德」並非聖人造成，乃人心之貪欲造成，聖人制「禮」正是為挽救人心之淪喪而生。〈大宗師〉只是強調「禮意」的內涵當本於人性之真，外篇莊子後學顯然反應較為激烈，甚至認為人世禮樂之生，正是世亂之禍源，在此處外篇莊子後學對「禮」的看法是與儒家「禮」主張針鋒相對的，此或許與戰國世亂愈況有關。[88]

87　《莊子集釋》，頁 336。
88　「莊子後學對禮文發出不少強烈的批判，這反映了戰國晚期禮崩越壞的情況日愈嚴重，而部分儒者推行「世俗之禮」，外化而至異化的情況越來越突出，即連荀子也對儒家陣容中的「俗儒」、「賤儒」發出強烈的指責，可見莊子後學的激烈言辭，並非無的放矢。」　陳鼓應：〈先秦道家之禮觀〉，《漢學研究》，第 18 卷第 1 期，2000.6，頁 12。

四、《管子》論「禮」

　　《管子》非管仲之書，非一時一人之書[89]，今人則以齊國稷下之學目之，著作中〈心術〉〈內業〉〈白心〉等篇，反映戰國末年黃老思想。陳麗桂以為「《管子》的撰作時間非一時，約當戰國中晚期至秦漢之間，作者非一人，大抵是齊國稷下先生或管仲學派（齊法家）所作，地點在齊，而以稷下學宮為中心，至其思想成色則以法家為主（原十八篇）而參合各家，是黃老學派與法家結合的產物。」[90]陳氏在黃老學說之外，提出乃黃老結合法家思想，其時代約戰國至秦漢間，故《管子》反映的是戰國時期稷下學派黃老思想的著作，〈心術〉、〈內業〉、〈白心〉等篇為代表。《管子·心術》[91]論「道」「德」「義」「禮」「法」之關係曰：

　　　天之道，虛其無形。虛則不屈，無形則無所位赶，無所
　　　位赶，故遍流萬物而不變。德者道之舍，物得以生。生，
　　　知得以職道之精。故德者，得也，得也者，其謂所得以
　　　然也，以無為之謂道，舍之之謂德。故道之與德無閒。
　　　故言之者不別也。閒之理者，謂其所以舍也。義者，謂

89　《管子》一書歷來頗多爭議，有以為管仲所著，或管仲門人弟子所著，或非一時一人之書，筆者以為《管子》非管仲一人所作，非一時一人之書，亦有後人著作混雜其中，可作為戰國晚期齊國稷下學派思想之著作。可參劉建國：《中國哲學史史料學概要上·《管子》的真偽和時代》，頁 80-84。

90　陳麗桂：《戰國時期的黃老思想》〈第三章《管子》中的黃老思想〉，頁 113。

91　本文《管子》版本採用黎翔鳳撰，梁運華整理：《管子校注》，北京：中華書局，2006 年。

各處其宜也。禮者，因人之情，緣義之理，而為之節文
者也。故禮者，謂有理也，理也者，明分以諭義之意也。
故禮出乎義，義出乎理，理因乎宜者也。法者所以同出
不得不然者也。故殺僇禁誅以一之也，故事督乎法，法
出乎權，權出乎道。[92]

　　《管子》吸收老莊之說，以「道」為無形無位、遍流萬物、
永恆不變之本體義，但不強調「道」的絕對獨體之狀態，反而
重視其落實而與「德」、「義」、「禮」、「法」等德目之關
係。「德」者乃就生物而言，落實道體之無為內在於人物之中
曰「德」，故言「道之與德無間」。「義」則就人事而言，人
事之所宜曰「義」。「禮」者合人事而言，「因人之情，緣義
之理，而為之節文者也」，「禮」者順人之本性，配合事理之
宜，表現而出之儀節曰「禮」。值得注意者，「禮」所依循的
「義之理」乃屬於「明分以諭義」，即《管子》強調「禮」要
明曉於各人職分以表現合義之行。「法」者言「所以同出不得
不然者」，「同出」對「禮」而言，乃言「法」與「禮」同出
於「義」，「禮」者「明分以諭義」，「法」者是不能「明分
以諭義」者，故曰「不得不然」，乃「殺僇禁誅以一之」。故
合義之行為「禮」，不合義之行則以「法」督罰之。統而貫之
曰「德」「義」「禮」「法」皆同出於「道」。

　　陳麗桂以為：「作者一方面以『道』統『德』、統『法』，
另一方面又以『理』統『義』、統『禮』。而『理』，根據它
的解釋是要設定分際，使有條不紊。這樣的『理』，就頗有『刑

名』的味道。儒、道、法三家的思想主題，在這裡都串聯貫穿了起來。」[93]《管子》吸收道家之「道」與「德」以為天地人物之本體，吸收儒家之「義」與「禮」以為人事之準則與表現，吸收名家之「理」以為名實之判準，吸收法家之「法」以正其不義，以一其政與民，此見戰國百家之融合，以重建新的治國藍圖。

就「禮」而言，戰國稷下黃老學派是以「道」作為國家的最高標準，「禮」亦出於「道」，「禮」乃屬於個人內在心性修養與行為表現的一環。故〈心術〉曰：「凡民之生也，必以正平，所以失之者，必以喜樂哀怒。節怒莫若樂，節樂莫若禮，守禮莫若敬。外敬而內靜者，必反其性。」[94]人之性自有喜怒哀樂，但亦為物所亂，故「形不正則德不來，中不精則心不治…是故曰無以物亂官，毋以官亂心，此之謂內德。」[95]此承襲老子「罪莫厚乎甚欲，咎莫憯乎欲得，禍莫大乎不知足。」[96]之說，面對人性喜怒安樂之可欲、不知足，〈心術〉主張要「節」之，結合道家「守靜」與儒家「執事敬」之功夫以詮釋「節」的修養，以「節」詮釋「禮」，透過「禮」以反其性，「以禮反性」的修養主張對漢代《淮南子》有其影響。

五、荀子論「禮」

荀子名況（B.C.325-B.C.238），字卿，亦作孫卿，戰國趙人。

---

93 陳麗桂：《戰國時期的黃老思想·〈第三章《管子》中的黃老思想〉》，頁143。
94 《管子校注》，頁786。
95 同前注，頁778。
96 陳錫勇先生：《老子釋義》，頁106

《史記・孟子荀卿列傳》曰：「齊襄王之時，而荀卿最為老師」、「三為祭酒」[97]乃戰國末年大儒，《荀子・禮論》曰：「禮起於何也？曰：人生而有欲，欲而不得，則不能無求。求而無度量分界，則不能不爭；爭則亂，亂則窮。先王惡其亂也，故制禮義以分之，以養人之欲，給人之求。使欲必不窮乎物，物必不屈於欲。兩者相持而長，是禮之所起也。」[98]荀子論「禮」之起乃節制與合宜化人之自然情性面入手，此自與荀子「性惡」論看法有關，〈性惡〉曰：「人之性惡，其善者偽也。今人之性，生而有好利焉，順是，故爭奪生而辭讓亡焉；生而有疾惡焉，順是，故殘賊生而忠信亡焉；生而有耳目之欲，有好聲色焉，順是，故淫亂生而禮義文理亡焉。然則從人之性，順人之情，必出於爭奪，合於犯分亂理而歸於暴。故必將有師法之化，禮義之道，然後出於辭讓，合於文理，而歸於治。用此觀之，人之性惡明矣，其善者偽也。」[99]荀子非言人性為惡，乃言「從人之性，順人之情，必出於爭奪，合於犯分亂理，而歸於暴」，「惡」乃是放縱人之情性方導致的犯分亂理之暴，故「性」非惡，順「性」而不知節乃為惡，故須「禮」以「化性起偽」，須禮義之道乃得表現辭讓之行，以合文理之治。

　　「禮」落實在個人來說乃「化性起偽」的表現。〈正名〉曰：「生之所以然者謂之性；性之和所生，精合感應，不事而自然謂之性。性之好、惡、喜、怒、哀、樂謂之情。情然而心為之擇謂之慮，心慮而能為之動謂之偽。慮積焉、能習焉而後成

97　司馬遷：《史記》，頁 941。
98　王先謙：《荀子集解》，頁 346。
99　王先謙：《荀子集解》，頁 434。

謂之偽。」[100]楊倞注:「心雖能動,亦在積久習學,然後能矯其本性也。」喜怒哀樂之情乃人之性,但動於情而心為之擇為之慮則曰「偽」,故「偽」乃指後天的學習、選擇與判斷能力,後天學習的積累乃為培養正確的判斷能力,故荀子重「學」。「學」的目的正是養成情動而能以心做合理判斷,進而將其合理表現出來,荀子以此曰「禮」,故〈勸學〉曰:「學惡乎始?惡乎終?曰:其數則始乎誦經,終乎讀禮;其義則始乎為士,終乎為聖人。真積力久則入。學至乎沒而後止也。故學數有終,若其義則不可須臾舍也。為之,人也,舍之,禽獸也。故《書》者、政事之紀也;《詩》者、中聲之所止也;《禮》者、法之大分,類之綱紀也。故學至乎禮而止矣。」[101]學習的目的是成為「聖人」,學習的過程需要積累而成,學習的標準是「義」的判準,學習的成果就是表現「禮」。〈解蔽〉曰:

> 凡以知,人之性也;可以知,物之理也。以可以知人之性,求可以知物之理而無所疑止之,則沒世窮年不能徧也。其所以貫理焉雖億萬,已不足浹萬物之變,與愚者若一。學、老身長子而與愚者若一,猶不知錯,夫是之謂妄人。故學也者,固學止之也。惡乎止之?曰:止諸至足。曷謂至足?曰:聖也。聖也者,盡倫者也;王也者,盡制者也;兩盡者,足以為天下極矣。故學者以聖王為師,案以聖王之制為法,法其法,以求其統類,以務象效其人。嚮是而務,士也;類是而幾,君子也;知

---

100 《荀子集解》,頁412。
101 同前注,頁11。

之，聖人也。故有知非以慮是，則謂之懼；有勇非以持
是，則謂之賊；察孰非以分是，則謂之篡；多能非以脩
蕩是，則謂之知；辯利非以言是，則謂之詍。傳曰：「天
下有二：非察是，是察非。」謂合王制不合王制也。天
下有不以是為隆正也，然而猶有能分是非、治曲直者邪？[102]

　　荀子以「學」的方向為知「禮」，「學」透過人之求知之
性，以探求外物之理，萬物無窮則學無涯，故「學」有所方，
所謂「學者以聖王為師，案以聖王之制為法，法其法以求其統
類，以務象效其人。」學習以聖王為典範，以聖王之制度為模
範，建立一貫判斷是非之判準，稱為「統類」。「統類」乃判
斷是非的原則性標準，此原則性標準乃結合心之求知所生，並
結合聖王歷史的經驗而得，乃荀子「化性起偽」的道德標準之
依據。對此「統類」之體會深淺，荀子〈儒效〉以之劃分為俗
人、俗儒、雅儒、大儒等不同層次曰：「有俗人者，有俗儒者，
有雅儒者，有大儒者。不學問，無正義，以富利為隆，是俗人
者也。逢衣淺帶，解果其冠，略法先王而足亂世術，繆學雜舉，
不知法後王而一制度，不知隆禮義而殺詩書；其衣冠行偽已同
於世俗矣，然而不知惡者；其言議談說已無所以異於墨子矣，
然而明不能別；呼先王以欺愚者而求衣食焉；得委積足以揜其
口則揚揚如也；隨其長子，事其便辟，舉其上客，億然若終身
之虜而不敢有他志：是俗儒者也。法後王，一制度，隆禮義而
殺詩書；其言行已有大法矣，然而明不能齊法教之所不及，聞
見之所未至，則知不能類也；知之曰知之，不知曰不知，內不

自以誣，外不自以欺，以是尊賢畏法而不敢怠傲：是雅儒者也。法先王，統禮義，一制度；以淺持博，以古持今，以一持萬；苟仁義之類也，雖在鳥獸之中，若別白黑；倚物怪變，所未嘗聞也，所未嘗見也，卒然起一方，則舉統類而應之，無所儗作；張法而度之，則晻然若合符節：是大儒者也。」[103]大儒乃能法先王之道，明禮義之統，通古今制度之損益；明仁義白黑怪變，通其古今之道而統類之，張禮法而興作之，乃為人師。「明禮義之統」乃「學」之綱目，「明禮義之統」乃得以導正情性之爭，完成「化性起偽」的人文化轉變，「明禮義之統」同時也是「儒」或「師」道德人格與道德實踐的整體呈現。

〈修身〉曰：「凡用血氣、志意、知慮，由禮則治通，不由禮則勃亂提僈；食飲、衣服、居處、動靜，由禮則和節，不由禮則觸陷生疾；容貌、態度、進退、趨行，由禮則雅，不由禮則夷固僻違，庸眾而野。故人無禮則不生，事無禮則不成，國家無禮則不寧。」[104]「禮」對荀子而言乃為個人到國家的規範化、人文化，個人情性透過「禮」的「化性起偽」乃可節制而合宜地表現在飲食、居處、言行、容色的適切，對應於父子、夫婦、兄弟、長幼之進退中節，以致於社會國家之規範，無不屬禮之範圍。面對戰國亂局，荀子重視如何建立國家社會的新秩序的問題。首先，〈天論〉提到「羣」與「分」之觀念。

> 水火有氣而無生，草木有生而無知，禽獸有知而無義，人有氣、有生、有知，亦且有義，故最為天下貴也。力

---

103 《荀子集解》，頁138-141。
104 ，同前注頁22-23。

　　不若牛，走不若馬，而牛馬為用，何也？曰：人能羣，

　　彼不能羣也。人何以能羣？曰：分。分何以能行？曰：

　　義。故義以分則和，和則一。[105]

　　此論水火、草木、禽獸、人之分際，水火有氣無生，草木有氣有生而無知覺，禽獸有氣有生有知覺而不知禮義，惟人有氣有生有知而知義，故人最為貴。人之為貴在於知「羣」與「分」。「羣」者在於人須相互合作；「分」者在於人當相互分工，各司其職，人之為貴在於知「羣」與「分」，但「羣」則易爭，「分」者易怨，故「羣」與「分」要能不爭不怨，乃因人能知「義」。〈富國〉曰：「人之生，不能無羣，羣而無分則爭，爭則亂，亂則窮矣。故無分者，人之大害也；有分者，天下之本利也；而人君者，所以管分之樞要也。」[106]，〈榮辱〉曰：「夫貴為天子，富有天下，是人情之所同欲也；然則從人之欲，則埶不能容，物不能贍也。故先王案為之制禮義以分之，使有貴賤之等，長幼之差，知愚、能不能之分，皆使人載其事而各得其宜。然後使慤祿多少厚薄之稱，是夫羣居和一之道也。」[107]〈富國〉言人之爭亂在於無「分」，故人君之樞要在能「分」；〈榮辱〉更點出「分」的內容乃先王制禮義「使有貴賤之等，長幼之差，知愚能不能之分，皆使人載其事，而各得其宜」，使貴賤長幼智愚皆各得其宜，各得其稱，此為「義」之作用。〈禮論〉曰：「君子既得其養，又好其別。曷謂別？曰：貴賤有等，長幼有

105　《荀子集解》，頁 164。
106　同前注，頁 179。
107　同前注，頁 70。

差，貧富輕重皆有稱者也。」[108]對荀子而言，「君」的意義便是能在羣體中合理地處理「羣」與「分」的問題。〈君道〉曰：

> 君者，何也？曰：能羣也。能羣也者，何也？曰：善生養人者也，善班治人者也，善顯設人者也，善藩飾人者也。善生養人者人親之，善班治人者人安之，善顯設人者人樂之，善藩飾人者人榮之。四統者俱而天下歸之，夫是之謂能羣。不能生養人者，人不親也；不能班治人者，人不安也；不能顯設人者，人不樂也；不能藩飾人者，人不榮也。四統者亡，而天下去之，夫是之謂匹夫。故曰：道存則國存，道亡則國亡。省工賈，眾農夫，禁盜賊，除姦邪：是所以生養之也。天子三公，諸侯一相，大夫擅官，士保職，莫不法度而公：是所以班治之也。論德而定次，量能而授官，皆使人載其事而各得其所宜，上賢使之為三公，次賢使之為諸侯，下賢使之為士大夫：是所以顯設之也。修冠弁、衣裳，黼黻、文章，琱琢、刻鏤皆有等差，是所以藩飾之也。故由天子至於庶人也，莫不騁其能，得其志，安樂其事，是所同也；衣煖而食充，居安而游樂，事時制明而用足，是又所同也。若夫重色而成文章，重味而成珍備，是所衍也。聖王財衍以明辨異，上以飾賢良而明貴賤，下以飾長幼而明親疏。上在王公之朝，下在百姓之家，天下曉然皆知其所非以

108　《荀子集解》，頁347。

為異也，將以明分達治而保萬世也。[109]

　　人君之貴在於能「羣」，何謂「羣」？荀子分四統述之：善生養人者，善班治人者，善顯設人者，善藩飾人者。「善生養人者」重農抑商，禁盜除奸，使民生養無憾；「善班治人者」天子諸侯大夫士度法而公，各擅其職；「善顯設人者」論德量能，授官使賢，各得其宜；「善藩飾人者」衣冠刻鏤，各有等差。故天子以至於庶人各得其宜，各騁其能，各安其位，貴賤智愚有所別曰分，各安其居，各司其事而樂曰同，此人君曰能羣，此為荀子的治國理想。要實現這樣的理想，關鍵在於人君要能「知義」，此「義」的依據正是「禮義之統」。

　　〈榮辱〉曰：「夫先王之道，仁義之統，《詩》、《書》、《禮》、《樂》之分乎！彼固為天下之大慮也，將為天下生民之屬長慮顧後而保萬世也。其流長矣，其溫厚矣，其功盛姚遠矣，非孰脩為之君子莫之能知也。故曰：短綆不可以汲深井之泉，知不幾者不可與及聖人之言。夫《詩》、《書》、《禮》、《樂》之分，固非庸人之所知也。故曰：一之而可再也，有之而可久也，廣之而可通也，慮之而可安也，反沿察之而俞可好也。以治情則利，以為名則榮，以羣則和，以獨則足，樂意者其是邪！」[110]人君秉持「先王之道，仁義之統」乃能為天下生民長慮，興作長治久安之禮義法度，以為人倫社會之規範，對個人而言乃治其情性以為偽，對群體而言，乃使君臣、父子、夫婦，各騁其能各安其位。〈王霸〉曰：「論德使能而官施之

109　《荀子集解》，頁237-238。
110　同前注，頁68-69。

者，聖王之道也，儒之所謹守也。傳曰：農分田而耕，賈分貨
而販，百工分事而勸，士大夫分職而聽，建國諸侯之君分土而
守，三公揔方而議，則天子共己而已矣。出若入若，天下莫不
平均，莫不治辨，是百王之所同也，而禮法之大分也。」[111]荀
子禮學思想內涵豐富，乃繼孔子之後再創禮學理論之高峰，其
禮學主張立基於人性之情性，透過「學」以「化性起偽」轉化
自然之情性為人文化、社會化之君子，其「學」之內涵為「法
先王之道」與「親師」乃得知禮，最終得其「禮義之統」以治
情性，以治天下。

第四節　小　結

　　初步條理先秦諸子禮學思想的特色，可看出先秦禮學思想
的多元與演進：孔子是先秦對「禮」之命題做深入省思與改革
理論的開創者，主張以「仁」做為周文之「禮」的新內涵，以
「仁」重建春秋新的社會秩序。孟子論「禮」本於「性善說」，
明確主張「仁」、「義」、「禮」、「智」乃人心之四端，孟
子完成「禮」內化為德性的理論主張，並強化「禮」與「義」
的結合，重視「禮」的「常」與「變」的取捨，強調「禮」背
後「義」的判準何據的問題，表現先秦儒家論「禮」內在德性
化的特色。約戰國中期的「郭店楚簡」儒家類諸篇其禮學主張
可看出「禮」有向心性內化的傾向，不再強調三代之禮的損益

---

111 《荀子集解》，頁214。

傳承義，也不批判君不君，臣不臣的僭禮行為，而是主張「禮」本於人情而生，禮與仁義智聖皆為五德的發展傾向。荀子論「禮」本人性之情欲，乃對情性或流於惡而設，透過「學」以明其心之知，以知其義之理，「法先王之道」與「親師」乃得知禮，終得其「禮義之統」以治情性，以治天下，是為學之終，學之成。荀子〈禮論〉可視作先秦儒家禮學思想在「外王」方面的重要成就。

　　道家方面對「禮」的看法也有其差異：老子反對人心之流於欺詐，提出「尊道貴德」做為新價值主體，主張「禮」要回歸「道」與「德」，回歸人性的真與樸，反對「禮」之虛偽，對老子而言人心欺詐並非「禮」造成，乃人心之貪欲導致，聖人制「禮」正是為挽救人心之淪喪而生。至於莊子〈大宗師〉強調「禮意」的內涵當本於人性之真，反對強顏而笑、強哭而哀之偽，與老子主張相近；至於莊子外篇〈天運〉、〈馬蹄〉則對「禮」的反應轉趨否定，明確表示「毀道德以為仁義，聖人之過也。」[112]「禮」成為世亂禍源，可看出儒道二家至於戰國晚期對「禮」的主張漸趨針鋒相對。

　　儒道二家對於禮學思想的激盪，至於戰國晚期稷下學派的《管子》乃融合道家、儒家、陰陽家、名家、法家之說，以「道」為最高本體，以「德」為人物最高內涵，以「義」為人事之則，以「禮」為表現合義之行，以「法」以罰不義之行，禮學思想乃被收攝於天地之道以為人倫之道的治國理想藍圖之中，下開《呂氏・十二紀》的禮學思想淵源。

112　《莊子集釋》，頁336。

　　故論先秦諸子禮學思想的脈絡，先由儒道兩家來看，可看
出先秦諸子在「禮」命題乃以儒家諸子主張為重心，先秦儒家
禮學思想的發展約略可看出是由對周文的省思，將「禮」立基
於仁心，再深化為德性，最後擴而為「禮義之統」的新人倫規
範的理論發展脈絡；道家方面則非以「禮」為價值主體，乃是
站在儒家諍友的角色，強調「禮」本質當立於人性之真的重要，
至於戰國晚期莊子後學則轉趨批判否定「禮」的價值。至於稷
下黃老學派的《管子》則融合諸子之說，以「法天地」為理想，
將「禮」收攝入天地之道的治國理想中。以上略述先秦諸子禮
學思想之演進軌跡。以下則開展秦漢禮學思想的發展，始述《呂
氏・十二紀》的禮學思想，次述漢儒陸賈、叔孫通、賈誼、《淮
南子》以至董仲舒的禮學思想為終，可窺秦末漢初此時期諸子
禮學思想的演變脈絡。

第二章　《呂氏‧十二紀》的
禮學思想[1]

第一節　前　言

　　《呂氏‧十二紀》淵源於古代曆法[2]，今《大戴禮記》所傳
有〈夏小正〉一篇[3]，〈夏小正〉分一年十二月分述其節候，星
象、寒暑、時雨，鳥獸、蟲魚、草木之生息，可印證《尚書‧

1　《呂氏春秋》分〈十二紀〉、〈八覽〉、〈六論〉三部分，本文主要以〈十二
　　紀〉材料為主，論其禮學思想，故以「《呂氏‧十二紀》的禮學思想」為題。
2　丁原植：「關於月令的資料，秦漢時代應有多種流傳。鄭玄曾引述《今月令》、
　　《王居明堂禮》兩書，但原篇今已不存。其他如《逸周書‧時則訓》、《大戴禮
　　記‧夏小正》，雖然都是以十二月為周期而記載相關的天象、物候與農事的安
　　排，或是著重在節氣的應變，但並未出現四時與五位的結合。……關於《禮記‧
　　月令》與《呂氏春秋》十二紀，由於文字極為雷同，二者關係的問題，曾引起
　　很大的爭論。一般意見，認為《禮記‧月令》是節抄十二紀而成篇。但或許，
　　這種月令的型式，是興起於戰國晚期學者，在陰陽與五行思想的影響下，嘗試
　　進行一種密切關連遠古天文傳承的人文思索，呂不韋接受此種觀念，而架構起
　　《呂氏春秋》的立論結構。」〈月令架構與古代天文的哲學思索〉《先秦兩漢學
　　術》1 期，2004.3，頁 77-98。
3　《禮記‧禮運》云：「孔子曰：『我欲觀夏道，是故之杞，而不足徵也，吾得夏
　　時焉。』」鄭玄注：「得夏四時之書也，其書存者有小正。」《禮記》，頁 415。

堯典》曰：「歷象日月星辰，敬授人時。」[4]之說，乃配合農事
興作而生。《管子‧四時》則結合陰陽五行思想，將十二月農
事記錄，轉化為春夏秋冬四時因時施行之政，如論「春」曰：
「東方曰星，其時曰春，其氣曰風。風生木與骨，其德喜嬴而
發出節時，其事號令，修除神位，謹禱幣梗，宗正陽，治堤防，
耕芸樹藝，正津梁，修溝瀆。」[5]以春氣曰風，夏氣曰陽，秋氣
曰陰，冬氣曰寒，乃以陰陽氣化解釋節令之變。《呂氏‧十二
紀》承《大戴禮記‧夏小正》與《管子‧四時》之發展，建構
出一套配合十二紀時令的治國藍圖。陳澔曰：「呂不韋相秦十
餘年，此時已有必得天下之勢，故大集羣儒，損益先王之禮而
作此書，名曰春秋，將欲為一代興王之典禮也，故其間亦多有
未見與禮經合者。……其後徙死，始皇并天下，李斯作相，盡
廢先王之制，而呂氏春秋亦無用矣。然其書也，亦當時儒生學
士有志者所為，猶能彷彿古制，故記禮者有取焉。」[6]秦相呂不
韋召集賓客作《呂氏春秋》「將欲為一代興王之典禮」，《呂
氏‧十二紀》本為帝王治國而作，以「法天地」作為立國藍圖[7]，
此可見呂不韋之卓識。他知秦國不能徒以征伐治國，故為秦帝
國得天下後預作準備，規劃敬天地山川神祇，勸民農桑，勸學
尊師，重視教戰，歲末君民同樂的治國方向。惜乎呂氏晚期失

4　《尚書》，頁 21。
5　《管子校注》，頁 842。
6　陳澔：《禮記集說‧月令》，頁 95。
7　「維秦八年，歲在涒灘，秋，甲子朔，朔之日，良人請問十二紀。文信侯曰：
　　「嘗得學黃帝之所以誨顓頊矣，爰有大圜在上，大矩在下，汝能法之，為民父
　　母。蓋聞古之清世，是法天地。凡〈十二紀〉者，所以紀治亂存亡也，所以知
　　壽夭吉凶也。上揆之天，下驗之地，中審之人，若此則是非可不可無所遁矣。」
　　許維遹：《呂氏春秋集釋上‧季冬紀‧序意》，頁 273-274。

勢客死，始皇與二世剛愎不能用，一味窮兵黷武，終至滅亡，
其用心也遂湮滅。《呂氏春秋》一書，或因呂不韋其人，歷來
評價頗不一致，或以雜家目之[8]，或以為黃老之學[9]，或以為折衷
調和、無創造力[10]。此文乃欲擺脫歷來以諸子百家角度評價該書
的侷限，而由「欲為一代興王之典禮」角度切入，希冀展現此
書治國宏圖的企圖心。

第二節　法天、地、人之禮

《老子‧第二十五章》曰：「人法地，地法天，天法道，
道法自然」[11]主張人當少私寡欲，法天道之自然無為以修身。〈仲
春紀〉[12]曰：「人之與天地也同，萬物之形雖異，其情一體也，
故古之治身與天下者，必法天地也。」[13]乃由個人修養擴及治國
主張，治國亦當依天道而行，並依此原則建構其「法天地」的
禮制設計，以為秦帝國治國之綱要，故「法天地」可謂《呂氏‧
十二紀》禮學思想的基礎。《呂氏‧十二紀》禮學思想內容可
分：「敬天之禮」，「祈地之禮」與「人道之禮」三部份，以
呼應《呂氏春秋‧季冬紀‧序意》曰：「上揆之天，下驗之地，

8　班固：《漢書》，頁1741。
9　陳麗桂：《秦漢時期的黃老思想》，頁3。
10　侯外廬主編：《中國思想通史》第一卷，頁658。
11　陳錫勇先生：《老子釋義》，頁62。
12　本文版本採用許維遹：《呂氏春秋集釋》，北京：中華書局，2009.9。
13　《呂氏春秋集釋》，頁45。

中審之人」[14]之說。以下分述之：

一、敬天之禮

此部分乃敬順天地節氣變化而生之禮，包括「祈穀之禮」，四時節氣前「齋戒之禮」，「迎節氣之禮」，「儺禮」，「雩禮」，「秋嘗之禮」，「冬蒸之禮」等敬天諸禮。

「祈穀」乃孟春時天子於南郊祭天以祈穀豐收之禮，〈孟春紀〉曰：「是月也，天子乃以元日祈穀于上帝。」[15]祭天地在郊故稱郊，祭天之禮，啟蟄南郊祭上帝祈穀。《禮記・月令》鄭玄注：「謂以上辛郊祭天也。」孫希旦曰：「歲事莫重於農，故孟春即祈之於上帝，仲春又祈之於社稷。先上帝，次社稷，尊卑之序也。」[16]此乃孟春天子南郊祭天以祈穀豐收之禮。

「節氣前齋戒」之禮，立春、立夏、立秋、立冬前三日，天子齋戒自潔以迎節氣之來，祈求天道氣化順暢，以佑民福。其云：

> 先立春三日，太史謁之天子曰：『某日立春，盛德在木。』
> 天子乃齋。[17]
> 先立夏三日，太史謁之天子曰：『某日立夏，盛德在火。』
> 天子乃齋。[18]

14　《呂氏春秋集釋》，頁 274。
15　同前注，頁 9。
16　孫希旦：《禮記集解上・月令》，頁 415。
17　同注 14，頁 8。
18　同注 14，頁 85。

先立秋三日，大史謁之天子，曰：『某日立秋，盛德在金。』天子乃齋。[19]

先立冬三日，太史謁之天子，曰：『某日立冬，盛德在水。』天子乃齋。[20]

「節氣前三日」齋戒儀式與內容如何？《呂氏・十二紀》無詳述。但可參十二紀「夏至」與「冬至」天子守齋之禮。「夏至」〈仲夏紀〉曰：「日長至，陰陽爭，死生分。君子齋戒，處必揜，身欲靜無躁，止聲色，無或進，薄滋味，無致和，退嗜慾，定心氣，百官靜，事無刑，以定晏陰之所成。」[21]，「冬至」〈仲冬紀〉曰：「是月也，日短至。陰陽爭，諸生蕩。君子齋戒，處必弇，身必寧，去聲色，禁嗜慾，安形性，事欲靜，以待陰陽之所定。」[22]「齋戒」之禮與陰、陽二氣盛衰消長有關，夏至陽氣至盛，陰氣漸起，冬至陰氣至盛，陽氣漸起，陰陽二氣相爭未定。故君子守靜、寡欲、止聲色，以待陰陽二氣相爭之定，此乃「夏至」「冬至」齋戒之所據。至於「節氣前三日」天子守齋，則因四時將變，節氣將來，太史告之國君，天子守齋以待天地氣化之變，皆屬敬天畏天之表現。

「迎節氣之禮」乃立春、立夏、立秋、立冬之時，天子與群臣迎節氣之禮，天子領三公九卿諸侯大夫於東、南、西、北四郊，備禮迎節氣到來。

19　《呂氏春秋集釋》，頁 155-156。
20　同前注，頁 216。
21　同前注，頁 106-107。
22　同前注，頁 241。

> 立春之日，天子親率三公九卿諸侯大夫以迎春於東郊。
> 還，乃賞公卿諸侯大夫於朝。[23]
> 立夏之日，天子親率三公九卿大夫以迎夏於南郊，還，
> 乃行賞封侯慶賜，無不欣說。[24]
> 立秋之日，天子親率三公九卿諸侯大夫以迎秋於西郊。
> 還，乃賞軍率武人於朝。[25]
> 立冬之日，天子親率三公九卿大夫以迎冬於北郊。還，
> 乃賞死事，恤孤寡。[26]

「迎節氣之禮」乃配合五行之德位而設：立春之日，天子迎春於東郊，春以木德為主，以東方為正位。立夏之日，天子迎夏於南郊，以南方為正。立秋之日，天子迎秋於西郊，盛德在金，以西方為正。立冬之日，天子迎冬於北郊，盛德在水，以北方為正。五行之德乃連結天道與人事，天道四時五德更代，人事亦當有所呼應，表現在人道乃有方位、居室、服色、飲食、祭祀、口味等相配，甚至施政之方向，春政木德以生養為主，夏政火德以禮樂教化為勸，秋政金德則以教戰刑獄為戒，冬政水德則以收藏憐恤為念，表現天人相應思想。

「儺禮」乃為春、秋、冬節氣將終，送畢節氣而設。〈季春紀〉曰：「國人儺，九門磔禳，以畢春氣。」高誘注：「命國人儺，索宮中區隅幽闇之處，擊鼓大呼，驅除不祥，如今之正

---

23 《呂氏春秋集釋》，頁 8。
24 同前注，頁 85。
25 同前注，頁 156。
26 同前注，頁 216。

歲逐除是也。」[27]；〈仲秋紀〉曰：「天子乃儺，禦佐疾，以通秋氣。」高誘注：「儺，逐疫除不祥也。佐疾謂療也，儺以止之也。以通達秋氣，使不壅閉」[28]；〈季冬紀〉則「命有司大儺，旁磔，出土牛，以送寒氣。」高誘注：「大儺，逐盡陰氣，為陽導也。」[29]季春行「儺禮」由國人進行，以畢春氣；仲秋行「儺禮」由天子主持，乃祈使秋氣暢達；季冬行「儺禮」則由天子命有司進行「大儺」之禮，以送寒氣。可知「儺禮」承「迎節氣」而設，有迎則有送，以防陰陽不盡或太盛不滯而為災，遂舉行「儺禮」以順導節氣而盡。

「雩禮」乃恐仲夏陽氣過盛而旱，天子遂行雩祭以求雨，雨出名山大川，故亦祀名山大川百源，以祈穀實。〈仲夏紀〉曰：「命有司為民祈祀山川百原，大雩帝，用盛樂。乃命百縣雩祭祀百辟卿士有益於民者，以祈穀實。農乃登黍。」[30]鄭玄注：「陽氣盛而當旱，山川百源，能興雲雨者也。雩，吁嗟求雨之祭。」[31]此為雩祭之禮。

「秋嘗之禮」季秋天子饗上帝，嘗宗廟。饗者，祀上帝於明堂。嘗者，宗廟之秋祭也。〈季秋紀〉曰：「大饗帝，嘗犧牲，告備于天子。合諸侯。制百縣。為來歲受朔日，與諸侯所稅於民輕重之法。」[32]秋收之節，祭祀上天乃感天之所賜，感念宗廟庇佑，並頒布來歲之曆。

---

27 《呂氏春秋集釋》，頁 64。
28 同前注，頁 176-177。
29 同前注，頁 259。
30 同前注，頁 105。
31 孫希旦：《禮記集解上‧月令》，頁 451。
32 同注 27，頁 195-196。

「冬蒸之禮」孟冬農事畢收，天子諸侯與其羣臣大飲酒，祭祀天地四時之神，〈孟冬紀〉曰：「大飲蒸，天子乃祈來年于天宗。」[33]「天宗」乃天地四時之神，年終之際乃獻饗天地四時之神以感念一年之收成，祭祀後與群臣飲酒慰勞，與民休息，以祈來年。

《呂氏・十二紀》「敬天之禮」部分：「祈穀」乃祭天以祈求豐收，「秋嘗」、「冬蒸」則感念天地之賜，皆源於古禮[34]，有敬畏感恩上天之遺意，其餘皆與「節氣」消長更替有關，節氣來臨前三日的齋戒，迎節氣之禮，送節氣之「儺禮」，陽氣過盛而祈雨之「雩禮」皆是，可知《呂氏・十二紀》深受戰國以後陰陽氣化思想影響。

二、祈地之禮

《呂氏・十二紀》有關「祈地之禮」，包括祭祀山林川澤社稷之禮，天子率群臣躬耕帝籍之田，后妃齋戒勸桑之禮，雩祭祀名山大川百源，冬蒸祀公社后土諸禮。

孟春，天子命有司祭祀山林川澤之禮，〈孟春紀〉曰：「乃修祭典，命祀山林川澤，犧牲無用牝。禁止伐木，無覆巢，無殺孩蟲胎夭飛鳥，無麛無卵，無聚大眾，無置城郭，揜骼霾髊。」[35]祭祀山林川澤以佑嘉苗，禁屠宰犧牲，禁止伐木，無傷蟲胎鳥

---

33 《呂氏春秋集釋》，頁 218。

34 《左傳・襄公七年》：「夫郊祭后稷，以祈農事，是故啟蟄而郊，郊而後耕。」，頁 517-518。

35 同注 33，頁 11。

卵，乃順木德之惠，無傷生氣，無害萌幼。〈仲春〉時「擇元日，命人社」高誘注：「社稷后土，所以為民祈穀也。」[36]乃天子命有司祭祀土地之神，以祈五穀豐收之禮。

　　孟春，天子祈穀上帝，擇日親率群臣躬耕帝籍之田，〈孟春紀〉曰：「天子親載耒耜，措之參于保介之御間，率三公九卿諸侯大夫躬耕帝籍田，天子三推，三公五推，卿諸侯大夫九推。反，執爵于太寢，三公九卿諸侯大夫皆御，命曰勞酒。」[37]「帝籍」乃天子所耕之田，收穫以供宗廟祭祀之用。孟春天子親率三公九卿諸侯大夫親載耕耜，推耜入土，躬耕籍田，雖象徵性的天子三推耜、三公五推、卿諸侯大夫九推，鄭玄曰：「明己勸農」[38]乃天子率群臣以身作則，彰顯勸農之意。

　　季春至季夏乃蠶事之月，后妃重之，〈季春紀〉曰：「后妃齋戒，親東鄉躬桑，禁婦女無觀。省婦使，勸蠶事，蠶事既登，分繭稱絲效功，以共郊廟之服，無有敢墮。」[39]孟春天子躬耕，季春后妃躬桑，正彰顯農桑為衣食之本，天子后妃以身作則。蠶事由季春以至孟夏「蠶事既畢，后妃獻繭。乃收繭稅，以桑為均，貴賤少長如一，以給郊廟之祭服。」[40]后妃躬桑養蠶所織之衣，乃供祭天之郊與祭祖之廟所服之祭服。

　　仲夏，天子行「雩祭」以求雨，除告天帝以求雨之外，亦

36　《呂氏春秋集釋》，頁34。
37　同前注，頁9。
38　孫希旦：《禮記集解上・月令》，頁416。
39　同注36，頁63。
40　同注36，頁87。

祀名山大川百源，以祈穀實。[41]

　　孟冬，天子行「冬蒸」之禮，與羣臣大飲酒，除祭祀天地四時之神以感念一年之收成外，亦殺生獻饗公社，后土，門閭先祖之神，〈孟冬紀〉曰：「大割，祠于公社及門閭」[42]以慶歲終。

　　「祈地之禮」包括祈福社稷山川百源，以祈農作，天子躬耕帝籍之田，后妃躬桑，天子行「雩禮」祭祀山川百源，「冬蒸」獻饗公社后土，其禮多與古代農業社會型態有關，維繫農業社會最重要條件：農時、土地、水源、農民、作物等，正是「祈地之禮」對應的主題。

三、人道之禮

　　《呂氏‧十二紀》人道之禮乃呼應天地之道而設，包括天子明堂、車馬、服色、食器之禮；祭祀先祖之禮，天子率后妃行「高禖」求嗣之禮，崇教興學以祀先師之禮，田獵教戰之禮，冬蒸犒賞群臣之禮皆屬之。

　　《呂氏‧十二紀》關於天子四時明堂、車馬、服色、食器之禮整理列表如下：

41　「命有司為民祈祀山川百原，大雩帝，用盛樂。乃命百縣，雩祭祀百辟卿士有益於民者，以祈穀實。農乃登黍。」同注36，頁105。
42　《呂氏春秋集釋》，頁218。

時令	明　堂	車　馬	服　色	食　器
孟春	天子居青陽左个	乘鸞輅、駕蒼龍、載青旂	衣青衣，服青玉	食麥與羊，其器疏以達
仲春	天子居青陽太廟	乘鸞輅、駕蒼龍、載青旂	衣青衣，服青玉	食麥與羊，其器疏以達
季春	天子居青陽右个	乘鸞輅、駕蒼龍、載青旂	衣青衣，服青玉	食麥與羊，其器疏以達
孟夏	天子居明堂左个	乘朱輅，駕赤騮，載赤旂	衣赤衣，服赤玉	食菽與雞，其器高以觕
仲夏	天子居明堂太廟	乘朱輅，駕赤騮，載赤旂	衣赤衣，服赤玉	食菽與雞，其器高以觕
季夏	天子居明堂右个	乘朱輅，駕赤騮，載赤旂	衣赤衣，服赤玉	食菽與雞，其器高以觕
孟秋	天子居總章左个	乘戎路，駕白駱，載白旂	衣白衣，服白玉	食麻與犬，其器廉以深
仲秋	天子居總章太廟	乘戎路，駕白駱，載白旂	衣白衣，服白玉	食麻與犬，其器廉以深
季秋	天子居總章右个	乘戎路，駕白駱，載白旂	衣白衣，服白玉	食麻與犬，其器廉以深
孟冬	天子居玄堂左个	乘玄輅，駕鐵驪，載玄旂	衣黑衣，服玄玉	食黍與彘。其器宏以弇
仲冬	天子居玄堂太廟	乘玄輅，駕鐵驪，載玄旂	衣黑衣，服玄玉	食黍與彘。其器宏以弇
季冬	天子居玄堂右个	乘玄輅，駕鐵驪，載玄旂	衣黑衣，服玄玉	食黍與彘。其器宏以弇

　　高誘注：「青陽者，明堂也。中方外圜，通達四出，各有左右房謂之个。个，猶隔也。東出謂之青陽，南出謂之明堂，西出謂之總章，北出謂之玄堂。是月，天子朝日告朔，行令於左个之房，東向堂，北頭室也。」陳奇猷案：「此係明堂之制。前

儒考明堂之制者甚多，各持一說，疑莫能用。」[43]關於「明堂」之名見於《周頌》、《孝經》、《左傳》、《孟子》、《荀卿》、《考工記》、《禮記》、《家語》等書，其制不見於經。[44]

　　《呂氏・十二紀》將「明堂」之制配合四時十二紀及五行之說組成完整的禮制：包括春季為木德，正色為青，正位主東，「天子居青陽左个」、「天子居青陽太廟」、「天子居青陽右个」以朝日告朔行令，天子衣青衣，服倉玉，迎春於東郊，車馬、服色以青色為主，食麥與羊，其器疏以達；夏季「天子居明堂左箇」、「天子居明堂太廟」、「天子居明堂右个」以朝日告朔行令，盛德在火，其色為赤，其位南方，天子衣朱衣，服赤玉，迎夏於南郊；秋季「天子居總章左箇」、「天子居總章太廟」、「天子居總章右箇」以朝日告朔行令，盛德在金，主位西方，正色為白，天子衣白衣，載白旂，迎秋於西郊，天地始肅，陽氣日衰，促民收斂；冬季「天子居玄堂左个」、「天子居玄堂太廟」、「天子居玄堂右个」以朝日告朔行令，冬季盛德在水，主位在北，正色為黑，天子衣黑衣，服玄玉，迎冬於北郊，天氣上騰，地氣下降，天地不通，命百官，謹蓋藏，此其大略。關於天子四時祭祀先祖之禮，如下：

　　　（仲春）天子乃獻羔開冰，先薦寢廟。[45]
　　　（季春）薦鮪于寢廟，乃為麥祈實。[46]
　　　（孟夏）農乃升麥。天子乃以彘嘗麥，先薦寢廟。[47]

---

43 陳奇猷：《呂氏春秋校釋》，頁7。
44 孫希旦：《禮記集解・月令》引陳祥道論「明堂」。頁411。
45 《呂氏春秋集釋》，頁36。
46 同前注，頁60。

（仲夏）農乃登黍，是月也，天子乃以雛嘗黍，羞以含桃，先薦寢廟。[48]

（孟秋）是月也，農乃升穀。天子嘗新，先薦寢廟。[49]

（仲秋）以犬嘗麻，先祭寢廟。[50]

（季秋）是月也，天子乃以犬嘗稻，先薦寢廟。[51]

（孟冬）大飲蒸，天子乃祈來年于天宗。大割，祠于公社及門閭。饗先祖五祀，勞農夫以休息之。[52]

（季冬）是月也，命漁師始漁，天子親往，乃嘗魚，先薦寢廟。[53]

　　天子四時祭祀先祖之禮，幾遍及十二月令，內容以當令之物為獻，春獻羔、鮪；夏薦麥、黍、櫻桃、雛雞、豬；秋獻稷、麻、稻、犬；冬獻魚。天子嘗新前，先獻祭於祖廟，高誘曰：「先寢廟，孝之至」[54]。《禮記‧祭義》曰：「祭不欲數，數則煩，煩則不敬。祭不欲疏，疏則怠，怠則忘。是故君子合諸天道：春禘秋嘗。霜露既降，君子履之，必有悽愴之心，非其寒之謂也。」[55]此由君子孝親之心以論祭祀之義，以孝子感四時之變，必有悽愴之心，必有思親之意，古遂設春禘秋嘗四時祭祖之祭。《呂氏‧十二紀》擴而大之，當一月令之變，乃以當令時物以

47　《呂氏春秋集釋》，頁87。
48　同前注，頁105。
49　同前注，頁156。
50　同前注，頁177。
51　同前注，頁199。
52　同前注，頁218。
53　同前注，頁259。
54　孫希旦：《禮記集解上‧月令》，頁445。
55　孫希旦：《禮記集解》，頁1207。

祭先祖，天子表率，以示天下以孝之意。

春德主「生」，仲春時天子率后妃嬪御舉行「高禖」之禮以求嗣，〈仲春紀〉曰：「是月也，玄鳥至。至之日，以太牢祀於高禖。天子親往，后妃率九嬪御，乃禮天子所御，帶以弓韣，授以弓矢，於高禖之前。」[56]《禮記‧月令》曰：「禖者，禖神。謂先帝始制為嫁娶之禮者，蓋伏羲也。高禖之禮，祀天於南郊，而以禖神配之。」[57]「高禖」乃求子之禮，擇仲春行之以祈求子嗣，乃相應春時生生之木德之故。《周禮‧媒氏》曰：「中春之月，令會男女。於是時也，奔者不禁。」[58]此乃相應春德生生之說而設。

《呂氏‧十二紀》重視「敬學」與「尊師」，〈孟夏紀〉曰：「君子之學也，說義必稱師以論道，聽從必盡力以光明。」[59]又曰：「天子入太學，祭先聖，則齒嘗為師者弗臣，所以見敬學與尊師也。」[60]〈孟夏紀〉論「學」本天性而發，又曰：「天生人也，而使其耳可以聞，不學，其聞不若聾；使其目可以見，不學，其見不若盲；使其口可以言，不學，其言不若爽；使其心可以知，不學，其知不若狂。故凡學，非能益也，達天性也。能全天之所生而勿敗之，是謂善學。」[61]「學」乃人之天性，「學」可擴展人耳目心知，以實現天性之全。學當有所對象，故提倡「尊師」。〈仲夏紀〉曰：「神農師悉諸，黃帝師大撓，帝顓

56　《呂氏春秋集釋》，頁 34-35。
57　孫希旦：《禮記集解上‧月令》，頁 425。
58　《周禮‧地官司徒下》，頁 217。
59　同注 56，頁 95。
60　同注 56，頁 96。
61　同注 56，頁 93。

顓師伯夷父，帝嚳師伯招，帝堯師子州支父，帝舜師許由，禹師大成贄，湯師小臣，文王、武王師呂望、周公旦，齊桓公師管夷吾，晉文公師咎犯、隨會，秦穆公師百里奚、公孫枝，楚莊王師孫叔敖、沈尹巫，吳王闔閭師伍子胥、文之儀，越王句踐師范蠡、大夫種。此十聖人六賢者，未有不尊師者也。今尊不至於帝，智不至於聖，而欲無尊師，奚由至哉？此五帝之所以絕，三代之所以滅。」[62]可知「尊師」乃尊帝王之師。

　　《呂氏‧十二紀》強調習樂習舞教育，國子自孟春始學，天子公卿大夫親往考核，〈孟春紀〉曰：「是月也，命樂正入學習舞。」[63]，〈仲春紀〉曰：「上丁，命樂正入舞舍采，天子乃率三公九卿諸侯親往視之。中丁，又命樂正入學習樂。」高誘注：「命樂官正率卿大夫之子入學官習舞也。出入學官，必禮先師，置采帛於前，以贊神也。」[64]，〈季春紀〉曰：「是月之末，擇吉日，大合樂，天子乃率三公九卿諸侯大夫親往視之。」[65]，〈孟夏紀〉曰：「乃命樂師習合禮樂」[66]，〈季秋紀〉曰：「上丁，入學習吹」[67]，〈季冬紀〉曰：「命樂師大合吹而罷」[68]。故國子學習舞樂是一年不間斷的。《呂氏‧十二紀》論「樂」理論完備，言「樂」立基於人心，影響可及於一代之盛衰。〈季夏紀〉曰：

62　《呂氏春秋集釋》，頁 91-92。
63　同前注，頁 11。
64　同前注，頁 36-37。
65　同前注，頁 63。
66　同前注，頁 85。
67　同前注，頁 195。
68　同前注，頁 259。

　　凡音者，產乎人心者也。感於心則蕩乎音，音成於外而
　　化乎內，是故聞其聲而知其風，察其風而知其志，觀其
　　志而知其德。盛衰、賢不肖、君子小人皆形於樂，不可
　　隱匿，故曰樂之為觀也深矣。土弊則草木不長，水煩則
　　魚鱉不大，世濁則禮煩而樂淫。鄭、衛之聲，桑閒之音，
　　此亂國之所好，衰德之所說。流辟誂越慆濫之音出，則
　　滔蕩之氣、邪慢之心感矣；感則百姦眾辟從此產矣。故
　　君子反道以修德，正德以出樂，和樂以成順。樂和而民
　　鄉方矣。[69]

　　萬物莫不有聲，音聲本自人心而發，感於心於內，發而為
音於外，故聞音而知其心，知其心乃知其志，知其志乃見其德，
故知音乃能知人，觀人之德，觀一地之俗乃知一地之人心，故
音能感人其心，知一地之俗，觀一國之政。故樂淫則世濁，發
慆濫之音，則滔蕩之氣、邪慢之心出矣。故君子修德正心乃得
音正樂和，民則感而化其邪慢之氣。天子「命樂師習合禮樂」
實有其教化臣民之意，〈適音〉曰：「先王之制禮樂也，非特以歡
耳目、極口腹之欲也，將以教民平好惡、行理義也。」[70]「禮樂」
非歡耳目口腹之慾，乃使民節制其好惡，導正其行為，進而移
風易俗，此乃《呂氏‧十二紀》重視禮樂，敬學，尊師之深意。

　　季秋天子行田獵教戰之禮，秋時盛德在金，殺氣浸盛，草
木黃落，農事乃促民積聚收斂，農事備收。天子施政以刑獄征
伐為主，孟秋選士厲兵，以征不義，季秋天子乃教以田獵，〈仲

69　《呂氏春秋集釋》，頁 143。
70　同前注，頁 117。

秋紀〉曰：「是月（季秋）也，天子乃教於田獵，以習五戎。」[71]
天子著戎服，教民熟習弓、矢、殳、矛、戈、戟等兵器，熟習
車徒行列，辨別旗物號令，申嚴禁令。田獵所得，天子乃命掌
祀之官，祭禽於四方之神。

　　孟冬冬蒸之禮，農事畢收，天子諸侯與其羣臣大飲酒，祭
祀祖先以祈福，殺生獻饗天地四時日月星辰之神，公社，后土，
門閭先祖之神，祭祀後乃與民飲酒相互慰勞，使民休息，以祈
來年之豐收，最後畢行山川百源辟土之祭祀，以至歲終，是合
天地、鬼神、天子、羣臣同歡之禮。

　　《呂氏・十二紀》的禮學思想，可由天道、地道、人道三
個層面來涵攝，天道乃順應四時陰陽節氣之消長，地道乃祈農
作桑蠶祈雨之祭，人道則配合天地之道而設，天子於明堂順十
二紀告朔行令，順四時節令祭祀，高禖求子，興學尊師以習禮
樂，教民田獵，秋嘗冬蒸感恩慰勞之禮等，天道、地道、人道
雖屬不同位階卻彼此休戚相關，而以陰陽五行之德貫通其中，
以順應天時，耕耘地利，致力人和，建構完整之禮樂規劃，此
乃《呂氏・十二紀》「法天地」以制禮作樂的規劃藍圖。

第三節　《呂氏・十二紀》禮學思想特色

一、敬天之禮

順應陰陽五行思想

　　敬天之禮乃順應天地、四時、陰陽二氣、五行之德思想而

---

71 《呂氏春秋集釋》，頁197。

設，包括「祈穀之禮」，四時節氣前「齋戒之禮」，「迎節氣之禮」，「儺禮」，「雩禮」，「秋嘗之禮」，「冬蒸之禮」之諸禮。

《禮記‧王制》曰：「天子、諸侯宗廟之祭：春曰礿，夏曰禘，秋曰嘗，冬曰烝。天子祭天地，諸侯祭社稷，大夫祭五祀。」[72]古代天子祭祀天地，按四時舉行春礿，夏禘，秋嘗，冬烝之禮並祭祀宗廟，並無在節氣前齋戒及四時舉行迎節氣之禮。至於為配合天道陰陽氣化消長的運行，人君當齋戒慎重以迎節氣之來，節氣之日天子率公卿大夫依四時當令方位以盛大迎接節氣，至於夏至、冬至更要齋戒以待陰陽之變，此諸禮之設計皆順應陰陽五行思想而生。

關於「儺禮」，《周禮‧夏官司馬》曰：「方相氏：掌蒙熊皮、黃金四目、玄衣朱裳、執戈揚盾，帥百隸而時難，以索室驅疫。」[73]《論語‧鄉黨》曰：「鄉人儺，朝服而立於阼階。」朱子注：「儺，所以逐疫。」[74]，「儺」乃源於遠古驅邪逐疫之禮。但在《呂氏‧十二紀》成為季春「國人儺，九門磔禳，以畢春氣。」[75]，〈仲秋紀〉曰：「天子乃儺，禦佐疾，以通秋氣。」[76]，〈季冬紀〉曰：「命有司大儺，旁磔，出土牛，以送寒氣。」[77]「儺禮」本為驅疾疫之古禮，在十二紀中成為送畢春氣、通秋氣、送寒氣以順導節氣之禮，古義「驅邪逐疫」宗教意義減弱，進而以陰

72　《禮記》，頁 242。

73　《周禮》，頁 475。

74　朱熹：《論語四書章句集注‧鄉黨》，頁 163-164。

75　《呂氏春秋集釋》，頁 64。

76　同前注，頁 176-177。

77　同前注，頁 259。

陽節氣送畢之說賦予新的意涵。

　　「雩禮」本古禮，《左傳・桓公五年》曰：「秋，大雩。書不時也。凡祀，啟蟄而郊，龍見而雩，始殺而嘗，閉蟄而烝。」[78]「龍」是二十八星宿的蒼龍星，每年孟夏四月出現於東方。《左傳・襄公五年》曰：「秋，大雩，旱也」杜預注：「雩，夏祭，所以祈甘雨，若旱，則又脩其禮。」[79]「雩禮」本古禮，分「正雩」與「旱雩」，「正雩」又稱「常雩」乃天子所行，不論是否有旱都要定期舉辦，如「龍見而雩」屬「常雩」；「旱雩」則是遭旱而另行祈雨之祀，沒有定時，如「秋，大雩」之類。[80]《呂氏・十二紀》論「雩禮」為「命有司為民祈祀山川百原，大雩帝，用盛樂。」[81]《禮記・月令》鄭玄注：「陽氣盛而當旱，山川百源，能興雲雨者也。雩帝，謂為壇南郊之旁，雩五精之帝，配以先帝也。」[82]《呂氏・十二紀》以仲夏陽氣過盛而旱，遂行雩禮以求雨，夏時火德當令，其位在南，遂於南郊求雨。可見《呂氏・十二紀》雖吸收古「雩禮」為民祈雨，但詮釋方式與《左傳》不同，乃以陰陽家思想為主，「雩禮」乃為順導陽氣以免過盛而行，以祈勿傷農作，此乃以陰陽消長思想重新詮釋其禮意。

　　《呂氏・十二紀》敬天之禮方面實與陰陽家思想有密切關係，郊祀、祈穀本為敬祀上天之禮，為因應天道陰陽氣化消長的運行，乃設人君齋戒以待節氣之禮；節氣之日，天子公卿大

78　《左傳・桓公五年》，頁107-109。
79　《左傳・襄公五年》，頁514。
80　楊志剛：《中國禮儀制度研究・雩祀祈甘雨》，頁283。
81　《呂氏春秋集釋》，頁105。
82　孫希旦：《禮記集解》，頁451。

夫依四時當令方位恭迎節氣之禮；本為驅邪逐疫的「儺禮」也轉化為送歸節氣之儀式，「雩禮」也以陽氣過盛之說詮釋禮意，此皆吸收戰國陰陽家思想而設之禮甚具時代特色。

二、祈地之禮

彰顯勸農之意

　　祈地之禮，包括天子命有司祀社、祭祀山林川澤社稷之禮，天子群臣躬耕帝籍之禮，后妃齋戒勸桑之禮，雩禮之祭祀山川百源。

　　《左傳‧襄公七年》曰：「夫郊祀后稷，以祈農事也。是故啟蟄而郊，郊而後耕。」[83]《禮記‧王制》曰：「天子祭天下名山大川，五嶽視三公，四瀆視諸侯。諸侯祭名山大川之在其地者」[84]天子祭祀天地、山林川澤、社稷以祈穀豐收之禮本為古禮，《呂氏‧十二紀》吸收而納入春季之禮，即迎春氣之後，再行天地、山林、川澤、社稷祈穀之禮，乃以祈農事之豐收為主。

　　天子群臣親載耒耜，躬耕於帝籍之田，乃彰顯勸農之意。

　　后妃齋戒勸桑之禮，《禮記‧祭統》曰：「天子親耕於南郊，以共齊盛；王后蠶於北郊，以共純服。諸侯耕於東郊，亦以共齊盛；夫人蠶於北郊，以共冕服。」[85]此受陰陽五行方位思想影響，如《禮記‧昏義》曰：「天子之與后，猶日之與月、陰之與陽，相須而后成者也。天子修男教，父道也；后修女順，

83　《左傳‧襄公七年》，頁 517-518。
84　《禮記》，頁 242。
85　同前注，頁 831。

母道也。」[86]天子為陽，王后為陰，陰陽和合以治天下。天子祈天地，親耕帝籍之田，以修男教；后妃齋戒勸桑之禮，以彰陰德，以為女教，陰陽合和，彰顯農桑為衣食之本。

三、人道之禮

天子順時施政，教孝、教學、教戰

　　《呂氏‧十二紀》人道之禮方面，包括天子明堂施政之制，四時祭祀之禮，教學禮樂之制，教戰之制等，乃承《管子‧四時》以時令配合施政思想的發展。

　　有關夏商周三代論及「明堂」典籍，主要見於《周禮‧考工記》曰：「夏后氏世室，堂修二七，廣四修一。五室，三四步，四三尺。九階。四旁兩夾窗，白盛。門堂三之二，室三之一。殷人重屋，堂脩七尋，堂崇三尺，四阿重屋。周人明堂，度九尺之筵，東西九筵，南北七筵。」[87]知明堂由來久遠，三代名稱不同，夏曰世室，商曰重屋，周曰明堂，建築形制也不同。《大戴禮記‧明堂》曰：「或以為明堂者，文王之廟也。」[88]，《孟子‧梁惠王下》曰：「齊宣王問曰：『人皆謂我毀明堂，毀諸？已乎？』孟子對曰：『夫明堂者，王者之堂也，王欲行王政，則勿毀之矣。』趙岐注：「明堂，太山明堂，周天子東巡守朝諸侯之處，漢時遺址尚在。」[89]或以為文王廟，或以為天子巡守朝見諸侯之處，莫

86　《禮記》，頁 1003。

87　《周禮》，頁 643-644

88　王聘珍，王文錦點校：《大戴禮記解詁》，頁 151。

89　朱熹：《四書章句集注》，頁 301-302。

衷一是，知明堂之制其職掌與運作如何甚不詳？

　　沈信甫以為「從歷史脈絡來看，明堂制度的起源可追溯至上古傳說和三代之際，計有神農時期的明堂、黃帝時期的明堂、唐虞時期的明堂、夏商周三代的明堂等，以上合稱為古明堂時期。這些不同時期的古明堂之稱，證之以經史典籍，可謂是異名同實，而以明堂作為整個建築群的總名。……在周秦、兩漢之際，明堂制度就有兩種形制的發展：一是明堂月令（或稱明堂陰陽），二是《管子‧玄宮圖》（《幼宮圖》）所繪的明堂。前者的文獻見於《呂氏春秋‧十二紀》、《禮記‧月令》、《淮南子‧時則》，三者的內容雖小有差異，但是其基本架構是相似而互見。……追溯此兩種形制的成因，可推知是受戰國鄒衍一派的陰陽五行學說的影響，其後的漢儒則加以附會，而分化為明堂陰陽與玄宮時令的說法。由此可知，此一時期的明堂已不是一個獨立的概念，而是與月令、五行、陰陽、四時等概念相連在一起而論。」[90]沈氏將「明堂」的歷史淵源及周秦兩漢之際的明堂發展論述很清楚，並認為《呂氏‧十二紀》、《禮記‧月令》、《淮南子‧時則》乃屬明堂發展的同一脈絡，都受到戰國鄒衍陰陽五行說的影響，並已成為一個整體概念。

　　由《呂氏‧十二紀》論「明堂」之禮，前代典籍如《周頌》、《左傳》、《孟子》、《考工記》等雖有其名，卻無其禮。至於《呂氏‧十二紀》始將「明堂」之制配合四時十二紀及五行之說組成完整的禮制。包括天子順四時十二紀明堂方位、服色、車馬、

---

90 沈信甫：〈論戴震《考工記圖》的明堂形制及其意義〉《中國學術年刊》第三十四期（秋季號)，2012.9，頁 62-63。

食器之制，建立「明堂」施政的初步雛形，影響及於漢代。[91]

　　天子之「教」包括四時祭祀先祖之禮，乃將先秦「春礿，夏禘，秋嘗，冬烝」四時之禮，擴及十二月令，按時獻以當令之物為祭，以表教親敬祖之心，乃天子率天下以孝之意。其次，強調「敬學」與「尊師」「天子入太學，祭先聖，則齒嘗為師者弗臣，所以見敬學與尊師也。」[92]《孟子‧滕文公上》曰：「夏曰校，殷曰序，周曰庠，學則三代共之，皆所以明人倫也。」[93]學校之始設乃源自三代，考察《尚書》、《左傳》、《周禮》等典籍並無祭祀先聖之禮。《呂氏‧十二紀》孟夏入太學所祭皆為古聖君賢臣，乃以政治領袖為主，強調天地之尊與歷代聖君賢臣之尊，以為帝王所師法，可看出《呂氏‧十二紀》面對秦代法家「尊君」思想之下，或試圖樹立「尊天」與「尊賢」的政治道統以為王者師的企圖心。

　　此外，仲春季春，天子率三公九卿諸侯親往國子視學禮樂，蓋音樂攸關一國風俗，知音乃能知政，故習禮作樂正有天子導正人心、醇厚風俗之意。

　　季秋天子行田獵教戰之禮，天子施政以刑獄征伐為主，孟秋選士厲兵，以征不義，季秋天子乃教以田獵，天子著戎服，教民熟習弓、矢、殳、矛、戈、戟等兵器，熟習車徒行列，辨別旗物號令，申嚴禁令。《呂氏‧十二紀》主張要討伐不義，興義兵，反對偃兵之說，〈孟秋紀〉曰：「古聖王有義兵而無偃

91　「（漢武帝)元年，漢興已六十餘歲矣，天下艾安，搢紳之屬皆望天子封禪改
　　正度也，而上鄉儒術，招賢良，趙綰、王臧等以文學為公卿，欲議古立明堂
　　城南，以朝諸侯。」（日）瀧川龜太郎著：《史記會注考證》，頁507。

92　《呂氏春秋集釋》，頁96。

93　《孟子》，頁91。

兵」[94]，「攻無道而伐不義，則福莫大焉，黔首利莫厚焉。」[95]這點自然與秦興兵統一中國的時代背景有關。

歲末冬蒸之禮，農事畢收，天子諸侯與其羣臣大飲酒，獻饗天地四時日月星辰之神，公社，后土，門閭先祖之神，與民休息，以祈來年豐收，是合天地、鬼神、天子、羣臣同歡，乃君臣同樂之意。

人道之禮部分：天子順四時十二紀於明堂施政，行祭祀之禮以教民以孝，視察太學教民敬學與尊師，秋獵教民練兵教戰，歲末君臣同樂。故順應天地之道，強調孝道，重視教育、音樂、軍事教育操演，歲末則感念天地祖先，君臣同樂以終，乃《呂氏・十二紀》人道之禮的特色。

四、禮者，法天地之道

《呂氏・十二紀》禮學思想乃順「法天地」思想而生，天地之道乃陰陽二氣之消長，木火土金水五德之輪轉，人道當配合天道而行。故節氣將臨，天子自潔乃行守齋之禮，節氣至乃設迎送之禮，春時木德主生養乃行郊社祈穀、高禖求嗣之禮，夏時火德當位乃祭先師，行禮樂以教民，行雩禮以祈雨，秋時金德主殺乃有教戰田獵、豐收饗神之禮，冬時水德主藏乃行蒸嘗禮以饗臣民，以祈來年。《呂氏・十二紀》諸禮之規劃乃為因應陰陽五行之德，「禮」是人道配合天道的表現，「禮」成為天與人之間的橋樑，「禮」落實其「法天地」思想主張。

---

94 《呂氏春秋集釋》，頁157。
95 同前注，頁164。

　　在敬天之禮方面的特色是順應其「法天地」之說，新增節氣來臨前的齋戒之禮、迎節氣之禮以為慎重。吸收周禮郊祀之禮加以發揚，以尊崇天地之貴，吸收「儺禮」以送畢節氣，但卻是由陰陽消長與五行更替之說以詮釋，重建天道為最高權威，為天子公卿大夫之所敬畏，再以祖先宗廟配之，於是天子之所懼乃有天地與祖先。此處可見《呂氏‧十二紀》試圖重建遠古天地鬼神信仰的權威，只是以戰國末之陰陽五行思想賦予新意，可謂吸收道家的天道權威與陰陽家思想內涵，或呂氏有以尊天敬祖之道取代帝王權威的用心。

　　在祈地之禮方面，天子率領公卿躬耕勸農，祭祀山林川澤，主持雩祭；后妃率嬪妃婦女採桑養蠶以供祭祀，試圖恢復古代君王為民祈穀，彰顯以農立國之意。

　　在人道之禮方面，其施政原則為天地之道依陰陽消長而行，人道則依五行之德而施，故吸收古來「明堂」之說，配以十二紀陰陽五行思想，始構明堂之禮的雛型；吸收周代春礿，夏禘，秋嘗，冬烝之禮，但將其安置於春夏秋冬四時節氣來臨前的齋戒與迎節氣之後，有先尊天而後敬祖之意。春德主生，乃行「高禖」之禮以求子嗣；勸農力田，不妨農時。秋德主殺，則練兵教戰，乃主義戰。天地之生人也主學，故一年四時，天子公卿時至太學視導，國子祭祀先賢先聖，強調「敬學」與「尊師」，以應天地之德，建立「天人相應」的禮制規範，使人道之行能相應天地之道。

第四節　小　結

　　站在先秦諸子面對周文的崩壞與重建的歷史脈絡下看，《呂氏‧十二紀》乃戰國末期有志之士結合道家、陰陽家、儒家、法家等諸子之學，試圖重建新的人倫秩序的禮學新主張。

　　《呂氏‧十二紀》禮學思想以「法天地」為主，吸收陰陽五行思想，試圖重新建立連結「天」與「人」的禮學治國藍圖。司馬遷論其規模而曰：「以為備天地萬物古今之事」[96]，徐復觀曰：「呂氏春秋十二紀紀首，正吸收了夏小正及周書的周月、時訓，加以整理，而另發展了鄒衍的思想，以此為經，再綜合了許多因素及政治行為，以組織成『同氣』的政治理想的系統。」[97]徐氏論其學術淵源乃吸收《夏小正》、《周書》、《管子‧時則》及鄒衍陰陽五行之說，架構而成其氣化一體的政治主張。陳麗桂以為「《管子‧四時》、〈五行〉、《呂氏春秋》十二紀，到《淮南子‧時則》，清楚顯示了道家（黃老）一系如何如司馬談所說『陰陽之大順』，去構畫施政藍圖的天人大論。道家崇自然、順天道，上述各文獻中的陰陽五行天人大論基本上循著《大戴禮記‧夏小正》一系，記錄古農業社會對一年十二個月天象、物候的理解與掌握，竭盡所能地統合一切思慮所及之天人元素，納入陰陽五行的模式中，去架構出一套順天應人，天人緊密相繫、和諧共榮的政治運作模式。」[98]陳氏由

---

96 司馬遷：《史記》，頁 1014。
97 徐復觀：《兩漢思想史》，頁 14。
98 陳麗桂：〈從循環、代勝到主從、尊卑─戰國秦漢陰陽五行說的緣起與演變〉《哲學與文化》（第四十二卷第十期，2015.10)，頁 12。

戰國黃老之學的發展論《呂氏・十二紀》吸收《夏小正》、《周書》、《管子・時則》的陰陽五行思想建立順天應人的政治運作模式的思想意義，惟陳氏未論及《呂氏・十二紀》在禮學思想上的意義。

　　學者佐藤將之以為「在現存的戰國時代思想文獻中，與比較關注一國富強或安定的《商君書》、《管子》、《韓非子》，或者與充滿悖論或託古方式來談及理想政治的《老子》和《莊子》相比，在戰國時代結束之前，似乎唯《呂氏春秋》和《荀子》兩部著作當時在諸侯國並立的環境下實際提供對近未來世界較為具體、明確、詳細，且有系統之理想國家社會之藍圖。此兩部文獻的出現代表著當時戰國時代的思想終於進入了在近未來天下會統一的前提之下要綜合過去思想之階段。而且《呂》、《荀》兩書的政治哲學也成為秦漢帝國成立——尤其在秦國瓦解後不再回歸到戰國時期的分裂狀態——之思想基礎。」[99]佐藤氏指出《呂氏春秋》與《荀子》兩部著作在戰國末期出現的歷史意義，並說明二書的重要意義乃在規劃未來統一後的帝國藍圖，誠然如此。但沒有點出其治國藍圖的具體內容為何？實則就《呂氏・十二紀》而言，正是指法天、地、人之道下的禮制規劃以運作的模式。

　　《呂氏・十二紀》吸收戰國時期興起的陰陽五行思想，試圖重新連結上古以來「天」與「人」以「禮」相連的古老傳統，這樣的禮學思想與建立在「親親尊尊」的周文禮學思想是不同

---

99 佐藤將之：〈《呂氏春秋》和《荀子》對「人類國家」構想之探析：以其「人」觀與「群」論為切入點〉《政治科學論叢》第 69 期，民 105 年 9 月（2016.9），頁 176

的兩套治國模式，《呂氏‧十二紀》可視作戰國以來重建新禮樂制度的政治理想下重要的禮學思想成就。[100]或因秦政的緣故，漢儒少提到《呂氏》其人其書，但《呂氏‧十二紀》的陰陽五行之說，天人思想，災異觀念，卻普遍見於漢儒著作中，無論陸賈、賈誼或董仲舒無不受其影響，尤以董仲舒為最，故《呂氏‧十二紀》禮學思想對於漢代禮學思想的建立是有其影響力的。

---

100 傅武光論《呂氏春秋》曰：「（呂氏春秋）無論就積極方面之自揭政治理想言，或就消極方面之抨擊秦政缺失言，皆顯見有為一代之興王立法之意，再證以十二月紀，而此意更顯。」亦有此意。《呂氏春秋與諸子的關係》，頁74。

第三章　陸賈與叔孫通的禮學思想

第一節　前　言

　　陸賈（B.C.240-B.C.170），據《史記·陸賈列傳》陸賈常在高祖劉邦前稱說詩書，曾出使南越有功，著《新語》十二篇[1]以論古今成敗之理，而得高祖稱善，為漢初重要儒者。或以漢初重要啟蒙思想家稱之[2]。叔孫通本秦博士，秦亡歸漢王劉邦，為漢制定朝賀之儀，制作宗廟樂，另有《傍章》十八篇與《漢禮器制度》傳世。

　　陸賈與叔孫通皆為高祖時期的儒者，經歷秦政淪亡與漢世崛起，二人皆重視順時以應世，陸賈鑒於秦亡教訓，吸收道家無為之說與儒家仁義之道，勸勉高祖劉邦以順守之道治天下，當無為而有為，開啟漢初黃老之風，並首倡天人相感以制衡君權，陸賈在禮學思想上乃漢儒先驅。

　　叔孫通禮學重實踐，承秦末戰亂之後，在廢墟中重建一代

---

1 研究陸賈思想的可靠史料，主要見於《新語》一書。劉建國：《中國哲學史史料學概要上》，頁242。 本文採用王利器撰：《新語校注》，北京：中華書局，1997。
2 徐復觀以〈漢初的啟蒙思想家—陸賈〉譽之，《增訂兩漢思想史》，頁85。

漢儀，其創制之功偉矣。《史記‧禮書》曰：「秦有天下，悉內六國禮儀，采擇其善，雖不合聖制，其尊君抑臣，朝廷濟濟，依古以來，至于高祖，光有四海，叔孫通頗有所增益減損，大抵皆襲秦故‧自天子稱號，下至佐僚及宮室官名，少所變改。」[3]又贊曰：「叔孫通希世度務，制禮進退，與時變化，卒為漢家儒宗。」[4]肯定叔孫通能因時制禮，草創一代禮制之功。

第二節　陸　賈

　　此文探討有關陸賈的禮學思想，分別由逆取與順守之道，禮本天地，治國無為，君行有為，天人相感等方面陳述之：

一、「逆取」與「順守」之道

　　陸生時時前說稱詩書。高帝罵之曰：「乃公居馬上而得之，安事詩書！」陸生曰：「居馬上得之，寧可以馬上治之乎？且湯武逆取而以順守之，文武並用，長久之術也。昔者吳王夫差、智伯極武而亡；秦任刑法不變，卒滅趙氏。鄉使秦已并天下，行仁義，法先聖，陛下安得而有之？」高帝不懌而有慚色，乃謂陸生曰：「試為我著秦所以失天下，吾所以得之者何，及古成敗之國。」陸生乃粗述存亡之徵，凡著十二篇。每奏一篇，高帝未

---

3 司馬遷：《史記‧禮書》，頁 458-459。

4 司馬遷：《史記‧劉敬叔孫通列傳第三十九》，頁 1109。

嘗不稱善，左右呼萬歲，號其書曰《新語》。[5]

「馬上得天下」是以武力取得天下乃為「逆取之道」，陸賈肯定劉邦「馬上得天下」以「逆取之道」取得政權的正當性，但也明辨「馬上得天下」與「馬下治天下」是兩回事，雖可以「逆取之道」得天下，卻不能以「逆取之道」治天下，湯武革命建立商、周二代，皆以逆取之道取天下，以順守之道治天下，乃得長治久安，此得到劉邦的認同，陸賈遂得上奏古今存亡之理於高祖之前，在高祖前發揮其影響力。

《史記・酈生陸賈列傳》陸賈曰：「皇帝起豐沛，討暴秦，誅彊楚，為天下興利除害，繼五帝三王之業，統理中國。」[6]，「漢王起巴蜀，鞭笞天下，劫略諸侯，遂誅項羽滅之。五年之間，海內平定，此非人力，天之所建也。」[7]劉邦以一介平民，竟能討伐暴秦強楚，創建王業，此乃天命。陸賈可謂首倡帝王乃天命在身之說者，非人力所能強求，乃為天下興利除害，繼承五帝三王之傳統，其政權之建立有其正當性，亦賦予高祖劉邦以神聖之獨特性。[8]

先秦儒者對「以武力奪天下」此議題的看法，隨著時代而有所變遷。《論語・憲問》曰：「陳成子弒簡公。孔子沐浴而朝，告於哀公曰：『陳恆弒其君，請討之。』」[9]魯哀公十四年，陳成

---

5 司馬遷：《史記・酈生陸賈列傳第三十七》，頁 1098。
6 同前注，頁 1097。
7 同前注，頁 1097。
8 林聰舜以為劉邦的領袖特質可視為是「卡里斯瑪式的領袖」林聰舜：《漢代儒學別裁 帝國意識型態的形成與發展》第二章〈打天下時期的劉邦：卡里斯瑪式的領袖〉，頁 37-42。
9 《論語》，頁 127。

子弒齊簡公，雖齊強魯弱，但孔子仍告魯哀公當討亂臣，惟魯政在三家大夫，哀公無力，只能請孔子告之三家，三家徒以自身利害為考量無意討伐，孔子無奈退而書「齊人弒其君壬于舒州」於《春秋》[10]，《孟子‧滕文公下》曰：「世衰道微，邪說暴行有作，臣弒其君者有之，子弒其父者有之。孔子懼，作《春秋》」[11]，又曰：「孔子成《春秋》而亂臣賊子懼。」[12]孔子面對春秋臣弒君，子弒父，甚至諸侯、大夫的僭禮都是不能認同的[13]，孔子心目中的理想政治形態為「君君，臣臣，父父，子子」[14]尊卑有序的倫理秩序，孔子多次肯定反對「以暴制暴」的伯夷、叔齊之賢[15]，可以想見孔子不能認同徒恃武力以奪取政權的「逆取」型態。

　　戰國時期孟子與荀子面對列國征戰的態度已有所不同，不再堅持君臣名分的絕對性，而更重視征伐的正當性。《孟子‧

10　《左傳‧哀公十四年》「齊陳恆弒其君壬于舒州，孔丘三日齊，而請伐齊，三，公曰，魯為齊弱久矣，子之伐之，將若之何，對曰，陳恆弒其君，民之不與者半，以魯之眾，加齊之半，可克也，公曰，子告季孫，孔子辭，退而告人曰，吾以從大夫之後也，故不敢不言。」《左傳》，頁1031。

11　《孟子》，頁117。

12　同前注，頁118。

13　孔子謂季氏：「八佾舞於庭，是可忍也，孰不可忍也？」《論語‧八佾》，頁25。八佾篇中有許多孔子對當時魯三家大夫僭禮的批判。

14　齊景公問政於孔子，孔子對曰：「君君、臣臣、父父、子子。」《論語‧顏淵》，頁108。

15　《史記‧伯夷列傳》：「伯夷、叔齊叩馬而諫（周武王)曰：「父死不葬，爰及干戈，可謂孝乎？以臣弒君，可謂仁乎？」左右欲兵之。太公曰：「此義人也。」扶而去之。武王已平殷亂，天下宗周，而伯夷、叔齊恥之，義不食周粟，隱於首陽山，采薇而食之。及餓且死，作歌。其辭曰：「登彼西山兮，采其薇矣。以暴易暴兮，不知其非矣。神農、虞、夏忽焉沒兮，我安適歸矣？于嗟徂兮，命之衰矣！」遂餓死於首陽山。」司馬遷：《史記‧伯夷列傳第一》，頁851。伯夷、叔齊堅持的是君臣分際，反對的是以暴制暴的政權更替方式，而得到孔子認同。

梁惠王》記載孟子面對齊國伐燕國之事的態度。「齊人伐燕，
取之。諸侯將謀救燕。宣王曰：『諸侯多謀伐寡人者，何以待之？』
孟子對曰：『臣聞七十里為政於天下者，湯是也。未聞以千里
畏人者也。《書》曰：『湯一征，自葛始。』天下信之。『東面而
征，西夷怨；南面而征，北狄怨。曰，奚為後我？』民望之，
若大旱之望雲霓也。歸市者不止，耕者不變。誅其君而弔其民，
若時雨降，民大悅。《書》曰：『徯我后，后來其蘇。』今燕虐
其民，王往而征之。民以為將拯己於水火之中也，簞食壺漿，
以迎王師。若殺其父兄，係累其子弟，毀其宗廟，遷其重器，
如之何其可也？天下固畏齊之彊也。今又倍地而不行仁政，是
動天下之兵也。王速出令，反其旄倪，止其重器，謀於燕眾，
置君而後去之，則猶可及止也。』」[16]孟子不是站在君臣分際或僭
禮與否的角度批判齊伐燕之事，而是站在齊伐燕這場戰事的正
當性，正當性的標準是建立在「是否拯民於水火之中？」今燕
虐其民固不仁，齊伐燕而殺其父兄、毀人宗廟同樣不仁，最後
導致其他諸國的反彈而共謀伐齊，乃齊咎由自取。《孟子·梁
惠王下》曰：「齊宣王問曰：『湯放桀，武王伐紂，有諸？』
孟子對曰：『於傳有之。』曰：『臣弒其君可乎？』曰：『賊
仁者謂之賊，賊義者謂之殘，殘賊之人謂之一夫。聞誅一夫紂
矣，未聞弒君也。』」[17]湯武革命是否屬「臣弒君」的僭禮犯上，
孟子賦予新的詮釋意義，君臣之分不僅只是名分上，它更有它
的內在意義，當君不君時，就不能以君上來看待，自然就沒有
犯上僭禮的問題，此時乃「誅一夫紂矣，未聞弒君也」此處可

---

16 《孟子》，頁44。
17 同前注，頁42。

以看出孟子對孔子「君臣父子」的名分說的發揮與變通。

　　荀子〈議兵〉曰：「彼仁者愛人，愛人故惡人之害之也；義者循理，循理故惡人之亂之也。彼兵者所以禁暴除害也，非爭奪也。故仁者之兵，所存者神，所過者化，若時雨之降，莫不說喜。是以堯伐驩兜，舜伐有苗，禹伐共工，湯伐有夏，文王伐崇，武王伐紂，此四帝兩王，皆以仁義之兵行於天下也。」[18]荀子從「性惡」出發，認為「兵」者的意義在於能為天下「禁暴除害」，非爭奪己利，此乃針對戰國多出自私利而發動戰爭的控訴，所謂「仁者之兵」乃是捍衛國際秩序與社會規範的強大武力，禹湯文武之伐皆屬仁義之師，乃因「禁暴除害」而生，故天下之民喜迎之，荀子論「兵」可視為戰國末期望治殷切的時代特色。

　　經歷秦末群雄並起，楚漢兩雄相爭的陸賈，對於出身草莽的劉邦「馬上得天下」以武力奪取天下，這樣一個歷史事實的肯定，有其時代意義。吳曉昀以為：「對於漢廷與漢儒而言，陸賈之論有兩方面的重大意義。其一，陸賈擱置了德政思想中以『有德』作為『取得權力之道』的面向。『居馬上得之，寧可以馬上治之乎』之語，雖然是承接高祖之言順勢而為，卻顯示陸賈默認了漢家天下乃『居馬上得之』；以『逆取而以順守之』為範例，更可看出陸賈無意辯駁君王以武力取天下的政治現實。陸賈未必認同以暴力取得權力，但是漢家以武力得權已成事實，扣馬而諫、隱居首陽雖能保衛價值世界的精神堡壘，卻難以對現實政治有所作為，以陸賈的觀點來看，這類選擇並

18　《荀子集解》，頁 279-280。

不符合他行道用世的理想。擱置『得天下之道』之問題的意義在於，德政思想中與現實政治為扞格的部分——政權取得方式之正當性——，被陸賈壓下了論述的檯面，於是儒家思想與現實政治的對立程度也就大幅削減，而可能更進一步地『合之於今』。不僅如此，陸賈更將關注的焦點，改集中於德政思想中「取得認同」的面向，亦即『治天下之道』。」[19]伯夷叔齊扣馬而諫的理想，在孔子時已做不到，何況至於秦末。始皇與二世雖貴為天子，但暴虐天下早已君不成君，抗秦實已順天應人；劉邦與項羽是否可稱作仁義之君實不可知？但劉邦掃平群雄，禁暴除害卻是鐵的事實。誠如吳氏所言，陸賈要堅持儒家仁義之師的理想，將永遠無法實現儒家理想，不如肯定這位草莽英雄，肯定這群草莽之兵，再慢慢轉化英雄為聖君，教化草莽之兵為仁義之師，要來得實際些。

　　因此陸賈肯定劉邦「馬上得天下」之說，可謂漢初儒者面對時代變局的變通之道，陸賈不深究「馬上得天下」的正當性問題，而著重在「馬下治天下」的治道問題，這使得陸賈得到劉邦的認同，進而能進一步影響劉邦，影響漢一代的治國方向。[20]

---

19 吳曉昀：〈從「以古非今」到「因世權行」：漢初儒者對秦漢新政治秩序的回應〉《清華中文學報》17 期，2017.6.1），頁 126。
20 林聰舜以為：「陸賈「居馬上得之，寧可以馬上治之」、「逆取而以順守之」的觀念，後來成為「懲秦之弊」，極力思索長治久安之道的漢帝國統治方向的基調。他默認「居馬上而得之」的講法，承認取天下是憑藉武力，放棄了以仁義取天下的先秦舊說；將仁義、《詩》、《書》與歷史教訓結合，並與「以順守之」的觀念結合，將被很多人視為不合時宜、脫離實際的儒學，重新論述為符合漢帝國需要的思想。這使儒學變成具有現實感，能對帝國迫切需要的治國方略提供具競爭力的建言。」林聰舜：《漢代儒學別裁　帝國意識型態的形成與發展》第一章〈漢代儒學的一個側面—思想、統治與權力運作〉，頁19。

陸賈言：「湯武逆取而以順守之，文武並用，長久之術也。昔者吳王夫差、智伯極武而亡；秦任刑法不變，卒滅趙氏。鄉使秦已并天下，行仁義，法先聖，陛下安得而有之？」[21]湯武同樣以武力逆取而有天下，但文武之政並用，故國治而久安。反觀秦以逆取而得天下，卻任刑不行仁義而速亡，此二者的差別不在「馬上得天下」，而是「馬下治天下」的不同。尤其對陸賈對秦政之失的分析，最受到劉邦關注。

> 秦始皇設刑罰，為車裂之誅，以斂姦邪，築長城於戎境，以備胡越，征大吞小，威震天下，將帥橫行，以服外國，蒙恬討亂於外，李斯治法於內，事逾煩天下逾亂，法逾滋而天下逾熾，兵馬益設而敵人逾多，秦非不欲治也，然失之者，乃舉措太眾、刑罰太極故也。[22]

> 秦以刑罰為巢，故有覆巢破卵之患，以趙高、李斯為杖，故有傾仆跌傷之禍，何者？所任非也。故杖聖者帝，杖賢者王，杖仁者霸，杖義者強，杖讒者滅，杖賊者亡。[23]

> 夫謀事不竝仁義者後必敗，殖不固本而立高基者後必崩。故聖人防亂以經藝，工正曲以準繩。德盛者威廣，力盛者驕眾。齊桓公尚德以霸，秦二世尚刑而亡。[24]

陸賈論秦政之失，主要有四：1.秦用事太繁，對內征戰六國，

21　司馬遷：《史記・酈生陸賈列傳第三十七》，頁1098。
22　《新語校注・無為第四》，頁62。
23　《新語校注・輔政第三》，頁51。
24　《新語校注・道基第一》，頁29。

對外以備胡越，一味窮兵黷武，天下震動，民不得安。2.以嚴刑治國，刑罰太極，始皇設車裂之刑，二世更尚刑而亡，3.用人非賢，惟李斯、趙高之賊，所任非也。4.不行仁義，不法先聖之道，故極武而亡。陸賈之言，劉邦是能接受的，他要陸賈論述秦政之所以失天下的殷鑑，也要陸賈收集古今國家成敗之道以為施政參考，觀《史記・高祖本紀》劉邦大風歌，曰：「大風起兮雲飛揚，威加海內兮歸故鄉，安得猛士兮守四方」[25]可知劉邦沒有因得天下而得意忘形，反而心繫如何守天下？不愧開創之君，故陸賈所言「順守之道」能得劉邦認同。

　　至於「順守之道」的內涵為何？秦用法家之道而速亡，陸賈以秦政之失勸諫高祖劉邦，當以道家無為之道與儒家仁義之道為治，法先聖之法，方為治天下順守之道。《新語・道基》曰：

> 君子握道而治，據德而行，席仁而坐，仗義而彊，虛無寂寞，通動無量，故制事因短，而動益長，以圓制規，以矩立方。聖人王世，賢者建功，湯舉伊尹，周任呂望，行合天地，德配陰陽，承天誅惡，克暴除殃。[26]

　　陸賈論君子內涵是道、德、仁、義，國君治理天下要掌握天地之常道，立身處世當以仁義乃有德，有德方能上達天地陰陽之道。〈本行〉曰：「治以道德為上，行以仁義為本。故尊於位而無德者絀，富於財而無義者刑，賤而好德者尊，貧而有義

---

25 司馬遷：《史記》，頁178。
26 《新語校注》，頁28。

者榮。」[27]將個人之道德實踐與天地陰陽之道結合，乃道家與儒
家之說的結合，表現天人合一思想，正是秦漢之際思想特色，
《易‧乾卦》曰：「大人者、與天地合其德，與日月合其明，與
四時合其序，與鬼神合其吉凶。」[28]可互相呼應。陸賈論「道德」
之義非如老莊之玄遠難曉，〈慎微〉曰：「道者，人之所行也，
夫大道履之而行，則無不能，故謂之道。」[29]道本於天地，乃人
所當行之道，行道而有得於己曰德，對天道的實踐與體會為道
德。《論語‧述而》曰：「志於道，據於德，依於仁，遊於藝。」[30]
道德仁義本是儒家所重之價值觀，陸賈提倡「道德仁義」的價
值，正是對秦暴政的歷史反省，重新提出儒家道德仁義價值以
取代嚴刑峻罰的法家君權思想，希冀以儒家道德仁義的常道做
為天下長治久安的主體價值。此外，陸賈言「虛無」、「通動」
又具道家修養色彩。〈道基〉曰：

> 虐行則怨積，德布則功興，百姓以德附，骨肉以仁親，
> 夫婦以義合，朋友以義信，君臣以義序，百官以義承，
> 曾閔以仁成大孝，伯姬以義建至貞，守國者以仁堅固，
> 佐君臣者以義不傾，君以仁治，臣以義平，鄉黨以仁恂
> 恂，朝廷以義便便，美女以貞顯其行，烈士以義彰其名，
> 陽氣以仁生，陰節以義降，〈鹿鳴〉以仁求其羣，〈關雎〉
> 以義鳴其雄，《春秋》以仁義貶絕，《詩》以仁義存亡，
> 乾坤以仁和合，八卦以義相承，《書》以仁敘九族，君臣

27　《新語校注》，頁 142。
28　《周易》，頁 17。
29　同注 27，頁 93
30　《論語》，頁 60。

　　以義制忠，《禮》以仁盡節，樂以禮升降。[31]

　　孔子曰：「為政以德。」[32]、又曰：「道之以政，齊之以刑，民免而無恥；道之以德，齊之以禮，有恥且格。」[33]孔子為政主張以德以禮，更勝以政以刑之說。陸賈身經秦亂之後，當更有所感，故常批判秦以刑罰為虐，民所不堪。[34]針對法治弊病，再提倡回歸人君之德的主張，回歸人民道德價值的肯定，即國家長治久安之常道仍是在建立仁義道德的價值，在仁義價值的實踐，此乃儒家價值觀的重新肯定。陸賈反對以暴虐為政，主張以德治民，德治的內涵為仁義，仁義就表現在百姓、骨肉、夫婦、君臣、朋友、百官的人倫之序上，《春秋》《詩》《書》《禮》《易》五經亦以仁義為其內涵，此提高儒家《春秋》《詩》《書》《禮》《易》經典的地位。陸賈向漢高祖劉邦進言，提倡儒家所重的人倫之道，淺顯易懂，無怪乎「每奏一篇，高帝未嘗不稱善」[35]。

　　就思想而言，陸賈肯定骨肉之親，夫婦之義，朋友之信，君臣之義，百官之序，以仁義作為人倫內在價值，以此作為人世常道。蔡忠道以為：「『無為而治』的境界要落實於儒家的仁義。在至德之世，人人各安其分，君臣長幼的關係都相當和諧，

31　《新語校注》，頁 30。
32　《論語・為政》，頁 16。
33　同前注，頁 16。
34　「秦以刑罰為巢，故有覆巢破卵之患。」《新語校注・輔政第三》，頁 51。「秦非不欲治也，然失之者，乃舉措太眾、刑罰太極故也。」《新語校注・無為第四》，頁 62。
35　「陸生乃粗述存亡之征，凡著十二篇。每奏一篇，高帝未嘗不稱善，左右呼萬歲，號其書曰『新語』。」司馬遷：《史記・陸賈列傳》，頁 1098。

這不只是人民自化，也非嚴刑酷法所能達成，而是藉由德治與教化才能維繫。陸賈將儒道思想加以創造性的融合轉化，再輔以法家的法治思想，為高祖設計了合乎漢初政經情勢的治國藍圖。」[36]陸賈以道家無為而治為目標，乃針對秦政暴虐而生，實際內容卻以儒家仁義之道為實踐，並推崇《春秋》《詩》《書》《禮》《易》等儒家經典，重新提倡儒家思想與五經的價值，對漢初思想價值與治國方向上有所轉向，有其重要意義。

　　林聰舜以為：「陸賈『以順守之』的統治方向是有具體內容的，那就是透過仁義、經藝、倫理教化所建立的倫理與社會秩序，他對仁義、經藝、倫理教化等的功能作了重新的論述，作為穩定帝國統治的深層機制。另外，陸賈看到被政治社會邊緣化的士人的鬱卒，但也看到仕進之路已對他們敞開。他看到了士人已處在一前所未有的新時代，須調整自己的角色，成為倫理人、社會人與政治人，成為體制的一部份，作好隨時出仕的準備。他也要求士人修習經藝，行仁義道德，在仁義、經藝、倫理教化等所構成的倫理與社會秩序中扮演重要的角色。如此，士人就成為帝國深層穩定機制的組成要素，與國家興亡結合在一起，成為帝國穩定不可或缺的一部分。」[37]林氏從漢帝國政治穩定面及漢初儒者面對新局的調適面，彰顯陸賈在其間扮演的重要角色。陸賈面對漢初的新局，藉由論述「順守之道」的機會，得到當政者的重視，扭轉秦政以法家當道的局面，重

---

36 蔡忠道：〈陸賈儒道思想析論〉，《鵝湖月刊》，第三十二卷第四期，2006年10月，頁52。
37 林聰舜：《漢代儒學別裁 帝國意識型態的形成與發展》第三章〈陸賈「逆取順守」觀念新探—建立帝國的深層穩定機制〉，頁71。

新肯定人倫之道，使儒家所重君君臣臣父父子子的人倫之序，再次得到重視，重新彰顯人倫之禮，作為治國平天下之常道，對漢初思想史上有其重要意義，更是漢武帝獨尊儒術的先驅。

二、禮本天地，因事權行

> 傳曰：「天生萬物，以地養生，聖人成之。功德參合，而道術生焉。」故曰：張日月，列星辰，序四時，調陰陽，布氣治性，次置五行，春生夏長，秋收冬藏，陽生雷電，陰成霜雪，養育羣生，一茂一亡，潤之以風雨，曝之以日光，溫之以節氣，降之以殞霜，位之以眾星，制之以斗衡，苞之以六合，羅之以紀綱，改之以災變，告之以禎祥，動之以生殺，悟之以文章。[38]

　　《呂氏·仲夏紀》曰：「太一出兩儀，兩儀出陰陽，陰陽變化，一上一下，合而成章，渾渾沌沌，離則復合，合則復離，是謂天常。天地車輪，終則復始，極則復反，莫不咸當，日月星辰，或疾或徐，日月不同，以盡其行，四時代興，或暑或寒，或短或長，或柔或剛，萬物所出，造於太一，化於陰陽，萌芽始震，凝寒以形。」[39]《呂氏》天道內涵是由太一、陰陽、日、月、四時、寒暑等構成一個周而復始的世界觀。《易·繫辭傳》曰：「在天成象，在地成形，變化見矣。是故剛柔相摩，八卦相盪。鼓之以雷霆，潤之以風雨；日月運行，一寒一暑。乾道成

38　《新語校注·道基》，頁 1-2。
39　《呂氏春秋校釋》，頁 255。

男，坤道成女。乾知大始，坤作成物。」[40]《易傳》世界觀則由天地、剛柔、八卦、雷霆、風雨、日月、寒暑，最後創造男女、萬物。陸賈天道內容包括天、地、人三部分：天之道包括日月、星辰、四時、陰陽，雷電、霜雪運行不息；地之道包括五行之藏，春生夏長秋收冬藏，以養育羣生，人之道則仰觀俯察天地之理以為人道之則，使成天、地、人、物相通相感的一體結構。

　　《易‧繫辭傳》曰：「法象莫大乎天地，變通莫大乎四時，縣象著明莫大乎日月……天地變化，聖人效之；天垂象，見吉凶，聖人象之。」[41]表現「法天地」觀念。《呂氏‧仲春紀》亦曰：「人與天地也同，萬物之形雖異，其情一體也。故古之治身與天下者，必法天地也。」[42]陸賈〈道基〉則曰：「在天者可見，在地者可量，在物者可紀，在人者可相。」[43]此皆本天人氣化相感相應的宇宙觀，可見陸賈深受戰國以來天人氣化思想影響。〈道基〉曰：

> 先聖乃仰觀天文，俯察地理，圖畫乾坤，以定人道，民始開悟，知有父子之親，君臣之義，夫婦之別，長幼之序，於是百官立，王道乃生。[44]

　　《易‧繫辭下》曰：「古者包犧氏之王天下也，仰則觀象於天，俯則觀法於地，觀鳥獸之文，與地之宜，近取諸身，遠

40　《周易‧繫辭上》，頁 143-144。

41　同前注，頁 157。

42　《呂氏春秋集釋》，頁 45。

43　《新語校注》，頁 5。

44　同前注，頁 9。

取諸物。於是始作八卦。」[45]「先聖」乃指伏羲仰觀俯察天地之理作八卦。陸賈非論「八卦」之始，乃論人道之立，人道由天地之道仰觀俯察而來，由天地之理以定「父子之親，君臣之義，夫婦之別，長幼之序」，故人倫之理由天地之道而來，人道立乃有政治管理之需求，故設百官、君王，王道始立。故王道乃由天地之道而來。陸賈「人法天地」之說，雖吸收《易傳》思想，卻不取《易傳》由天地之道以論卦爻之義，而是仰觀俯察天地之道，以立人道父子、君臣、夫婦、長幼之序，此乃陸賈對《易傳》思想的新詮釋，即儒家所重的人倫之道乃上應天道而生，此提升儒家人倫之道的地位。〈道基〉曰：

> 中聖乃設辟雍庠序之教，以正上下之儀，明父子之禮，君臣之義，使強不凌弱，眾不暴寡，棄貪鄙之心，興清潔之行。[46]

「中聖」指文王、周公，先聖法天地以立人道，中聖則立學校行教化，使知上下父子君臣之禮，使民不相亂。朱海龍、黃明喜以為：「禮教是道德修養的表現載體，也是道德教化的具體內容。陸賈認為要形成一個秩序井然的社會就必須依賴禮教，『民知畏法，而無禮義；于是中聖乃設辟雍庠序之教，以正上下之儀，明父子之禮，君臣之義，使強不凌弱，眾不暴寡，棄貪鄙之心，興清潔之行』（《新語·道基》）認為人人循禮教，明先后，維持社會正常運作需設辟雍庠序之教，由教化

45　《周易·易繫辭下》，頁 166。
46　《新語校注》，頁 17。

為之。」[47]此在人道建立之後，又強調禮義教化的重要。陸賈並無對人性善惡問題作深入探討[48]，他強調「人道之禮」本自天地之道，惟後世人心衰敝，故文王、周公制禮作樂以教化，透過學校教育使民知人倫之道，不爭不亂，不恃強凌弱，此論制禮作樂的背景。〈道基〉曰：

> 禮義不行，綱紀不立，後世衰廢，於是後聖乃定五經，明六藝，承天統地，窮事察微，原情立本，以緒人倫，宗諸天地，纂脩篇章，垂諸來世，被諸鳥獸，以匡衰亂，天人合策，原道悉備，智者達其心，百工窮其巧，乃調之以管弦絲竹之音，設鐘鼓歌舞之樂，以節奢侈，正風俗，通文雅。[49]

「後聖」乃指孔子，《史記・孔子世家》云：「孔子以詩書禮樂教，弟子蓋三千焉，身通六藝者七十有二人。」[50]此論孔子感後世之衰廢，禮義綱紀淪喪，遂修五經，明六藝，以立人倫，以正衰亂。陸賈此論要點：1.表現陸賈的歷史觀，始論人民

---

47 朱海龍，黃明喜：〈陸賈教化思想探析〉《華南師範大學學報》（社會科學版），2004 年第 3 期，2004 年 6 月，頁 127～128。

48 學者王繼訓以為：「孔子之後，儒家對性與天命的看法，分為三派。一派是孟子、《中庸》，這一派順著天命由上向下落，由外向內收，內收到心，由心去證驗善端並以此言性善，于是形成了內在的或精神上的天人合一。一派是荀子、《大學》，這一派並沒有沿襲傳統路徑，而是發生了偏離和變異，強調外在的道德，以性惡持論，並由此形成了外在的或不直接與人事相接的天人之分。第三派是《易傳》，這一派于性與天命之中，介了陰陽的觀念，並以此言性與命。」〈從陸賈到賈誼：看先秦儒學對漢初思想界的影響〉《臨沂師範學院學報》第 26 卷第 2 期，頁 42～43。

49 《新語校注》，頁 18。

50 司馬遷：《史記・孔子世家第十七》，頁 771。

皮毛飲血，進而食五穀，野居穴處，進而築作宮室，種桑麻，
決江疏河，駕馬服牛，再立獄治罪，建立政治組織，進而設庠
序教化，以起人文風化，人類文明乃隨器物技術的進展，以至
於文化風俗的建立，可謂務實進化的歷史觀。2.人為的歷史觀有
盛衰興廢，後聖孔子出而修詩書禮樂以匡世亂，以垂後世，此
凸顯孔子對人文道統的地位，提高儒家經典對人文道統的不朽
價值。3.孔子修五經，乃宗諸天地，使天人合策，原道悉備，此
乃將儒家經典的位置提升至於天道論層次。李禹階、何多奇以
為：「（陸賈）儒家仁義與天地陰陽二氣勢緊密結合的，而儒家
六經則是聖人據『天道』而規範『人道』的經典，是聖人『仰
觀天文，俯察地理，圖畫乾坤，以定人道』的結果。」[51]陸賈在
此彰顯孔子五經六藝之學的地位，但不強調孔子重三代之禮及
從周文的主張，乃將孔子五經六藝及禮樂文化推極至天道的展
現，並強調孔子「仁義」之說[52]，此反映陸賈消化儒家思想而又
呼應漢初政治環境與時代思潮之意義。〈述事〉曰：

> 道近不必出於久遠，取其致要而有成，《春秋》上不及五
> 帝，下不至三王，述齊桓晉文之小善，魯之十二公，至
> 今之為政，足以知成敗之效，何必於三王？故古人之所
> 行者，亦與今世同。[53]

---

51 李禹階，何多奇：〈論陸賈新儒學對先秦諸子說的批判繼承—兼論陸賈 "厚
　　今薄古" 思想的方法論原則〉《華南師範大學學報》（社會科學版），2009 年
　　第 1 期，2009.2，頁 85。
52 陸賈曰：「天氣所生，神靈所治，幽閒清淨，與神浮沉，莫不效力為用，盡
　　情為器，故曰聖人成之，所以能統物通變，治情性，顯仁義也。」《新語校
　　注》，頁 24。
53 《新語校注》，頁 41

　　陸賈不談玄遠之道，不提五帝三王之業，因為對高祖劉邦而言實遙遠難解，高祖感興趣的是解決當世的問題。陸賈所論不必長篇大論，虛無飄渺，以切合於當世之務最要。〈述事〉曰：「善言古者合之於今，能述遠者考之於近，故說事者上陳五帝之功，而思之於身，下列桀紂之敗，而戒之於己。」[54]陸賈以為歷史不在復古而在鑑今，足以知成敗之因即可，表現陸賈務實的態度。又曰：「制事者因其則，服藥者因其良，書不必起仲尼之門，藥不必出扁鵲之方，合之者善，可以為法，因世而權行。」[55]「書不必出仲尼之門」反映漢初學界融合諸子之學講究應世實用之風，有所用則為善則為法，當順應世事而權衡施行，方為至要。

　　陸賈應世知權行變通，不盲目復古宗聖，而是因事權行，合於今者，善則用之，不合則棄，〈辨惑〉曰：「夫道因權而立，德因勢而行，不在其位者，則無以齊其政，不操其柄者，則無以制其剛。」[56]陸賈以仁義道德為常道，但不迂腐，他瞭解現實環境「權」與「勢」的重要，故他主張「道」要因「權」而立，「德」要因「勢」而行，落實在禮學思想上，他主張要因時制宜，因革時中，惟陸賈無機會參與當時朝儀制作，此則有待叔孫通完成，但二人對應於禮的權變因應並無二致，表現漢初思想的務實性。

　　陸賈「禮本天地而生」之說，有幾點特色：1.陸賈的宇宙觀為天地人一體之道，天地的內涵為陰陽、四時、五行、寒暑氣

54　《新語校注》，頁37。
55　同前注，頁44
56　同前注，頁84

化循環不已的世界觀，人生其中當法天道以立人道，跳脫先秦習用夏商周三代文化傳承以論人道模式，此蓋受戰國天人思想影響，與《易傳》、《呂氏》等書反映的天人思想一致。2.陸賈雖受陰陽五行思想影響，但其所重仍在人道的建立，只是將人道的根據溯源於天道，故陸賈吸收陰陽五行思想是為提高人道的價值，扭轉秦代尊君重法的偏向，重建人道的尊嚴。3.人道本於天道，但人道有興衰起廢，面對人心衰敗，需後天學校教化，需制禮作樂以為規範，此說明禮樂規範之重要。4.陸賈強調後聖孔子應衰世而生，五經六藝，本諸天地而作，乃欲振起衰世之人心而生，此對儒家經典的推崇，或是陸賈面對秦焚書坑儒，文化百廢待舉之際，重建儒家經典權威的努力，對漢代崇聖宗經思想有所影響。

三、治國無為，君行有為

（一）道莫大於無為

道莫大於無為，行莫大於謹敬，何以言之？昔舜治天下也，彈五弦之琴，歌〈南風〉之詩，寂若無治國之意，漠若無憂天下之心，然而天下大治。周公制作禮樂，郊天地，望山川，師旅不設，刑格法懸，而四海之內，奉供來臻，越裳之君，重譯來朝，故無為者乃有為也。[57]

---

57 《新語校注・無為第四》，頁59。

　　《老子‧第三章》曰：「不尚賢，使民不爭。不貴難得之貨，使民不為盜。不見可欲，使民不亂。是以聖人之治也，虛其心，實其腹，弱其志，強其骨；恆使民無智無欲也，使夫智不敢、不為而已，則無不治矣。」[58]，《老子‧第八十章》又曰：「小邦寡民。使十伯人之器勿用；使民重死而遠徙。有舟車無所乘之，有甲兵無所陳之，使民復結繩而用之，甘其食，美其服，樂其俗，安其居，鄰邦相望，雞犬之聲相聞，民至老死不相往來。」[59]老子主張君不尚賢，不貴貨，不刻意有為，始民無詭詐機心之起，使民自給自足，少私寡欲，不爭不亂，回歸生命的樸實。

　　陸賈論「無為」非主老子之義，所指「無為」之聖君為舜、周公，實皆為儒家聖賢人物，舜無治國之意，無憂天下之心，然而天下大治，周公制作禮樂，師旅不設，刑格法懸而四海來朝，故「無為」非無所作為，乃有所為有所不為。所謂有所不為者，陸賈有感於秦敗亡之歷史教訓，〈無為〉曰：「秦始皇設刑罰，為車裂之誅，以斂姦邪，築長城於戎境，以備胡越，征大吞小，威震天下，將帥橫行，以服外國，蒙恬討亂於外，李斯治法於內，事逾煩天下逾亂，法逾滋而天下逾熾，兵馬益設而敵人逾多，秦非不欲治也，然失之者，乃舉措太眾、刑罰太極故也。」[60]秦之「有為」反而導致法逾滋，天下逾亂，陸賈有感秦之太過有為，實則擾民虐民，終至敗亡的歷史教訓而倡

---

58 陳錫勇先生：《老子釋義》，頁 21。
59 同前注，頁 179。
60 《新語校注》，頁 62

「無為」。陸賈「無為」乃就為政者心境而言，不富國強兵，不舉措太眾，不刑法太極，不擾民亂民苛民，自然天下大治。

　　陸賈與老子皆主張政治干擾盡量減少，此與秦末群雄爭戰、楚漢相爭戰事頻仍，人民普遍渴望休養生息的時代背景有關。但陸賈的無為理想不是要回歸老子小邦寡民、老死不相往來之世，而是政府能減少法令滋擾，重視農作，不擾農時，此乃陸賈「無為」背後之用心，期使百姓戰後能休養生息，安居樂業，至於進一步要重視教育，重建父慈子孝，尊卑有節的人道文化秩序，以移風易俗，則要「有為」。

（二）行莫大於謹敬

> 夫王者之都，南面之君，乃百姓之所取法則者也，舉措動作，不可以失法度。……故上之化下，猶風之靡草也，王者尚武於朝，則農夫繕甲兵於田，故君子之御下也，民奢應之以儉，驕淫者統之以理，未有上仁而下賊，讓行而爭路者也。故孔子曰：「移風易俗。」豈家令人視之哉？亦取之於身而已矣。[61]

　　此陸賈論人君以身作則，對民負有教化責任。《論語・顏淵》曰：「君子之德，風；小人之德，草；草上之風，必偃。」[62]君子為政如風，但非雷厲風行之嚴刑峻罰，而是「德風」，此即無形的道德教化，乃運用臣民對人君上行下效之自然影響力，將整個社會人心引導向道德的方向提升。《禮記・緇衣》曰：

61　《新語校注・無為第四》，頁 67
62　《論語》，頁 109。

「下之事上也，不從其所令，從其所行。上好是物，下必有甚
者矣。故上之所好惡，不可不慎也，是民之表也。」[63]人君當深
體其本身有其重大影響力與所負社會責任，故人君不僅是政治
領袖更是道德領袖，故人君之舉措言行正是臣民所取法之表
率，不可不慎。陸賈巧妙將孔子「克己復禮，天下歸仁」的儒
家修養功夫，轉化為對君主劉邦行為舉止的勸諫，期盼人君要
以身作則，為民典範，以移風易俗。

陸賈〈辨惑〉曰：「君子直道而行，知必屈辱而不避也，
故行不敢苟合，言不敢苟容，雖無功於世，而名足稱也，雖言
不用於國家，而舉措之言可法也。」[64]言君王當守道不苟、直道
而行，言行不苟合於俗，方足以有君德，而人君之德的內容正
是先秦儒家所推崇的道德仁義，博學明辨篤行之義。〈道基〉
曰：

> 聖人懷仁仗義，分明纖微，忖度天地，危而不傾，佚而
> 不亂者，仁義之所治也。行之於親近而疏遠悅，脩之於
> 閨門之內而名譽馳於外。故仁無隱而不著，無幽而不彰
> 者。[65]

陸賈言人君之內涵則將儒家所重「仁義」之價值觀帶進來。
《論語‧述而》曰：「志於道，據於德，依於仁，遊於藝。」
朱熹注：「道，則人倫日用之間所當行者也。」，「德者，得
也，得其道於心而不失之謂也。」「仁，則私欲盡去而心德之

---

63 《禮記》，頁 928。
64 《新語校注》，頁 73。
65 同前注，頁 25。

全也。」，「藝，則禮樂之文，射、御、書、數之法，皆至理
所寓，而日用之不可闕者也。」[66]此言儒家道德生命的體會與實
踐。陸賈吸收孔子「道、德、仁、藝」之說，而易以「懷仁仗
義」，以「仁義」作為人君治世之內涵，扭轉秦以「君」為尊，
以刑與法為度的時風，「仁義」之道重新再被提出作為一個國
君的道德內涵。〈思務〉曰：

> 君子博思而廣聽，進退順法，動作合度，聞見欲眾，而
> 採擇欲謹，學問欲博而行己欲敦，見邪而知其直，見華
> 而知其實，目不淫於炫耀之色，耳不亂於阿諛之詞，雖
> 利之以齊魯之富而志不移，談之以王喬赤松之壽，而行
> 不易，然後能壹其道而定其操，致其事而利其功也。[67]

　　《論語·子張》曰：「博學而篤志，切問而近思，仁在其中
矣。」[68]，〈中庸〉曰：「博學之，審問之，慎思之，明辨之，
篤行之。」[69]先秦諸子以儒家最重「學」，荀子〈勸學〉曰：「
學惡乎始？惡乎終？曰：其數則始乎誦經，終乎讀禮；其義則
始乎為士，終乎為聖人。」[70]儒家之「學」始於古典文獻的學習，
終於立身處世的習禮，最終的目標是成為聖賢，追求個體生命
的道德提升。秦政以法為尊，法家以富國強兵為目標，對於諸
子百家之學，站在統治者的角度而言是反「學」的，《韓非子·

66　朱熹：《四書章句集注·論語·述而》，頁 126。
67　《新語校注》，頁 163。
68　《論語》，頁 171。
69　《禮記·中庸》，頁 894。
70　《荀子集解》，頁 11。

五蠹》批判儒墨二家：「儒以文亂法，俠以武亂禁」[71]人主不能
用之。這樣的偏狹觀念至於秦始皇三十四年乃有「焚書」、「禁
書」之詔[72]，自不足為怪。

　　陸賈承戰國以至於秦亂以來，社會瀰漫不學、不師、重功
利之歪風，故重新提倡儒家「溫故知新」之「學」，勉勵人君
當「博學」以增廣見聞，當行止有法，強調要明辨邪直、華實，
不淫於色、不亂於阿諛、見利不移，當堅持道德原則，致事而
立功，實乃針對人君而發。君當博學廣聽乃不為蒙蔽，當採擇
嚴謹，明辨忠奸，不見小利得謀國之大利。陸賈希望透過儒家
之「學」與「修身」作為人君必備之修養，以儒家德性與知性
的修身之德來取代法家人君權術之學。《論語・雍也》曰：「君
子博學於文，約之以禮。」[73]，《論語・顏淵》曰：「克己復禮
為仁」[74]本是孔子期勉非禮勿視聽言動的個人修養，陸賈以此期
勉人君之行，陸賈的對象是漢高祖劉邦，陸賈不高談三代之禮，

71　「儒以文犯法，俠以武犯禁，而人主兼禮之，此所以亂也。夫離法者罪，而
　　諸先生以文學取；犯禁者誅，而羣俠以私劍養。故法之所非，君之所取；吏
　　之所誅，上之所養也。法趣上下四相反也，而無所定，雖有十黃帝不能治也。
　　故行仁義者非所譽，譽之則害功；文學者非所用，用之則亂法。」陳奇猷：
　　《韓非子集釋》，頁 1057。

72　丞相臣斯昧死言：「古者天下散亂，莫之能一，是以諸侯并作，語皆道古以
　　害今，飾虛言以亂實，人善其所私學，以非上之所建立。今皇帝并有天下，
　　別黑白而定一尊。私學而相與非法教，人聞令下則各以其學議之，入則心非，
　　出則巷議，夸主以為名，異取以為高，率羣下以造謗。如此弗禁，則主勢降
　　乎上，黨與成乎下。禁之便。臣請史官非秦紀皆燒之。非博士官所職，天下
　　敢有藏詩、書、百家語者，悉詣守、尉雜燒之。有敢偶語詩書，棄市。以古
　　非今者，族。吏見知不舉者與同罪。令下三十日不燒，黥為城旦。所不去者，
　　醫藥卜筮種樹之書。若欲有學法令，以吏為師。」制曰：「可。」司馬遷：
　　《史記・秦始皇本紀第六》，頁 125。

73　《論語》，頁 55。

74　同前注，頁 106。

不侈談國家禮制，只以日常言行動作有法、言行有則，以期勉高祖劉邦成為博學欲廣、進退順法、動作合度的國君，即人君的個人內涵需博學以充實，舉止謹敬而合宜，方能成為國人之表率，彰顯其無形之影響力，以成君子之德風，以移風易俗，這樣的說法對漢高祖劉邦而言，可為淺顯而易接受的。[75]

（三）無為而有為

> 君子之為治也，塊然若無事，寂然若無聲，官府若無吏，亭落若無民，閭里不訟於巷，老幼不愁於庭，近者無所議，遠者無所聽，郵無夜行之卒，鄉無夜召之征，犬不夜吠，雞不夜鳴，耆老甘味於堂，丁男耕耘於野，在朝者忠於君，在家者孝於親，於是賞善罰惡而潤色之，興辟雍庠序而教誨之，然後賢愚異議，廉鄙異科，長幼異節，上下有差，強弱相扶，大小相懷，尊卑相承，雁行相隨，不言而信，不怒而威，豈待堅甲利兵、深牢刻令，朝夕切切而後行哉？[76]

陸賈「無為者乃有為」的政治理想更接近孔子「老者安之，朋友信之，少者懷之。」[77]、孟子「五畝之宅，樹之以桑，五十者可以衣帛矣！雞豚狗彘之畜，無失其時，七十者可以食肉矣！

---

75 「陸賈根據漢初經濟殘破的現實及劉邦君臣少文多質的特點，將儒學這種繁複的貴族文明簡易化了，凸現其主題，強調其要義，從而使基本精神為劉邦君臣所了解。」黃宛峰：〈叔孫通、陸賈與漢初的儒學走向〉《史學月刊》第三期，1995年，頁21。

76 《新語校注·至德第八》，頁118

77 《論語·公冶長》，頁46。

百畝之田，勿奪其時，數口之家可以無饑矣！謹庠序之教，申之以孝悌之義，頒白者不負戴於道路矣。七十者衣帛食肉，黎民不饑不寒，然而不王者，未之有也。」[78]的仁政理想，上位者無為，官吏無事，百姓不訟，不妨農時，長幼有序，庠序有教，正是先秦儒家的仁政理想。〈無為〉曰：

> 君子尚寬舒以襃其身，行身中和以致疏遠，民畏其威而從其化，懷其德而歸其境，美其治而不敢違其政。民不罰而畏，不賞而勸，漸漬於道德，而被服於中和之所致也。[79]

此以「寬舒」、「中和」論君德之立身，「寬舒」乃相對於「嚴苛」而言，此當對秦法嚴苛所感而發，言人君為政當以寬舒以養民，使民懷德而歸。〈中庸〉曰：「喜怒哀樂之未發謂之中；發而皆中節謂之和；中也者，天下之大本也；和也者，天下之達道也。致中和，天地位焉，萬物育焉。」鄭玄注：「中為大本者，以其含喜怒哀樂，禮之所由生，政教自此出也。」[80]「中」實則便是道德仁義之心，禮、政本由此出，「和」乃由仁義禮智之心所表現於外在之禮與政。此由「中和」論人君之發心、行禮與為政之施，強調如此則民將感其教化，化其不善，以從其善，故不須嚴刑而民自不為惡，不須重賞而民自為善，此乃由君德之德風所致，乃道德之無為，自然而化民成俗。

「道莫大於無為，行莫大於謹敬」此言舜治天下、周公制

---

78 《孟子・梁惠王上》，頁 12。
79 《新語校注》，頁 64。
80 《禮記・中庸》，頁 879。

禮作樂，天下大治。堯舜與周公都是儒家聖賢，卻成為「無為而治」的聖君，既要「無為」又要「謹敬」豈非矛盾？徐復觀以為：「陸賈所把握的是活的五經六藝，而其目的是在解決現實上的問題，所以他把儒家的仁義與道家無為之教，結合在一起，開兩漢儒道並行互用的學風。在〈無為〉第四，一開始便說『夫道莫大於無為』，這是來自《老子》。接著說『行莫大於謹敬』，這合於《論語》仲弓所說『居敬而行簡』。承秦代嚴刑峻罰之後，加之以五年的逐鹿戰爭，老子無為之教，自然符應於社會生養休息的要求。」[81]徐氏從政治背景論陸賈結合儒道二家之說以應時代休養生息之需要。陸賈吸收道家天道無為的觀念，以約束當政者勿逞己意以擾民，使民得安居，其次，富而後教，一面又重新詮釋「無為者乃有為」要重建忠孝人倫之禮，要「謹敬有為」以治天下，融合儒道二家之說甚具時代特色。

　　陸賈論無為與禮樂之道的關係，其要點有：1.他吸收道家「無為」之說，實是針對暴秦「舉措太眾，刑罰太極」事事造作干涉，最後終致亡國的反省。2.「無為」並非回歸道家思想，而是回歸儒家仁義道德之「有為」，回復人倫日用之常道。3.仁義之常道亦有其變通性，陸賈強調以當世致用為本，「禮」亦有其因革損益之變通性。陸賈並無參與制定當時具體君臣之朝儀，他也沒有像賈誼論「禮」對於國家制度、人倫秩序之具體詳實地規範，但他針對歷史的經驗，提出一名儒者的反省與建言，他重新標榜儒家道德仁義的價值，也提出制定切合時代禮制的務實主張，雖然此工作後由叔孫通所完成，但可看出陸賈作為

81　徐復觀：《兩漢思想史》，頁101。

一名思想先驅的地位。[82]

四、天人相感，禍福自召

> 仁者在位而仁人來，義者在位而義士至，是以墨子之門
> 多勇士，仲尼之門多道德，文王之朝多賢良，秦王之庭
> 多不詳，故善者必有所主而至，惡者必有所因而來，夫
> 善惡不空作，禍福不濫生，唯心之所向，志之所行而已
> 矣。[83]

　　《易‧繫辭傳》曰：「同聲相應，同氣相求；水流濕，火就
燥，雲從龍，風從虎。聖人作而萬物覩。」[84]言君子當進德修業，
以文會友，同聲相契，乃得「利見大人」。荀子〈樂論〉曰：「凡
姦聲感人而逆氣應之，逆氣成象而亂生焉；正聲感人而順氣應
之，順氣成象而治生焉。唱和有應，善惡相象，故君子慎其所
去就也。」[85]由音聲之姦與正，相應正逆之風氣，順氣相感則國
治，逆氣相感則國亂，開啟由民風善惡以應國之治亂之說。戰
國以來，鄒衍「五德轉移說」盛行[86]，《管子‧四時》論「五政」

82　「陸賈禮法思想，一方面根據秦亡之教訓，強調儒法合流，援禮入法，禮法
　　合璧，企圖由此彌補秦帝國重法輕禮的意識形態上的缺陷；另一方面，陸賈
　　禮法思想亦為漢中葉董仲舒新儒學的建立奠定了思想基礎。」李禹階：〈論陸
　　賈的"禮""法"思想〉《重慶師範學報》(哲學社會科學版)，2003 年第 3 期，
　　頁 64。

83　《新語校注‧思務第十二》，頁 173。

84　《周易》，頁 15。

85　《荀子集解》，頁 381。

86　據《史記‧孟荀列傳》：「騶衍睹有國者益淫侈，不能尚德，若大雅整之於身，
　　施及黎庶矣。乃深觀陰陽消息而作怪迂之變，終始、大聖之篇十餘萬言。其

之施，將應福禍[87]。《呂氏・孟春紀》云：「孟春行夏令，則風雨不時，草木早槁，國乃有恐。行秋令則民大疫，疾風暴雨數至，藜莠蓬蒿並興。行冬令則水潦為敗，雪霜大摯，首種不入。」[88]論施政不順時將有「災異」之說，此皆戰國末期興起，由自然義氣化論推衍而為政治義氣化論的主張。

陸賈結合先秦儒家「君子之德風」的道德感通，又吸收戰國政治義氣化論的主張，形成他主張人君立身之善惡、施政之得失，將相感於善人與惡人，更有惡政必將招致災異之說，此即「天人相感」之說。〈明誡〉曰：

> 世衰道失，非天之所為也，乃君國者有以取之也。惡政生惡氣，惡氣生災異。螟蟲之類，隨氣而生；虹蜺之屬，因政而見。治道失於下，則天文變於上；惡政流於民，則螟蟲生於野。賢君智則知隨變而改，緣類而試思之，於□□□變。聖人之理，恩及昆蟲，澤及草木，乘天氣而生，隨寒暑而動者，莫不延頸而望治，傾耳而聽化。[89]

惡政將生惡氣，惡氣更會引來災異，螟蟲之災，隨氣而降生，虹蜺之異象，因政而見，可謂前有所承，即人君之施政當合於天道，否則將有災異示警。陳麗桂以為：「（陸賈）其以

語閎大不經，必先驗小物，推而大之，至於無垠。先序今以上至黃帝，學者所共術，大並世盛衰，因載其禨祥度制，推而遠之，至天地未生，窈冥不可考而原也。先列中國名山大川，通谷禽獸，水土所殖，物類所珍，因而推之，及海外人之所不能睹。稱引天地剖判以來，五德轉移，治各有宜，而符應若茲。」司馬遷：《史記》，頁939。

87　《管子・四時》云：「刑德合於時則生福，詭則生禍。」《管子校注》，頁838。
88　《呂氏春秋集釋》，頁12。
89　《新語校注》，頁155。

一切天人事物為可以通過『氣』來相感相應的觀點，當是陰陽
家的說法，稍早出現於《呂氏春秋》的〈應同〉篇。〈應同〉
說『類固相召，氣同則合，聲比則應』。其專用於人事的政治
事件，在漢，陸賈是首例，此下到了董仲舒的大力推闡，結合
者前此的災異理論，竟發展成為代表董仲舒，乃至於整個兩漢，
獨樹一格的天人災異感應理論。」[90]天人相感說實影響深遠。　觀
陸賈思想平實何以有此災異之說？上述所引，無論鄒衍、或《管
子》、《呂氏春秋》之說，多針對人君而言，陸賈面對漢高祖劉
邦的至高皇權，其吸收災異禎祥之說，自與勸誡人君有關，李
存山以為「陰陽五行的框架被儒、道所吸收，天人相感的內容
與荀學相結合，這是漢初儒學演變最值得探討的現象……由於
漢儒面對強大的君主權力，要用天人災異來恐畏、儆戒人君，
強迫他執行『內聖外王』的路線……只有同天人災異的思想結
合在一起，才不完全是儒家的一廂情願。」[91]陸賈是由儒家的「德」
與「禮」來建立人君的權威，此非嚴刑峻罰的威脅壓迫，而是
柔性的道德感通，使民自能「見賢思齊」的道德領袖。[92]反之，
若人君不能立德行義，更會招致災異，以致亡國敗身。如此就

90 陳麗桂：〈融合道、法兼採陰陽的漢儒-陸賈〉，《中國學術年刊》，第十七期，
　　1996 年 3 月，頁 152~153。
91 李存山〈秦后第一儒—陸賈〉，《中國哲學史》（1992 年 10 月），頁 25~26。
92 「陸賈的聖君觀，適應了漢初中央集權君主專制官僚體制。從內容上說，既
　　繼承法家創設的中央集權 "大一統" 制，又在政體的實現形式上有所轉換，
　　這就是以儒家的仁政禮治來代替法家酷烈的刑治。這種將聖、君合一，同體
　　而易用的政體實現特點，本質是內法外儒、霸王道合一的漢代 "家法" 的創
　　設與體現，也是通過儒、法相融來進行社會控制與整合的一種理論特徵。」
　　李禹階，何多奇：〈論陸賈新儒學對先秦諸子說的批判繼承—兼論陸賈 "厚
　　今薄古" 思想的方法論原則〉《 華南師範大學學報》（社會科學版），2009
　　年第 1 期，2009.2，頁 88。

可以理解陸賈「災變」、「禎祥」之說的背景，而其說對漢武帝時代董仲舒思想亦有深遠影響。[93]

第三節　叔孫通

據《史記・劉敬叔孫通列傳》載：

> 叔孫通者，薛人也。秦時以文學徵，待詔博士。數歲，陳勝起山東，使者以聞，二世召博士諸儒生問曰：「楚戍卒攻蘄入陳，於公如何？」博士諸生三十餘人前曰：「人臣無將，將即反罪死無赦。願陛下急發兵擊之。」二世怒作色。叔孫通前曰：「諸生言皆非也。夫天下合為一家，毀郡縣城鑠其兵，示天下不復用。且明主在其上，法令具於下，使人人奉職，四方輻輳，安敢有反者！此特群盜鼠竊狗盜耳，何足置之齒牙閒。郡守尉今捕論，何足憂。」二世喜曰：「善。」盡問諸生，諸生或言反，或言盜。於是二世令御史案諸生言反者下吏，非所宜言。諸言盜者皆罷之。迺賜叔孫通帛二十匹，衣一襲，拜為博士。叔孫通已出宮反舍，諸生曰：「先生何言之諛也？」通曰：「公不知也，我幾不脫於虎口！」迺亡去，之薛，

93　董仲舒：「天地之物，有不常之變者，謂之異，小者謂之災。災常先至而異乃隨之。災者，天之譴也；異者，天之威也。譴之而不知，乃畏之以威。……凡災異之本，盡生於國家之失。國家之失乃始萌芽，而天出災害以譴告之；譴告之而不知變，乃見怪異以驚駭之，驚駭之尚不知畏恐，其殃咎乃至。以此見天意之仁而不欲陷人也。」蘇輿：《春秋繁露義證・必仁且智》，頁259。

> 薛已降楚矣。及項梁之薛，叔孫通從之。敗於定陶，從
> 懷王。懷王為義帝，徙長沙，叔孫通留事項王。漢二年，
> 漢王從五諸侯入彭城，叔孫通降漢王。漢王敗而西，因
> 竟從漢。[94]

此言叔孫通處秦末之際，曾事秦，降楚，從懷王，事項羽，最後從漢王劉邦之經歷。太史公錄幾事以見叔孫通之行事為人：1.面對秦二世有關陳勝、吳廣亂事如何因應一段，可見其機巧善對，似為面腴二世以求榮，實則叔孫通知秦之將亡，二世絕非能納諫之主，遂媚言以逞其心，不為無謂之犧牲，隨後承間即亡去，以投項梁，遂得脫於暴秦之口，足見其善於審時度勢，權衡應變。2.其歷事二世、項梁、懷王、項羽、漢王劉邦，最後竟從劉邦，若為無節之士則不足論，承上述，叔孫通事二世，以見其知時之智，其後事項梁、懷王、項羽、漢王劉邦，尤其是跟從漢王劉邦，乃漢王兵敗之時，故知其非趨炎附勢之徒，實乃善於擇主，有知人之智。

一、禮者，因時世人情為之節文

叔孫通事漢王劉邦，漢王惡儒服，其乃變其服，服短衣以便事，從楚俗裁製，漢王果喜，是知漢王也。[95]當楚漢相爭之際，叔孫通不言仁義之道，不薦其儒生弟子，專言壯士群盜之事，

94　司馬遷：《史記‧劉敬叔孫通列傳第三十九》，頁1107。
95　「叔孫通儒服，漢王憎之；迺變其服，服短衣楚製，漢王喜。」司馬遷：《史記‧劉敬叔孫通列傳第三十九》，頁1107。

而為弟子所不取，叔孫通曰：「漢王方蒙矢石爭天下，諸生寧能鬥乎？故先言斬將搴旗之士。」[96]是知時也，儒生當此無所用，又何能薦乎？後漢王果拜叔孫通為博士，號稷嗣君。此表現叔孫通善知時勢、人情之能。

> 漢五年，已并天下，諸侯共尊漢王為皇帝於定陶，叔孫通就其儀號。高帝悉去秦苛儀法為簡易。羣臣飲酒爭功，醉或妄呼，拔劍擊柱，高帝患之。叔孫通知上益厭之也，說上曰：「夫儒者難與進取，可與守成。臣願徵魯諸生，與臣弟子共起朝儀。」高帝曰：「得無難乎？」叔孫通曰：「五帝異樂，三王不同禮。禮者，因時世人情為之節文者也。故夏、殷、周之禮所因損益可知者，謂不相復也。臣願頗采古禮與秦儀雜就之。」[97]

天下已定，羣臣飲酒爭功，醉而妄呼，拔劍擊柱而歌，見漢初劉邦君臣草莽之風，過去蒙矢石爭天下，賴此羣盜壯士之能，今日天下初定，朝宴乃飲酒爭功妄呼，實乃失之太野，粗豪如高祖亦不免搖頭。誠如陸賈所謂「馬上得天下，焉能馬上治天下？」[98]，天下要長治久安，君臣要為民表率，焉能如此？

---

96 「叔孫通之降漢，從儒生弟子百餘人，然通無所言進，專言諸故群盜壯士進之。弟子皆竊罵曰：「事先生數歲，幸得從降漢，今不能進臣等，專言大猾，何也？」叔孫通聞之，迺謂曰：「漢王方蒙矢石爭天下，諸生寧能鬥乎？故先言斬將搴旗之士。諸生且待我，我不忘矣。」漢王拜叔孫通為博士，號稷嗣君。」同前注，頁 1107。

97 司馬遷：《史記‧劉敬叔孫通列傳第三十九》，頁 1107。

98 「陸生時時前說稱詩書。高帝罵之曰：『乃公居馬上而得之，安事詩書！』陸生曰；『居馬上得之，寧可以馬上治之乎？』司馬遷：《史記‧陸賈列傳》，頁 1098。

叔孫通深知「儒者難與進取，可與守成」，故楚漢相持時，絕口不提禮樂之道，而今天下初定，君臣無狀，高祖患之。叔孫通深知此乃制定朝儀之時也，遂自荐創禮，終得高祖認同。

　　觀其所謂「禮者，因時世人情為之節文者也」，其義有三：1.五帝三王禮樂本自不同，《論語・為政》曰：「殷因於夏禮，所損益可知也；周因於殷禮，所損益可知也；其或繼周者，雖百世可知也。」[99] 此本強調三代之禮的延續性。叔孫通卻強調三代之禮的殊異性，表現戰亂後漢初禮制文化的斷層，強調不同時世制禮的獨創性，而不著重在延續周文傳統，表現叔孫通的務實精神。2.《論語・顏淵》：「克己復禮為仁」[100]從周文崩壞中省察，提出「仁」作為「禮」的道德內涵，闡揚「禮」背後的道德意義，重建禮崩樂壞後淪喪的道德人心。

　　《孟子・告子上》曰「仁義禮智，非由外鑠我也，我固有之也。」[101]以「禮」內在於人性之善，強調「禮」的先天性與必然價值義。《荀子・禮論》曰：「人生而有欲，欲而不得，則不能無求。求而無度量分界，則不能不爭；爭則亂，亂則窮。先王惡其亂也，故制禮義以分之，以養人之欲，給人之求。」[102]跳脫「禮」受限於周文的文化意涵，直接由客觀人性之情欲面的節制論「禮」，透過「禮」重建君君、臣臣、父父、子子的社會規範。叔孫通「因時世人情為之節文」的說法接近荀子，強調「禮」乃節制人情之儀節，惟叔孫通又綜合漢初君臣質樸

99　《論語》，頁 19。
100　同前注，頁 106。
101　《孟子》，頁 195。
102　《荀子集解》，頁 346。

無文的狀況與人情之節制，合而論「禮」，強調「禮」具備各時代的獨特性與人情之節制面，可見叔孫通禮學思想的傳承與變通。3.就「徵魯諸生」、「采古禮與秦儀雜就之」而論，此乃就朝儀的儀式部分陳述其說：《史記・儒林列傳》曰：「及高皇帝誅項籍，舉兵圍魯，魯中諸儒尚講誦習禮樂，弦歌之音不絕，豈非聖人之遺化，好禮樂之國哉？」[103]可知魯中諸儒於楚漢相爭之際，仍延續儒家禮樂文化不絕，叔孫通本儒士，其所謂「頗采古禮」當指採用先秦儒家禮樂文化，這是叔孫通制朝儀，對先秦儒家禮樂傳統的延續，此乃其身為儒者的文化使命感。此外，叔孫通秦時以文學徵待詔博士，對秦儀自有相當之熟悉，漢承秦後，有其延續性，自當有所參用

二、制定朝賀之儀

漢七年，長樂宮成，諸侯羣臣皆朝十月。儀：先平明，謁者治禮，引以次入殿門，廷中陳車騎步卒衛宮，設兵張旗志。傳言「趨」。殿下郎中俠陛，陛數百人。功臣列侯諸將軍軍吏以次陳西方，東鄉；文官丞相以下陳東方，西鄉。大行設九賓，臚句傳。於是皇帝輦出房，百官執職傳警，引諸侯王以下至吏六百石以次奉賀。自諸侯王以下莫不振恐肅敬。至禮畢，復置法酒。諸侍坐殿上皆伏抑首，以尊卑次起上壽。觴九行，謁者言「罷酒」。御史執法舉不如儀者輒引去。竟朝置酒，無敢讙譁失禮者。

103　司馬遷：《史記・儒林列傳第六十一》，頁 1273。

於是高帝曰：「吾迺今日知為皇帝之貴也。」迺拜叔孫通
為太常，賜金五百斤。[104]

叔孫通為制朝儀，乃赴魯地徵儒生之助。據《史記・劉敬
叔孫通列傳》曰：「叔孫通使徵魯諸生三十餘人。魯有兩生不
肯行，曰：『公所事者且十主，皆面諛以得親貴。今天下初定，
死者未葬，傷者未起，又欲起禮樂。禮樂所由起，積德百年而
後可興也。吾不忍為公所為。公所為不合古，吾不行。公往矣，
無汙我！』叔孫通笑曰：『若真鄙儒也，不知時變。』」[105]此
二生雖不知時變，卻也道出漢初戰亂方歇，禮樂文化破壞殆盡
之況。叔孫通在此民生凋敝，文化斷層的情況下，獨力與所徵
儒生、學者、弟子百餘人，習之於野月餘，可見雖有古禮、秦
儀可參，亦見其草創之艱辛。為慎重起見，更請高祖劉邦預演
其禮，高祖認可後，再令群臣操習。[106]觀叔孫通創制漢初朝儀
的準備與預演，可見漢初君臣對朝儀的重視。

蓋諸侯朝天子之禮始於周公，據《禮記・明堂位》曰：「周
公相武王以伐紂。武王崩，成王幼弱，周公踐天子之位以治天
下；六年，朝諸侯於明堂，制禮作樂，頒度量，而天下大服。」[107]，
又曰：「昔者周公朝諸侯于明堂之位：天子負斧依南鄉而立；三
公，中階之前，北面東上。諸侯之位，阼階之東，西面北上。

104　司馬遷：《史記・劉敬叔孫通列傳第三十九》，頁1108。
105　司馬遷：《史記・劉敬叔孫通列傳第三十九》，頁1108。
106　「（叔孫通)遂與所徵三十人西，及上左右為學者與其弟子百餘人為綿蕝，野
　　外習之月餘，叔孫通曰：「上可試觀。」上既觀，使行禮，曰：「吾能為此。」
　　迺令群臣習肄。」同前注，頁1108。
107　《禮記》，頁576。

諸伯之國，西階之西，東面北上。諸子之國，門東，北面東上。諸男之國，門西，北面東上。九夷之國，東門之外，西面北上。八蠻之國，南門之外，北面東上。六戎之國，西門之外，東面南上。五狄之國，北門之外，南面東上。九采之國，應門之外，北面東上。四塞，世告至。此周公明堂之位也。」[108]此言周代諸侯朝天子之位，至於儀節進行如何？因文獻不足，蓋闕如也。《史記・秦始皇本紀》曰：「始皇推終始五德之傳，以為周得火德，秦代周德，從所不勝。方今水德之始，改年始，朝賀皆自十月朔。」，正義云：「周以建子之月為正，秦以建亥之月為正，故其年始用十月而朝賀。」[109]叔孫通創制漢初朝儀以「諸侯群臣皆朝十月」索隱云：「漢以十月為正，故行朝歲之禮」，秦以十月行朝賀之禮，叔孫通是有取於秦制也，至漢武帝太初元年方改曆以正月為歲首。[110]

　　觀叔孫通所創朝賀之儀，其儀程有：1.平明，眾臣引次入殿門：「先平明，謁者治禮，引以次入殿門」；2.車騎布卒衛宮郎中就位：「廷中陳車騎步卒衛宮，設兵張旗志。」，「殿下郎中俠陛，陛數百人。」；3.臣列侯諸將軍軍吏文官丞相以下就位：「功臣列侯諸將軍軍吏以次陳西方，東鄉；文官丞相以下陳東方，西鄉。」；4.皇帝出房就位：「大行設九賓，臚傳。於是皇帝輦出房」；5.朝賀之禮：「百官執職傳警，引諸侯王以下至吏六百石以次奉賀」；6.上壽之禮：「至禮畢，復置法酒。諸侍坐殿上皆伏抑首，

108　《禮記》，頁 575。
109　司馬遷：《史記・秦始皇本紀第六》，頁 120。
110　「夏，漢改曆，以正月為歲首，而色上黃，官名更印章以五字。因為太初元年。」司馬遷：《史記・孝武本紀第十二》，頁 218。

以尊卑次起上壽」；7.禮成。

　　觀叔孫通所為漢朝儀與《禮記・明堂位》所載周天子朝見諸侯之禮，在方位排列上雖有所承於周禮，但不同的是漢朝儀多了「廷中陳車騎步卒衛宮，設兵張旗志。殿下郎中俠陛，陛數百人」，宮殿道上滿佈車騎步卒，陳兵張旗，多達數百人，無怪乎群臣震恐肅靜，群臣依官銜尊卑依次上賀，可見叔孫通朝儀的目地乃推尊皇帝的尊貴，難怪劉邦歡喜讚嘆「吾迺今日知為皇帝之貴也。」若說周天子朝覲之禮表現出周王室「親親」與「尊尊」之氣象，則漢世朝儀表現就較偏向「尊尊」一面了，且非天子諸侯卿大夫士的差別之尊，乃是帝王獨尊，這樣的轉變恐是受秦儀影響。

三、制作宗廟樂

　　高祖時，叔孫通不僅制作朝儀，也參與宗廟樂儀之制作，《漢書・禮樂志》云：

> 漢興，樂家有制氏，以雅樂聲律世世在大樂官，但能紀其鏗鏘鼓舞，而不能言其義。高祖時，叔孫通因秦樂人制宗廟樂。大祝迎神于廟門，奏〈嘉至〉，猶古降神之樂也。皇帝入廟門，奏〈永至〉，以為行步之節，猶古〈采薺〉、〈肆夏〉也。乾豆上，奏〈登歌〉，獨上歌，不以筦弦亂人聲，欲在位者遍聞之，猶古〈清廟〉之歌也。登

歌再終，下奏〈休成〉之樂，美神明既饗也。皇帝就酒
東廂，坐定，奏〈永安〉之樂，美禮已成也。[111]

叔孫通所制漢家宗廟之樂，其儀程與音樂可分：1.迎神之
樂，奏〈嘉至〉；2.迎皇帝之樂，奏〈永至〉，以為行步之節；3.
獻祭之樂，奏〈登歌〉，無管絃，以人聲獨歌之，猶古清廟之
歌，顯莊嚴思古之情；4.饗神之樂，登歌二遍，奏〈休成〉，讚
美祖先受饗之樂；5.禮成之樂，皇帝就東廂飲酒坐定，奏〈永安〉
之樂。

《左傳・成公十三年》曰：「國之大事，在祀與戎」[112]，
《國語・魯語上》曰：「夫祀，國之大節也。而節，政之所成
也」[113]可知祭祀在先秦對於國政的重要地位。《周禮・春官・
大宗伯》曰：「以肆獻祼享先王，以饋食享先王，以祠春享先
王，以禴夏享先王，以嘗秋享先王，以烝冬享先王。」[114]《禮
記・王制》亦曰：「天子、諸侯宗廟之祭：春曰礿，夏曰禘，
秋曰嘗，冬曰烝。天子祭天地，諸侯祭社稷，大夫祭五祀。」[115]
周禮按四時舉行春礿，夏禘，秋嘗，冬烝之禮以祭祀宗廟，祭
祀祖先的方法有「祼」與「饋食」，「祼」是以圭瓚灌鬯於地
而降神。「饋食」是以熟食獻於祖先。周代祭祀的對象依尊卑
而別，只有天子、諸侯可以祼享，卿大夫、士則無此禮，只能

111　班固：《漢書卷二十二・禮樂志第二》，頁 1043。
112　《左傳》，頁 460。
113　《國語集解》，頁 154。
114　《周禮》》，頁 273。
115　《禮記》，頁 242。

以饋食享鬼神。[116]

　　觀叔孫通所制漢宗廟之樂，比較朝儀之樂少了肅殺之氣，皇帝之尊榮也減少了，表現出來的是對祖先的慎終追遠之情，與秦儀的連結淡了，承續的是周禮對祖先莊嚴深遠的文化傳承之情。

四、《傍章》十八篇與《漢禮器制度》

　　據《漢書・叔孫通傳》曰：「（孝惠即位）徙通（叔孫通）為奉常，定宗廟儀法。及稍定漢諸儀法，皆通所論著也。」[117]知惠帝時叔孫通奉旨制定漢儀，《後漢書・曹褒傳》曰：「（章和元年正月）令小黃門持班固所上叔孫通漢儀十二篇」[118]知叔孫通有制漢儀之著作傳世，《晉書・刑法志》云：「叔孫通益律所不及，傍章十八篇」[119]，據華有根以為叔孫通制漢儀之作正是《傍章》十八篇。[120]

　　《傍章》十八篇書已亡佚，據近人沈家本輯佚所得，尚存六十餘條[121]，有關祭祀者：「祠宗廟丹書告」丹書者告神之帛，乃宗廟告神之禮，「祠批司命」乃祭文昌之禮，以豚祠之，「祭功臣于廟庭」乃祭祀開國功臣四十人之禮，「見姅變不得侍祠」

---

116 曹建墩：《先秦禮制探頤・第十章周代祭祀遺址與周代祭祀》，頁263-264。
117 班固：《漢書卷四十三・酈陸朱劉叔孫傳第十三》，頁2129。
118 范曄：《後漢書集解三十五・張曹鄭列傳第二十五》，頁432。
119 《晉書2・志第二十・刑法》，頁922。
120 「這裡所說的"漢諸儀法"、"儀品"、"漢儀"，實際上就是《晉書・刑法志》稱"叔孫通益律所不及，傍章十八篇。"」華友根：《西漢禮學新論》，頁12。
121 沈家本輯：《歷代刑法考・漢律摭遺十六・傍章》（《續四庫全書》八七七・史部・政書類），頁705~715。

指婦女有月事、懷孕、生養期間不得侍祠，「乏祠」指祭祀有缺之失禮，「侍祠」指諸王及列侯歲時遣使詣京師侍祠助祭，不敬之罪者：「侍祠醉歌」祭祀宗廟飲酒失禮大不敬之罪；「山陵未成置酒歌舞」指營造皇室陵墓未成而飲酒歌舞失禮之罪；「臨喪后」乃指諸侯死，王侯百官會同送葬就位不敬之罪；「不朝」諸侯不派使者參加朝賀之禮，不敬。「不使人秋請」不派人參加秋祀之失；「不請長信」諸侯未派使者向太后請謁，不敬。有關官吏賜假之禮：「予寧」論大臣因喪歸家服喪三年之禮，「告歸」有「子告」「賜告」二種，「子告」為官吏有功賜假之禮，「賜告」乃官吏養病歸家之禮，「被害者與告」指官吏家中遭受自然災害，可告歸重整家園之禮，「吏五日得一下沐」指官吏沐浴休假之禮。有關宮闈之禁者：「衛宮」、「諸出入殿門及公車司馬門者皆下，不如令，罰金四兩」此乃不下公門不敬之罪；「闌入宮門殿門」、「闌入甘泉上林」為擅闖宮闈園林之罪，「衣襜褕入宮」、「無引籍不得入官司馬殿門」、「宮中有罪禁止不得出亦不得入」此論出入宮闈之服裝與身分管制。「蹕先至而犯者罰金四兩」、「衛士填街蹕」是國有事，王當出，宮正當禁絕道上行者之儀。另有洩密之罪，如「漏泄省中語」、「泄秘書」、「刺探尚書事」等，另有大臣「舉奏非是」、「議不正」、「不舉奏」失職之罪。

　　華有根以為《傍章》十八篇內容「涉及宗廟、陵墓、守喪、省親、休假、洗沐、祝福、祭祠、消災、道路等禮儀，關係到天子、諸侯、列侯、公卿大臣、地方官吏、祠官、秘祝、百姓、婦女等人，並有免職、廢國、遣歸、譴責、警告、治罪、論殺等處罰。可見面廣、影響大，對於從王侯、官吏，到百姓、婦

女，是一種嚴格的約束與限制。」[122]叔孫通《傍章》十八篇在漢初禮學上的意義乃制禮的範圍擴大，由帝王朝賀之儀、宗廟之樂，擴大到諸侯、公卿、眾臣、百姓之祭祀、休假、道路、洗沐之規定，且具賞罰、免職、廢國、治罪之強制力，雖名為漢儀，實則為漢律，無怪乎《晉書‧刑法志》要稱叔孫通乃「益律所不及」。

　　《周禮‧天官‧凌人》曰：「大喪共夷槃冰」鄭玄注引：「漢禮器制度，大槃廣八尺，長一丈二尺，深三尺，漆赤中。」賈公彥疏：「叔孫通前漢時作漢禮器制度，多得古之周制。」[123]此書已亡，清人孫星衍校集《漢禮器制度》一卷，共得十條：

> 弁冕，以木為體，廣八寸，長尺六寸，績麻三十升布為之，上以元，下以纁，前後有旒，尊卑各有差等，天子玉笄朱紘。
> 冕制，皆長尺六寸，廣八寸，天子以下皆同。
> 飾棺，天子龍火黼黻，皆五列，又有龍雲二，其戴皆加璧。
> 擊枊之椎，名為止叏，敆之木，名為甄。
> 籩，竹器，如豆者。
> 腳鼎之扃，長二尺。
> 天子大槃，廣八尺，長一丈二尺，深三尺，漆赤中。
> 洗之所用，士用鐵，大夫用銅，諸侯用白銀，天子用黃金。
> 尊卑皆用金罍，及其大小異。[124]

　　叔孫通《漢禮器制度》原書已佚，孫氏由《周禮》、《儀

122　華友根：《西漢禮學新論》，頁14。
123　《周禮》，頁81。
124　《漢禮器制度》（《叢書集成初編》811，頁1。

禮》、《禮記》書中輯佚僅見十條，其中包括冠冕尺寸、型制，尊卑等差；天子棺飾的形制；柷乃樂器；籩乃竹編食器，似豆形；膷鼎的長度規定；天子承尸之大盤的型制、顏色；洗乃盥洗之棄水器，材質依身分而有所不同；罍則為盛酒或水的飲器，材質為金但大小不同。由叔孫通《漢禮器制度》的殘卷，可窺見叔孫通制禮的規模，更擴展至禮器、服制、飲器、食器等的製作上，且以材質、大小、繁簡來區別尊卑等差之異，可視為賈誼所提「易服色，更官制」的先聲。

第四節　小　結

漢初儒者陸賈承先秦諸子之學，身歷秦帝國的興衰、楚漢爭戰之後，面對漢帝國之崛起，劉邦本草莽起而為帝，陸賈身處其中，如何把握歷史機緣？扭轉一代思潮，不能不有所感，其在禮學思想方面實扮演先驅角色。其要點有：人道源於天道而生，禮本於天地而設，其說受先秦道家、陰陽家、《易傳》氣化宇宙觀影響，天地有陰陽消長、寒暑之節、五行之序，人道有君臣、父子、夫婦、兄弟、朋友之倫，此由天道以論人道的思考模式，提高儒家人倫之道的價值；推崇孔子修五經、明六藝的價值，提高禮學經典的地位，對漢代經學的興盛亦有其開創之功[125]，扭轉秦代法家思想的功利取向，開啟漢代禮樂思想的

---

125 徐復觀：「西漢知識分子的尊經，是要對大一統的帝國，提供一種政治社會的共同軌轍，使皇權專制能在此種共同軌轍上運行，……而其端，實自陸賈發之。」《增訂兩漢思想史‧卷二》，頁103。

天道觀；影響〈禮運〉、〈樂記〉諸篇思想甚鉅，陸賈為先驅者。

陸賈倡導重建儒家禮樂之治，以道德仁義的價值作為施政之常道，吸收道家無為而治之說，開啟漢初黃老風潮，以順時務實的態度，主張施政當切合於當世，表現禮樂文化因革損益的務實性，展現陸賈對儒學的貢獻，開啟漢武帝獨尊儒術的先聲，此乃陸賈在理論上具開創性。

在「禮」的實踐上，陸賈主張培養「君德」，君德的內涵包括儒家博學明辨與言行合度之儀，也吸收道家虛靜心以應事通變，以發政施仁，以化民成俗，此說乃將孔子「克己復禮」之學擴大為人君之行，並重上行下效之驗，可謂先秦儒家禮治思想的首次落實。

陸賈論國君施善政則來善人；若施惡政則將招致災異的天人相感思想，此說乃承戰國氣化思想而來，《管子》、《呂氏春秋》已見其緒，陸賈吸收以勸戒人君，此說亦與其論禮本天地而來的思想相呼應，影響後世董仲舒「天人相應」下災異說的提出。

叔孫通禮學成就內容可分四部分：制定朝賀之禮、制定宗廟之樂、《傍章》十八篇及《漢禮器制度》的名物制定。叔孫通朝賀之禮並非〈明堂位〉所載周天子朝見諸侯之禮，而是群臣宮外依序就位，兩旁車騎步卒，陳兵張旗，群臣依官銜尊卑依次上賀，其意乃在推尊皇帝之尊，故太史公云：「雖不合聖制，其尊君抑臣，朝廷濟濟」稱之。其次，制漢宗廟之樂，不再強調皇帝之尊，而是表現王室對祖先慎終追遠之情，承續周禮對祖先祭祀的家族傳承之意。《傍章》十八篇所論龐雜，涉及宗廟祭祀、陵墓、宮闈出入之儀、諸侯坐禮不敬、官吏服喪

告歸、有功賜假、公文書泄密之罪、婦女參加祭祀限制等，可謂擴及公卿、大夫、士庶各階層的生活規範。《漢禮器制度》則涉及食器、喪器、飲器等名物的形制，按其身分尊卑各有等差以製作。

　　觀察陸賈與叔孫通的禮學思想，可看出漢初儒者與先秦《呂氏・十二紀》甚至與《荀子・禮論》之間的文化斷層現象，陸賈與叔孫通在禮學思想的規模與深度上明顯不足。陸賈藉秦亡的歷史教訓，告誡高祖劉邦「逆取之道」與「順取之道」的不同，以道家無為之治導正秦政之峻，以儒家仁義之道重建人倫之序，吸收戰國以來天人感應之說，提高人倫禮樂之源於天道之序，更首倡災異之說，使高祖有所警戒。陸賈禮學思想已表現出漢代禮學思想的雛形，可視為漢儒禮學之先驅。

　　叔孫通承襲秦故以制漢朝賀之禮，可謂漢儒首次有機會參與國家制禮作樂實務，叔孫通藉創制朝賀之禮以尊天子，此乃漢儒與當政者首次合作的成果。天子得其尊榮，儒者也得延續禮樂文化的傳承，叔孫通開啟漢禮尊君之始。觀先秦儒家君臣關係是「君使臣以禮，臣事君以忠」[126]君臣乃建立在相對尊重的道德性上，絕非一味尊君。叔孫通制朝賀之禮，以彰天子之尊，乃漢儒為爭取君王支持而不得不與政權妥協下的產物。就叔孫通本身而言，叔孫通為爭取上位者支持而制作朝賀之禮，朝賀之禮也因行之於天子，而為後世所重。惟筆者以為制作「宗廟之樂」、《傍章》十八篇、《漢禮器制度》才是叔孫通想重建儒家文化價值的重心，惜乎今日所見資料不多，在宗廟古樂

---

126 《論語・八佾》，頁30。

聲中，彷彿可見《禮記‧祭義》所述：「仲尼嘗，奉薦而進其親也慤，其行趨趨以數」[127]的莊重神態，此乃叔孫通透過天子宗廟禮樂的制定以達「慎終追遠」的示範，以期「民德歸厚」的影響力，重建漢初社會道德人心的企圖心。至於《傍章》十八篇則是叔孫通進一步制定對社會其他階層的行為規範，《漢禮器制度》則更落實到器物的形制上，依身分的尊卑貴賤而有等差不同，惟資料太少尚不足成論。

127　仲尼嘗，奉薦而進其親也慤，其行趨趨以數。已祭，子贛問曰：「子之言祭，濟濟漆漆然；今子之祭，無濟濟漆漆，何也？」子曰：「濟濟者，容也遠也；漆漆者，容也自反也。容以遠，若容以自反也，夫何神明之及交，夫何濟濟漆漆之有乎？反饋，樂成，薦其薦俎，序其禮樂，備其百官。君子致其濟濟漆漆，夫何慌惚之有乎？夫言，豈一端而已？夫各有所當也。」《禮記》，頁809。

第四章　賈誼的禮學思想

第一節　前　言

賈誼（B.C.200-B.C.168），洛陽人，文帝時博士，漢初著名政論家，不幸早逝。《史記・屈原賈生列傳》曰：「賈生以為漢興至孝文二十餘年，天下和洽，而固當改正朔，易服色，法制度，定官名，興禮樂，乃悉草具其事儀法，色尚黃，數用五，為官名，悉更秦之法。孝文帝初即位，謙讓未遑也。諸律令所更定，及列侯悉就國，其說皆自賈生發之。於是天子議以為賈生任公卿之位。絳、灌、東陽侯、馮敬之屬盡害之。……居數年，懷王騎，墮馬而死，無後。賈生自傷為傅無狀，哭泣歲余，亦死。」[1]《漢書・賈誼傳》班固贊曰：「追觀孝文玄默躬行以移風俗，誼之所陳略施行矣。及欲改定制度，以漢為土德，色上黃，數用五，及欲試屬國，施五餌三表以係單于，其術固以疏矣。誼年早終，雖不至公卿，未為不遇也。凡所著述五十八篇，掇其切於世事者著于傳云。」[2]二書俱肯定賈誼對漢初國體

1　司馬遷：《史記卷八十四・屈原賈生列傳第二十四》，頁1007。
2　班固：《漢書卷四十八・賈誼傳第十八》，頁2265。

禮制倡議之功，有著作《新書》傳世[3]。本篇論賈誼禮學思想分兩方面：一、禮者，體德理而為之節文，成人事，此論賈誼天道論思想及「禮」之源起部分，析論精微；二是禮者，固國家，定社稷，分君、臣、民三部份，格局宏大，此論賈誼規劃漢代禮制部分。最後，合而論其特色與不足之處。

第二節　禮者，體德理而爲之節文，成人事

　　禮者，體德理而為之節文，成人事，此論賈誼天道論思想及「禮」之源起部分。析論道、德、性、神、明、命之「六理」，下落為仁、義、禮、智、信、樂之「六行」的理論模式。

一、道、德、理

　　《禮記・中庸》曰：「天命之謂性」[4]，將人性之內涵溯源於天道，以「性」作為天人之聯結，但性與天人之間的內涵未詳

3　關於《新書》五十八篇材料真偽問題，前賢辯之甚詳，多以《新書》材料為可信。詳見劉建國：《中國哲學史史料學概要上・〈新書〉的真偽問題》，頁 247-248。徐復觀：《兩漢思想史》〈新書的問題〉，頁 112-119；王興國：《賈誼評傳》〈第二章著作的真偽與繫年〉，頁 39-50；閻振益、鍾夏校注：《新書校注》〈關於新書的真偽問題〉，頁 1-4。本文版本主要採用閻振益、鍾夏校注：《新書校注》，北京：中華書局，2007.7。

4　《禮記》，頁 879。

述。《孟子・盡心》曰：「君子所性，仁義禮智根於心。」[5]又曰：
「盡其心者，知其性也。知其性，則知天矣。存其心，養其性，
所以事天也。」[6]言仁義禮智內在於心，此為孟子性善說之所據，
並隱然指向性善之內涵本源於天，故「盡心、知性、知天」既
有儒家道德之內在義，同時亦具宇宙本體義，但「天」之內涵
為何？「天」又如何賦予「性」？此中之聯結未明確說明。賈
誼曰：「夫天地為爐兮，造化為工；陰陽為炭兮，萬物為銅。合
散消息兮，安有常則；千變萬化兮，未始有極。忽然為人兮，
何足控搏；化為異物兮，又何足患！小知自私兮，賤彼貴我；
通人大觀兮，物無不可。」[7]天地造化似洪爐，以陰陽二氣為炭，
物之生乃氣聚成形，物之亡乃物散而亡，復歸造化。《莊子・
知北遊》曰：「人之生，氣之聚也；聚則為生，散則為死。若
死生為徒，吾又何患！」[8]氣聚則生，氣散則亡，正是莊學由氣
化聚散以論物之生死之說。可見賈誼氣化宇宙觀受道家影響[9]，
但其天道內涵卻以儒家仁義忠信的價值詮釋之。《新書・道德
說》曰：

> 物所道始謂之道，所得以生謂之德。德之有也，以道為
> 本。故曰「道者，德之本也」。德生物又養物，則物安利
> 矣。安利物者，仁行也。仁行出於德，故曰「仁者，德

5 《孟子》，頁233。
6 同前注，頁228。
7 司馬遷：《史記卷八十四・屈原賈生列傳第二十四》，頁1009。
8 《莊子集釋》，頁733。
9 「〈道德說〉一文，表明賈誼早期受道家思想影響比較深。」王興國：《賈誼
　評傳》〈第二章著作的真偽與繫年〉，頁217。

之出也」。德生理，理立則有宜，適之謂義。義者，理也。故曰「義者，德之理也」。德生物，又養長之而弗離也，得以安利。德之遇物也忠厚，故曰「忠者，德之厚也」。德之忠厚也，信固而不易，此德之常也。故曰「信者，德之固也」。德生於道而有理，守理則合於道，與道理密而弗離也，故能畜物養物。物莫不仰恃德，此德之高，故曰「密者，德之高也」。道而勿失，則有道矣；得而守之，則有德矣；行而無休，則行成矣。[10]

老子重「道」，《老子‧第二十五章》曰：「有狀混成，先天地生，寂乎漠乎，獨立而不亥（垓），可以為天地母。未知其名，字之曰道」[11]強調道體之絕對與獨立性。賈誼論「道」，則重「德」與「理」。〈道德說〉曰：「道者無形，平和而神。道有載物者，畢以順理適行。」[12]「道」為無形、載物、順理適行之本體，「道」所載為「德」，又曰：「德者，離無而之有，故潤則腒然濁而始形矣，故六理發焉。六理所以為變而生也，所生有理，然則物得潤以生，故謂潤德。」[13]「道」為創生之本體，「德」為道生物之內涵，「德」內涵在物中之表現曰「理」，故「德」發愛物養物之心曰「仁」，「德」具事理之宜曰「義」，「德」者養物而厚待曰「忠」，「德」者信固而不易曰「信」，故「道」為本體義，「德」為內涵義，「理」為表現義，三者乃不同層次之概念。〈六術〉曰：

---

10 《新書校注》，頁 327。
11 陳錫勇先生：《老子釋義‧第二十五章》，頁 62。
12 同注 10，頁 325。
13 同注 10，頁 326。

德有六理，何謂六理？道、德、性、神、明、命，此六
者，德之理也。六理無不生也，已生而六理存乎所生之
內，是以陰陽、天地、人，盡以六理為內度，內度成業，
故謂之六法。六法藏內，變流而外遂，外遂六術，故謂
之六行。是以陰陽各有六月之節，而天地有六合之事，
人有仁、義、禮、智、信之行。行和則樂興，樂興則六，
此之謂六行。陰陽、天地之動也，不失六律，故能合六
法。人謹修六行，則亦可以合六法矣。[14]

賈誼論道之狀自「德」始，此或本於《老子‧五十一章》
「道生之而德畜之」[15]之說。「德」的內涵為「六理」，「六理」
為「道、德、性、神、明、命」。此「六理」為天地、陰陽、
人物之內涵，此「六理」內在於陰陽則有「六月之節」，內在
於天地則有「六合之事」，內在於人則有「仁、義、禮、智、
信、樂」之「六行」。天地陰陽人物不失六行，方合六法，乃
具六理之運，人則當謹修「六行」，乃上合「六法」、「六理」，
是天地陰陽人物皆以「六行」為備。

以「六」為備，恐本於秦制[16]，此由「六理」涵蓋天地陰陽
人物之生，陰陽二氣稟「六理」而有節令，天地稟「六理」而

14　《新書校注》，頁316。

15　「道生之而德畜之，物形之而器成之，是以萬物尊道而貴德。道之尊、德之
貴，夫莫之爵也，而恆自然也。道生之，畜之、長之、育之、亭之、毒之、
養之、覆之。生而不有，為而不恃，長而不宰，是謂玄德。」陳錫勇先生：
《老子釋義‧第五十一章》，頁114。

16　「始皇推終始五德之傳，以為周得火德，秦代周德，從所不勝。方今水德之
始，改年始，朝賀皆自十月朔。衣服旄旌節旗皆上黑。數以六為紀，符、法
冠皆六寸，而輿六尺，六尺為步，乘六馬。更名河曰德水，以為水德之始。」
司馬遷：《史記卷二十八‧封禪書第六》，頁120。

生養運行，人道稟「六理」而為「六行」，「六行」為「仁、義、禮、智、信、樂」乃人所當依循之道德價值，「道、德、性、神、明、命」的六理，落實於人而為「仁、義、禮、智、信、樂」之「六行」，是由陰陽氣化之道以論人道之立。

賈誼論「六理」之內涵，「道」與「德」分屬生物與人物之本體義，「性、神、明、命」屬成物之內涵，人能行「仁、義、禮、智、信、樂」之六行方能彰顯「性、神、明、命」之價值，此曰「成德」，乃為「合道」。〈道德說〉曰：

> 性者，道德造物，物有形，而道德之神專而為一氣，明其潤益厚矣。濁而膠相，連在物之中，為物莫生，氣皆集焉，故謂之性。性，神氣之所會也，性立則神氣曉曉然發而通行於外矣。與外物之感相應，故曰「潤厚而膠謂之性」，「性生氣，通之以曉」。[17]

此論「性」之所生。蓋道體涵「六理」之德，能由「無」而之「有」，始可造物之生，物之所生乃合形與氣而成。性者乃神氣之所會，故可通行於外，對外物有所感而應之。又曰：「變化無所不為，物理及諸變之起，皆神之所化也，故曰『康若濼流謂之神』，『神生變，通之以化。』」[18]「神」者對天道而言為道德造物變化之能；對人物而言，「神」與「氣」內具於人物之中，乃人物得感通內外之能。「性」者天之所生，合「神」與「氣」而會，「神」為感官之能，「氣」為所感而發喜怒之情，故曰「性生氣，通之以曉」。

17　《新書校注》，頁 326。
18　同前注，頁 326。

　　「明」者為知覺的能力，〈道德說〉曰：「神氣在內則無光而為知，明則有輝於外矣。外內通一，則寫得失，事理是非，皆職於知，故曰『光輝謂之明』，『明生識，通之以知』。」[19]「神」與「氣」使吾人具感通之能，發喜怒之情，「明」則使吾人可作事理是非之判斷，此為「知」，故「明」乃為判斷是非之能力。「命」者，〈道德說〉曰：「物皆得道德之施以生，則澤潤，性、氣、神、明，及形體之位分、數度，各有極量指奏矣。此皆所受其道德，非以嗜欲取捨然也。其受此具也，礐然有定矣，不可得辭也，故曰命。命者，不得毋生，生則有形，形而道、德、性、神、明因載於物形，故曰『礐堅謂之命』，『命生形，通之以定』。」[20]鍾夏注：「此謂位分舉措之度。度即行止之所宜也。」[21]，「命」者指人所生於道德之「性、氣、神、明及形體之位分、數度」，即內、外、行、止各具其所宜之位分。

　　唐雄山將道、德到六理、六法、六術、六行的創生過程以圖示表示，以下簡列之[22]：

道→德→六理 { 超然於物外具有本源性 道德性神明命 } →六法 { 存在於物內物的規定性 道德性神明命 } →六術（內在型態）{ 仁義禮智信樂 } →六行（外在型態）{ 仁義禮智信樂 }

19　《新書校注》，頁 326。
20　同前注，頁 326-327。
21　同前注，頁 335。
22　唐雄山：〈賈誼禮治思想的本源論〉《佛山科學技術學院學報（社會科學版）》第 24 卷第 2 期 2006 年 3 月，頁 14。

唐氏分本體義之道與德，道為無形天道創生之本體，德為無形之造物本體，道、德、性、神、明、命分：物外之六理與物內之六法之別，六理乃物外之本源，六法乃物內之定性，仁、義、禮、智、信、樂又分：內在型態之六術與外在型態之六行，六術指內在之心性言，六行指外在之表現言，所論甚詳明。對賈誼而言，「天命」的內涵為「六理」，「性」的內涵為「神、氣、明、命」，包括人的感官之能、喜怒之發、道德是非之判斷及外在行止之所宜，由生理、心理、德性及外在表現之行為，合而為人之整體內涵，而此人之全體內涵又來自於「道」與「德」之天命造化。故賈誼「道、德、理」之說正說明「天道」之內涵及如何賦予於「人物」之聯結，以至於「人物之性」的內涵，可謂結合道家、陰陽家及儒家道德價值而成。

二、禮者，體德理而為之節文，成人事

> 人雖有六行，細微難識，唯先王能審之，凡人弗能自志，是故必待先王之教，乃知所從事。是以先王為天下設教，因人所有，以之為訓；道人之情，以之為真。是故內法六法，外體六行，以與《書》《詩》《易》《春秋》《禮》《樂》六者之術以為大義，謂之六藝。令人緣之以自修，修成則成六行矣。[23]

〈六術〉由人道之生以論人教之設，賈誼以為人性雖有「仁、義、禮、智、信、樂」之內涵，卻「細微難識」，故先

---

23 《新書校注‧六術》，頁316。

王乃設教天下，著《書》、《詩》、《易》、《春秋》、《禮》、《樂》六藝之學，使天下人緣此自修成德，是為聖人立教之由來。此說乃吸收荀子學說而又有增益。《荀子・性惡》曰：「古者聖王以人之性惡，以為偏險而不正，悖亂而不治，是以為之起禮義、制法度，以矯飾人之情性而正之，以擾化人之情性而導之也。始皆出於治、合於道者也。」[24]荀子以為古之聖王為人起禮義、制法度，以正人之情性，使天下歸於合理規範。賈誼論聖人立教，與荀子論古聖王為民立教之義相同。但二者亦有其不同之處，荀子以人之欲為性，賈誼則以為人之性有「仁、義、禮、智、信、樂」的內涵，較近於孟子「性善」之說，惟因人「細微難識」未能彰顯之，故聖人立教乃使人能自覺性之六理而成德，可謂孟、荀人性說的結合。

　　賈誼論「性」既有孟子「仁義禮智」的性善內涵，又有荀子「聖王、師法」之教的外在規範，〈中庸〉曰：「天命之謂性，率性之謂道，修道之謂教。」[25]賈誼之說更清楚地闡釋「性」、「道」、「教」的關係，更由「六理」進而論「六經」的重要。〈道德說〉曰：

　　　　《書》者，著德之理於竹帛而陳之令人觀焉，以著所從事，故曰：「《書》者，此之著者也」。《詩》者，志德之理而明其指，令人緣之以自成也，故曰「《詩》者，此之志者也」。《易》者，察人之精德之理與弗循而占其吉凶，故曰「《易》者，此之占者也」。《春秋》者，守往事之合

24　《荀子集解》，頁435。
25　《禮記》，頁879。

德之理與不合而紀其成敗，以為來事師法，故曰「《春秋》
者，此之紀者也」。《禮》者，體德理而為之節文，成人
事，故曰「《禮》者，此之體者也」。樂者，《書》、《詩》、
《易》、《春秋》、《禮》五者之道備，則合於德矣，合則
驩然大樂矣，故曰「樂者，此之樂者也」。人能修德之理，
則安利之謂福，莫不慕福，弗能必得，而人心以為鬼神
能與於利害，是故具犧牲、俎豆、粢盛，齊戒而祭鬼神，
欲以佐成福，故曰「祭祀鬼神，為此福者也」。德之理盡
施於人，其在人也，內而難見，是以先王舉德之頌而為
辭語，以明其理，陳之天下，令人觀焉。垂之後世，辯
議以審察之，以轉相告。是故弟子隨師而問，受傳學以
達其知，而明其辭以立其誠，故曰「博學辯議，為此辭
者也」。[26]

　　賈誼將儒家經典溯源於天道義的「道、德、理」，「六經」
的根源是「道」，內涵為「德」，「六經」所析論者是「道、
德、性、神、明、命」的「六理」，《書》者「著德之理」，
《詩》者「志德之理」，《易》者「察人之精德之理而占其吉
凶」，《春秋》者「守往事之合德之理與不合而紀其成敗」，
《禮》者「體德理而為之節文，成人事」，「樂」者「五者之
道備，則合於德，合則驩」。故《書》、《詩》、《易》、《春
秋》、《禮》、樂不再只是儒家之經典，其為天道凝為人道之
經典，乃人文社會當依循之典籍，此提高儒家「六經」地位，
「六經」乃提升為人道所當依循之常道，人當依循六經以表現
六理而成德乃合於道之善。[27]

26　《新書校注》，頁 327~328。
27　徐復觀云：「（賈誼）他把道家的道與德的形上格架，加以詳密化，一步一步的

　　值得注意者，賈誼論「禮者，體德理而為之節文，成人事」此說甚具特色。1.「體德理」乃自天道義言，論「禮」者乃聖人體天道六行、人德六理而生，「禮」本源於天道六行、人德六理，此處賈誼非由「先王之道」[28]的三代文化傳承義論禮，乃由天道本體論「禮」之所由來，表現漢初天人相應思想的特色。2.「節文」乃由人性處言，此處可謂遠承孔子「克己復禮」[29]之說，近承《荀子・禮論》曰：「先王惡其亂也，故制禮義以分之，以養人之欲，給人之求。使欲必不窮乎物，物必不屈於欲。兩者相持而長，是禮之所起也。」[30]節制人性之欲以為禮的思想影響。3.「成人事」乃論「禮」落實在禮制的實踐，衍生而為賈誼論國家制度、服色、官制、君、臣，甚至王位繼承人太子教育的主張。故賈誼禮學思想形上根據乃本於天道「六理」，據於人德「六行」，發而為人情之節制與規範，最後落實君王舉止儀態的實踐。

第三節　禮者，固國家，定社稷

一、矯秦政之失

　　賈誼禮學思想就歷史面而言乃本秦亡的歷史教訓而生，其

　　向下落實，在落實的過程中，將道家的虛、靜、明，將儒家的仁、義、禮、智，都融到裡面去，以完成天地人與萬物的創造，以建立六藝與形上的密切關聯。」徐復觀：《兩漢思想史》〈賈誼思想的再發現〉，頁170。

28　有子曰：「禮之用，和為貴。先王之道斯為美。」《論語・學而》，頁8。

29　《論語・顏淵》，頁106。

30　《荀子集解》，頁346。

論述見於〈過秦〉上、下二篇其論秦之興衰有功有過，溯及秦孝公雄據地勢，雄才大略，任商鞅而變法，以富國強兵，表示肯定。〈過秦〉曰：「秦孝公據殽函之固，擁雍州之地，居臣固守以窺周室，有席捲天下，包舉宇內，囊括四海之意，并吞八荒之心。當是時也，商君佐之，內立法度，務耕織，修守戰之具，外連衡而鬥諸侯，於是秦人拱手而取西河之外。」[31]商鞅給秦國建立了法治，增加農工生產，增強國防戰力，使秦有國力連衡諸侯，富國強兵。賈誼在此肯定法家對國家制度的建立，國力的提升有其貢獻。至於「及至始皇，奮六世之餘烈，振長策而御宇內，吞二周而亡諸侯，履至尊而制六合，執敲朴而鞭笞天下，威振四海。南取百越之地，以為桂林、象郡；百越之君，俛首係頸，委命下吏。乃使蒙恬北築長城而守藩籬，卻匈奴七百餘里，胡人不敢南下而牧馬，士不敢彎弓而報怨。」[32]此言始皇帝在此法治基礎上，大肆拓展秦之國力，終併吞六國，統一天下，更進而南征百越、北伐匈奴，威震天下。此固言始皇帝個人之雄才偉業，但賈誼更深刻地體察到秦的統一天下，背後有其人心望治的歷史因素。〈過秦上〉曰：

> 秦滅周祀，并海內，兼諸侯，南面稱帝，以四海養。天下之士斐然嚮風，若是何也？曰：近古而無王者久矣。周室卑微，五霸既滅，令不行於天下，是以諸侯力正，強凌弱，眾暴寡，兵革不休，士民罷弊。今秦南面而王天下，是上有天子也。即元元之民冀得安其性命，莫不

---

31 《新書校注》，頁1。
32 同前注，頁2。

虛心而仰上。當此之時，專威定功，安危之本，在於此也。[33]

周王室自幽王東遷以來，天下無王者久矣，春秋五霸，戰國七雄，諸侯征戰不休，民心渴望天下有王者出而終止戰爭，賈誼由歷史的演進與人心的趨向，深刻地闡釋秦統一天下有其歷史的運會所趨。故賈誼以為秦王朝是因善用法家嚴刑峻法之說以富國強兵，又因掌握歷史運會與民心趨向而一統天下，這是對秦王朝歷史地位的正面肯定。但秦王朝在一統天下後，卻也因未能把握歷史運會與錯失民心趨向而迅速滅亡。〈過秦上〉又曰：

> 秦王懷貪鄙之心，行自奮之智，不信功臣，不親士民，廢王道而立私愛，焚文書而酷刑法，先詐力而後仁義，以暴虐為天下始。夫并兼者高詐力，安危者貴順權，以此言之，取與、攻守不同術也。秦雖離戰國而王天下，其道不易，其政不改，是以其所以取之也，孤獨而有之，故其亡可立而待也。[34]

> 二世不行此術，而重以無道，壞宗廟與民，更始作阿房之宮，繁刑嚴誅，吏治刻深，賞罰不當，賦斂無度，天下多事，吏不能紀，百姓困窮，而主不收恤。然後奸偽并起，而上下相遁，蒙罪者眾，刑僇相望於道，而天下苦之。[35]

---

33 《新書校注》，頁 13~14。
34 同前注，頁 14。
35 同前注，頁 15。

　　賈誼以為秦代如此迅速滅亡的主要原因，在於「取與、攻守不同術」，即漢初陸賈所云：「逆取之道」與「順守之道」之別。列國兼併征戰時以暴虐詭詐為上，安治天下後則當使民安居樂業為政。但始皇統一後，顯然沒有體察二者之差異，仍然「其道不易，其政不改」，仍循法家尊君虐民之道，仍以嚴刑峻法為政，「不信功臣，不親士民，廢王道而立私愛，焚文書而酷刑法，先詐力而後仁義，以暴虐為天下始」，於是大失天下人心。二世繼位，天下人尚存觀望，二世若改弦易張，則秦祚或得稍存，無奈二世亦未體察人心之變，反而大興宮室，嚴刑嚴誅，吏治更刻深，天下洶洶更擾，終至民心皆反，秦乃速亡。

　　周子平，詹原以為：「在總結秦亡的教訓時，賈誼指出：其一，秦過分強調『法教』，失德於民。賈誼曾在〈過秦論〉中提到，秦亡的最大根源在於『仁義不施』。他所說的『仁義不施』，其實是指秦的『暴政』，主要是法律嚴酷。秦國自從重用商鞅實行變法，以法家思想為指導，採取了嚴法治國的做法。《史記‧商君列傳》中說，秦孝公『以衛鞅為左庶長，卒定變法之令。令民為什伍，而相牧司連坐。不告奸者腰斬，告奸者與斬敵首同賞，匿奸者與降敵同罰……』結果，法令實施一年，秦國的百姓因害怕株連而人人自危。秦統一後，仍然沿襲著『法教』政治措施，失德於民，這是非常深刻的教訓」[36]秦因「其道不易，其政不改」而亡，則「道」當如何易，「政」當如何改，

王朝才不亡？

　　〈過秦下〉曰：「嚮使二世有庸主之行而任忠賢，臣主一心而憂海內之患，縞素而正先帝之過，裂地分民以封功臣之後，建國立君以禮天下，虛囹圄而免刑戮，去收帑汙穢之罪，使各反其鄉里，發倉廩，散財幣，以賑孤獨窮困之士，輕賦少事，以佐百姓之急，約法省刑，以持其後，使天下之人皆得自新，更節循行，各慎其身，塞萬民之望，而以聖德與天下，天下息矣。」[37]賈誼與陸賈看法皆同，秦以法家得天下，也因法家而亡天下，故不可以法家治天下，當回歸儒家以民為本，以禮治天下，以聖德教化天下，天下紛紛始得息平。徐復觀以為「 賈生〈過秦〉，並非對秦採取抹煞的態度，第一，他承認法家對秦統一天下的功效。第二，他承認秦統一天下，是時代的要求，有重大的意義。第三他認秦政死後，秦無必亡之理。……『仁義不施，而攻守之勢異也』可說是他所作的總的批評。從陸賈起，認為穩固的政權，必立基於人與人能互信的合理的社會。而合理的社會，不是靠刑罰的威壓，要靠仁義之政及禮義的教養。」[38]賈誼客觀分析秦亡朝的興起與滅亡，肯定秦王朝崛起有其內修法度、躬耕力戰的國力基礎，有其「天下無王者久矣」的歷史運會，更因當時天下人普遍厭戰，渴望天下一統的民心所向，此為對秦王朝建立的歷史肯定。秦王朝的錯誤在於統一天下後，不知兼併諸國與治理天下的不同，仍執守嚴刑峻法、嚴刑嚴誅，遂大失天下民心，此為其速亡的原因。

---

37 《新書校注》，頁14。
38 徐復觀：《兩漢思想史》〈賈誼思想的再發現〉，頁124~127。

二、禮者，固國家，定社稷

賈誼重視「禮」，著作中有專論〈禮〉之作[39]，乃繼荀子〈禮論〉之後，又一論「禮」之重要著作。荀子〈禮論〉論聖人制「禮」乃在「養人之欲，給人之求」[40]，就個人而言是尋求情欲的合理滿足，就社會而言，是制定一套人與人間不爭不亂之合理規範。荀子不再如孔子乃針對當時諸侯大夫僭禮的亂象做批判，試圖回復周禮的秩序，荀子面對戰國的亂局，周文已不足以維繫天下亂局。故荀子脫離周文的羈絆，直就人性情欲之節制，制定社會各階層人民之生活規範入手，試圖重建新的社會秩序。荀子〈禮論〉可視為戰國晚期儒者在禮學思想重建上的重要成果。賈誼禮學思想則是因應漢初社會情勢所提出新禮樂藍圖，乃針對當時國家情勢而設。〈禮〉曰：

> 禮者，所以固國家，定社稷，使君無失其民者也。主主臣臣，禮之正也；威德在君，禮之分也；尊卑大小，彊弱有位，禮之數也。禮，天子愛天下，諸侯愛境內，大夫愛官屬，士庶各愛其家。失愛不仁，過愛不義，故禮者所以守尊卑之經、彊弱之稱者也。禮，天子適諸侯之宮，諸侯不敢自阼階，阼階者，主之階也。天子適諸侯，諸侯不敢有宮，不敢為主人禮也。君惠臣忠，父慈子孝，兄愛弟敬，夫和妻柔，姑慈婦聽，禮之至也。君惠則不

39　賈誼《新書》有關論「禮」的篇章有：〈禮〉、〈容經〉、〈禮容語〉上、下等篇。

40　《荀子集解》，頁346。

屬，臣忠則不貳，父慈則教，子孝則協，兄愛則友，弟敬則順。夫和則義，妻柔則正，姑慈則從，婦聽則婉，禮之質也。[41]

　　賈誼論「禮」首言「固國家，定社稷」乃知所重在國家綱紀的建立，次言「主主臣臣，禮之正也；威德在君，禮之分也；尊卑大小彊弱有位，禮之數也」言君臣之位的分際，人君之威德，君臣尊卑大小強弱的秩序，正是禮的建立、職分、表現的重要意義，再言「禮者所以守尊卑之經，彊弱之稱者也」賈誼特別強調君臣之別，尊卑大小彊弱之位，強調「天子適諸侯，諸侯不敢有宮，不敢為主人禮也」顯然針對當時天子與劉姓諸王分立的政治情勢而發，有其強烈的尊君傾向。

　　由於秦亡的歷史教訓，漢初學者多反對嚴刑峻法以尊君的法家思想，賈誼試圖重建中央朝廷的權威，主張以儒家之禮來重建帝王權威，故「禮」對國家社稷而言，乃為穩定社會國家的重要規範，尤其在君臣關係的尊卑強弱上，有推尊天子之位的趨勢，以尊卑強弱之勢位穩定政治情勢，以求國家穩定。此外，「禮」也擴及社會人倫之父子，兄弟，夫妻，姑婦之間，使「父慈子孝，兄愛弟敬，夫和妻柔，姑慈婦聽」是不同身份位階之人皆能在其位、盡其分，相敬退讓以為禮。

（一）嚴君臣之分

　　賈誼因應漢文帝時內憂外患的政治形勢，據《漢書·賈誼傳》論漢初國內外大勢，曰：「匈奴彊，侵邊。天下初定，制度

41　《新書校注》，頁 214~215。

疏闊，諸侯王僭儗，地過古制，淮南、濟北為逆誅。誼數上疏陳政事，多所欲匡建。」[42]面對匈奴之外患，賈誼主張「耀蟬之術」，即以「三表五餌」的物質懷柔方式，分化弱化匈奴[43]，未為文帝所採納。班固認為「（賈誼）及欲試屬國，施五餌三表以係單于，其術固以疏矣。」[44]譏刺賈誼五餌三表之說太迂闊。

高祖劉邦創漢後，漢五年大封異姓功臣為王：韓信為楚王、彭越為梁王、韓王信為韓王、吳芮為長沙王、黥布為淮南王、臧荼為燕王、張敖為趙王；六年封同姓宗室為王：將軍劉賈為荊王、弟劉交為楚王、子劉肥為齊王。[45]《漢書‧諸侯王表‧序》曰：「漢興之初，海內新定，同姓寡少，懲戒亡秦孤立之敗，於是剖裂疆土，立二等之爵。功臣侯者百有餘邑；尊王子弟，大啟九國。」[46]高祖即位後有感秦王室孤立無援而亡，遂結合周封建制與秦郡縣制，既君臨天下又大封功臣宗室以為君之屏障，惟劉邦在位時，異性諸王多已剪除。歷經呂后亂政，功臣周勃、陳平誅殺諸呂，迎代王劉恆即位為漢文帝。文帝謙讓未惶，當時諸侯王除長沙王吳右，其餘均為同姓王，吳王劉濞為文帝堂兄，淮南王劉長為文帝異母弟，文帝諸子有太原王劉參、梁王劉勝、代王劉武，齊王劉肥諸子劉襄為齊哀王、劉章為城陽王、劉興居為濟北王。文帝三年濟北王謀反遭誅，六年淮南王劉長謀反遭謫而死道中。[47]

---

42 班固：《漢書卷四十八‧賈誼傳第十八》，頁2230。
43 《新書校注‧匈奴》，頁134-137。
44 同注42，頁2265。
45 司馬遷：《史記卷八‧高祖本紀第八》，頁175-176。
46 班固：《漢書卷十四‧諸侯王表‧序》，頁393。
47 司馬遷：《史記卷十‧孝文本紀第十》，頁196。

　　因應中央與諸侯關係日危，賈誼論諸侯王問題，從現實的
政治勢力與制度的疏闊面呈現，〈大都〉曰：「天下之勢方病
大廬，一脛之大幾如要，一指之大幾如股，臣聞『尾大不掉，
末大必折』，惡病也。平居不可屈信，一一指搖，身固無聊也。
失今弗治，必為痼疾，後雖有扁鵲，弗能為已。悲夫，枝拱苟
大，弛必至心，此所以竊為陛下患也。」[48]賈誼可謂先見，此論
諸侯王政治勢力的積微致禍，上諫文帝要防微杜漸，彼時諸侯
王問題日顯，淮南王、濟北王先後伏誅，已見其禍端。〈藩傷〉
曰：「欲天下之治安，天子之無憂，莫如眾建諸侯而少其力，
力少則易使以義，國小則無邪心。」[49]賈誼主張眾建諸侯以削弱
其政治勢力的主張獲得文帝採用，但文帝彼時以懷柔為主，不
願輕啟戰端，故仍封淮南王四子為侯以安撫，賈誼數上疏論其
不可，文帝未聽。[50]〈等齊〉曰：

> 諸侯王所在之宮衛，織履蹲夷，以皇帝所在宮法論之；
> 郎中、謁者受謁取告，以宮皇帝之法予之；事諸侯王或
> 不廉潔平端，以事皇帝之法罪之。曰一用漢法，事諸侯
> 王乃事皇帝也。誰是則諸侯之王乃將至尊也。然則，天
> 子之於諸侯，臣之與下，宜撰然齊等若是乎？天子之相，
> 號為丞相，黃金之印；諸侯之相，號為丞相，黃金之印；
> 而尊無異等，秩加二千石之上。天子列卿秩二千石，諸

48　《新書校注》，頁 43。
49　同前注，頁 39-40。
50　「文帝復封淮南屬王子四人皆為列侯，賈生諫以為患之興自此起矣。賈生數
　　上疏言諸侯或連數郡，非古之制，可稍削之。文帝不聽。」司馬遷：《史記
　　卷八十四・屈原賈生列傳第二十四》，頁 1010。

> 侯列卿秩二千石，則臣已同矣。人主登臣而尊，今臣既
> 同，則法惡得不齊？天子衛御，號為大僕，銀印，秩二
> 千石；諸侯之御，號曰大僕，銀印，秩二千石，則御已
> 齊。御既已齊，則車飾惡得不齊？天子親，號云太后；
> 諸侯親，號云太后。天子妃，號曰后；諸侯妃，號曰后。
> 然則，諸侯何損而天子何加焉？[51]

賈誼論漢初政治制度的疏闊，諸侯王之僭越無禮，天子諸
侯在官衛、法令、丞相、俸祿、衛御、車飾、后妃之制皆無分
尊卑之別，如此「諸侯何損而天子何加焉」天子之威嚴何在？
天子與諸侯的尊卑不能彰顯，就不能避免以下犯上、諸侯謀逆
之事。故「眾建諸侯而少其力」只能治標，在制度面上建立「嚴
君臣之分」的禮制才能治本，故禮制上賈誼強調要明君臣上下
尊卑之別，有其漢初現實政治形勢的考量。賈誼在〈階級〉中
提出「理勢」之說，其曰：「天子如堂，群臣如陛，眾庶如地，
此其辟也。故陛九級上，廉遠地則堂高；陛無級，廉近地則堂
卑。高者難攀，卑者易陵，理勢然也。故古者聖王制為列等，
內有公卿大夫士，外有公侯伯子男，然後有官師小吏，施及庶
人，等級分明，而天子加焉，故其尊不可及也。」[52]乃主張要嚴
明君臣之分，要列等級尊卑以別，以凸顯君位之勢。賈誼「嚴
君臣之分」乃因應漢初的中央天子與地方諸侯王的關係，而意
有所指地強化天子的威勢而設。〈等齊〉曰：

> 人之情不異，面目狀貌同類，貴賤之別非人天根著於形

---

51 《新書校注》，頁 46-47。
52 同前注，頁 79-80。

容也，所持以別貴賤明尊卑者，等級、勢力、衣服、號令也。亂且不息，滑曼無紀。天性則同，人事無別。然則，所謂臣臣主主者，非有相臨之具、尊卑之經也，持面形而膚之耳。近習乎畫，近貌然後能識，則疏遠無所放，眾庶無以期，則下惡能不疑於上？君臣同倫，異等同服，則上惡能不眩於其下？[53]

賈誼主張建立制度，透過等級、勢力、衣服、號令的區別，以明貴賤尊卑之不同。〈瑰瑋〉曰：「君臣相冒，上下無辨，此生於無制度也。今去淫侈之俗，行節儉之術，使車輿有度，衣服器械各有制數。制數已定，故君臣絕尤，而上下分明矣。」[54]此乃賈誼上疏文帝要「改正朔，易服色，法制度，定官名，興禮樂」[55]希望透過制度面以推尊中央政府及天子，以壓抑地方諸侯王的勢力擴大，或許是其真正用心。

（二）易服色

夫立君臣等上下，使父子有禮，六親有紀，此非天所設也，夫人之所設，弗為持此則僵，不循則壞。秦滅四維不張，故君臣乖而相攘，上下亂僭而無差，父子六親殃傯而失其宜，奸人并起，萬民離叛，凡十三歲而社稷為墟。今而四維猶未備也，故奸人冀幸，而眾下疑惑矣。豈如今定經制，令主主臣臣，上下有差，父子六親各得

---

53 《新書校注・等齊》，頁 47。
54 《新書校注》，頁 104。
55 司馬遷：《史記卷八十四・屈原賈生列傳第二十四》，頁 1007。

> 其宜，奸人無所冀幸，羣眾信上而不疑惑哉。此業一定，
> 世世常安，而後有持循矣。[56]

　　賈誼主張上下有差，貴賤有等的禮治思想，其理由有二：
1.是懲秦代之失，秦代破壞四維綱紀、六親倫理，依法治而齊平，
使君臣、上下、六親乖離，終致天下喪亡，今秦雖已亡，但遺
毒尚在，奸人存僥倖之心，下民疑惑不安，亟待重建人倫的互
信。2.是今日時局需要，今漢世承平，正該重整君臣、上下、六
親之倫的時機，使上下各得其宜，穩定社會人倫規範，此乃長
治久安之計。荀子〈富國〉曰：「禮者，貴賤有等，長幼有差，
貧富輕重皆有稱者也。」[57]〈王制〉曰：「王者之制……衣服有
制，宮室有度，人徒有數，喪祭械用皆有等宜。」[58]荀子主張以
「禮」來區分國之貴賤長幼貧富之差，但「禮」的區別並非以
貴凌賤，以富凌貧，乃是因德、因位、因祿而各得其稱，即貴
賤、長幼、貧富皆各得其尊重。賈誼「易服色」主張以服制區
別君、臣、民之等級，所謂「等上下而差貴賤」，使社會各階
級有其相應之服色，使人知分而無僭越，社會上下貴賤之等森
然無亂，則君臣乃有定而安。〈服疑〉曰：

> 制服之道，取至適至和以予民，至美至神進之帝。奇服
> 文章，以等上下而差貴賤，是以高下異，則名號異，則
> 權力異，則事勢異，則旗章異，則符瑞異，則禮寵異，
> 則秩祿異，則冠履異，則衣帶異，則環珮異，則車馬異，

---

56 《新書校注》，頁 92。
57 《荀子集解》，頁 178。
58 同前注，頁 158-159。

則妻妾異，則澤厚異，則宮室異，則床席異，則器皿異，則食飲異，則祭祀異，則死喪異。故高則此品周高，下則此品周下。加人者品此臨之，埤人者品此承之。遷者品此者進，紲者品此者損。貴周豐，賤周謙，貴賤有級，服位有等。等級既設，各處其檢，人循其度。擅退則讓，上僭則誅。建法以習之，設官以牧之。是以天下見其服而知貴賤，望其章而知其勢，使人定其心，各著其目。[59]

賈誼制服之道，主要以政治權力的貴賤尊卑為區別標準，而又較荀子更細密落實，所謂「權力異，事勢異」則旗章、符瑞、禮寵、秩祿、冠履、衣帶、環珮、車馬、妻妾、澤厚、宮室、床席、器皿、食飲、祭祀、死喪皆有別異，可謂從天子之賜予恩澤始，至於妻妾、飲食、冠履、住居、出行，以至於死喪、祭祀，皆有不同之等級別異，正是把荀子所論「衣服有制，宮室有度，人徒有數，喪祭械用皆有等宜」落實在具體政治秩序的規範之下，賈誼的用心很明白「天下見其服而知貴賤，望其章而知其勢，使人定其心，各著其目」，即服色代表君臣民在社會上的政治等級，臣民透過服色乃得知貴賤尊卑，人民知其分而尊其貴，人臣知其卑而推其尊，如此則上下定、君臣安，國家自不紛亂。〈服疑〉曰：

> 故眾多而天下不眩，傳遠而天下識祇。卑尊已著，上下已分，則人倫法矣。於是主之與臣，若日之與星以。臣不幾可以疑主，賤不幾可以冒貴。下不凌等則上位尊，

---

59 《新書校注》，頁 53。

臣不踰級則主位安。謹守倫紀，則亂無由生。[60]

　　賈誼「易服色」的主張，可謂「嚴君臣」的落實，由推尊天子，貶低諸侯為動機，除在政治權力的中央集權外，更擴大至於臣、民階層，透過「易服色」的主張，下落於生活面的食衣住行，無不嚴分階級，時時提醒臣民自我的分際等級，使其悚然而不敢僭越，此乃承先秦周禮「尊尊」之義進一步落實於生活面的主張。

（三）更官制

　　賈誼的禮學主張落實在官制上，〈輔佐〉中提出一套與秦代不同的制度，以呼應其「易服色」以別尊卑貴賤的主張。其最高之行政長官曰「大相」，職責為「正身行，廣教化，修禮樂，以美風俗。」[61]閻振益、鍾夏注：「《周禮‧天官‧大宰》：『大宰之職，掌建邦之六典。一曰治典，二曰教典，三曰禮典，四曰政典，五曰刑典，六曰事典。』鍾夏案：誼所謂大相之職，與六典相當，惟突出禮教耳。是則誼之大相，猶周之大宰。」[62]當如後世「宰相」之職。中設「大拂」之執政職，其職責為「大拂秉義立誠，以翼上志，直議正辭，以持上行，批天下之患，匡諸侯之過。令或鬱而不通，臣或慝而不義，大拂之任也。」[63]閻振益、鍾夏注：「《周禮‧春官‧小宰》云：『掌建邦之宮刑，以治王宮之政令，凡官糾禁。』鍾夏案：「誼所謂大拂，近於

60　《新書校注》，頁 54。
61　同前注，頁 205。
62　同前注，頁 206。
63　同前注，頁 205。

周之小宰、漢之御史大夫。」[64]「大拂」如後世之御史，掌禁百官不法；「大輔」職責為「大輔聞善則以獻，知善則以獻，明號令，正法則，頒度量，論賢良，次官職，以時巡循，使百吏敬率其業。故經義不衰，賢不肖失序，大輔之任也。」可知「大拂」與「大輔」乃輔佐「大相」之任，「大拂」禁不法、匡臣過，「大輔」進善行，舉賢良。

下執事職有「道行」，執掌「掌僕及輿馬之度，羽旄旌旗之制，步驟徐疾之節，春夏秋冬馬之倫色，居車之容，登降之禮。」[65]；「調訊」執掌「遇大臣之敬，遇小臣之惠，坐立之端，言默之序，音聲之適，揖讓之容，俯仰之節，立事之色，則職以證。出入不從禮，衣服不從制，御器不以度，迎送非其章，忿說忘其義，取予失其節，安易而樂湛，則職以諫。」[66]；「典方」執掌「朝覲、宗遇、會同、享聘、貢職之數，辨其民人之眾寡，政之治亂。」[67]；「奉常」執掌「宗廟社稷之祀，天神地祇人鬼，凡山川四望國之諸祭，吉凶妖祥占相之事，序禮樂喪紀，國之禮儀，畢居其宜。」[68]；「祧師」執掌「國之眾庶，四民之序，以禮義倫理教訓人民。」[69]「更官制」是針對當時的天子與諸侯王官制無別、尊卑不顯而更，以凸顯君臣之別，以強化王室權威而設。值得注意者，賈誼將儒家道德價值落實在國家禮制的建立上，故「大相」之職在修禮樂、美風俗；「道行」

---

64 《新書校注》，頁 207。
65 同前注，頁 205。
66 同前注，頁 205-206。
67 同前注，頁 206。
68 同前注，頁 206。
69 同前注，頁 206。

主居車之容，登降之禮；「調訓」主坐立之端，言默之序，揖讓之容，俯仰之節，立事之色；「典方」掌朝聘、會同、貢職之數；「奉常」掌宗廟社稷、鬼神、山川之祭典；「挑師」掌禮義倫理教訓人民。故賈誼「易服色」是其禮學思想在服制上的落實，「更官制」乃是禮學思想在官職上的落實。

三、論君之禮
── 君德、君行、君容、太子教育

（一）君德、君行、君容

　　賈誼主張以「勢」尊君，但非只是具其外在法家威勢的嚴君，而是具有儒家道德內涵的聖王，強調君王當為民之表率，當以德化民。〈大政〉曰：「道者，聖王之行也；文者，聖王之辭也；恭敬者，聖王之容也；忠信者，聖王之教也。聖人者，賢智之師也。仁義者，明君之性也。」[70]儒家之聖王以道為行，其辭文，其容恭，其身教之忠信，師友賢聖，以仁義為性，賈誼標榜以儒家之道德忠信為君王內涵，聖王修身以德，忠信為行，民自上行下效，教化而為德風，故聖王不僅為政治領袖，更是道德領袖。賈誼對君主的修養論主張，使君王由法家的法術勢的利害計算中跳脫出來，使人君成為以「德」為涵養，以「禮」為進退之儀，以「容」為顏色，動作有文、言語有則，應接有序，上下和諧的明君。〈容經〉曰：

70　《新書校注》，頁341。

古者聖王居有法則，動有文章，位埶戒輔，鳴玉以行。
鳴玉者，佩玉也。上有雙珩，衝牙蠙珠以納其間，琚瑀
以雜之。行以〈采薺〉，趨以〈肆夏〉，步中規，折中矩。
登車則馬行而鑾鳴，鑾鳴而和應。聲曰和，和曰敬。……
故曰明君在位可畏，施舍可愛，進退可度，周旋可則，
容貌可觀，作事可法，德行可象，聲氣可樂，動作有文，
言語有章，以承其上，以接其等，以臨其下，以畜其民。
故為之上者敬而信之，等者親而重之，下者畏而愛之，
民者肅而樂之，是以上下和諧而士民順一。故能宗撰其
國以藩衛天子，而行義足法。……言接君臣、上下、父
子、兄弟、內外、大小品事之各有容志也。[71]

　　賈誼在制度上分別等級、服制、號令以尊君，也強調國君
本身的「禮容」，所謂「居有法則，動有文章」。《荀子‧禮論》
曰：「天子大路越席，所以養體也；側載睪芷，所以養鼻也；前
有錯衡，所以養目也；和鸞之聲，步中武、象，趨中韶、護，
所以養耳也；龍旗九斿，所以養信也；寢兕、持虎、蛟韅、絲
末、彌龍，所以養威也；故大路之馬必倍至教順，然後乘之，
所以養安也。孰知夫出死要節之所以養生也！孰知夫出費用之
所以養財也！孰知夫恭敬辭讓之所以養安也！孰知夫禮義文理
之所以養情也！」[72]荀子主張人君當循禮儀以行，乃得養體、鼻、
目、耳、信、威、生、財、安、情，順禮義文理乃得發而中節，
順情性則任性而為。賈誼主張人君在行止、登車、言語當進退

71　《新書校注》，頁229。
72　《荀子集解》，頁347-348。

有度、周循可則，故能使上者敬而信之，等者親而重之，下者畏而愛之，民者肅而樂之，是以君臣和諧而士民順一。賈誼不僅重視人君內在情性的中和，更重視人君行為對於臣民上下的影響，人君循禮義而行，方能使人對其尊仰，畏愛進而擁護人君，人君以其威儀以服宗國、以藩衛天子，此乃人君慎行之意義。其次，賈誼重視「禮」在外在行為上的表現，另也強調「禮容」內在道德內涵，〈容經〉曰：

> 志有四興：朝廷之志，淵然清以嚴；祭祀之志，愉然思以和；軍旅之志，怫然愠然精以屬；喪紀之志，瀏然愁然憂以湫。四志形中，四色發外，維如□□□□□□，志色之經。容有四起：朝廷之容，師師然翼翼然整以敬；祭祀之容，遂遂然粥粥然敬以婉；軍旅之容，湢然肅然固以猛；喪紀之容，怊然慉然若不還，容經。視有四則：朝廷之視，端流平衡；祭祀之視，視如有將；軍旅之視，固植虎張；喪紀之視，下流垂綱，視經。言有四術：言敬以和，朝廷之言也；文言有序，祭祀之言也；屏氣折聲，軍旅之言也；言若不足，喪紀之言也，言經。[73]

「禮容」為行禮表現的外在儀容，但須先有內在之「志」，乃得有合宜之「容」，所謂「四志形中，四色發外」，此四志即「朝廷之志、祭祀之志、軍旅之志、喪紀之志」，乃表內在情性「清以嚴、思以和、精以屬、憂以湫」，此四志表現為外在之容色，則有四大類型：「朝廷之容，師師然翼翼然整以敬；祭祀之

73　《新書校注》，頁 227。

容，遂遂然粥粥然敬以婉；軍旅之容，湢然肅然固以猛；喪紀之容，怮然懾然若不還」，此為四志發為四色、四容之「容經」，其具體的的規範包括：視容、言容、立容、坐容、行容、趨容、旋容、拜容、坐乘之容、立乘之容等。賈誼由情性中擇取淵然、愉然、拂然、慍然，漻然、愁然以為人性中合理的喜怒哀樂之情，表現出師師然、翼翼然之敬容，遂遂然、粥粥然之婉容；湢然、肅然之嚴容；怮然、懾然之戚容，由合理的感情抒發，表達適切的形色舉止，此乃「禮」由內而外的表現。

　　王鳳雲以為：「賈誼充分吸取了法家關於『勢』的思想，但針對法家過分強調人為之『勢』的流弊則予以校正。賈誼主張『人為之勢』與『自然之勢』的一併結合，所以，他講的『勢』往往與『理』相連。『高者難攀，卑者易陵，理勢然也。』 需要指出的是，賈誼的『立經陳規』絕非原本搬用孔子『禮』的思想，並不是一種理論上的倒退，而是藉以古人思想、結合現實提出的新主張。」[74]賈誼禮學思想吸收法家尊君之「勢」，以為朝廷中央與諸侯「嚴君臣之分」的基礎，在政治位階上營造無可取代的尊君之勢，再加上儒家之「禮」所培養的「君德、君行、君容」，結合「勢」的現實條件與「禮」的道德表現，成為賈誼具漢代特色的「聖王」形象，乃結合儒法二家思想的尊君主張，乃賈誼禮學思想在尊君上的創新。

（二）論太子之教

　　賈誼主張具備君德、君行、君容的聖王形象，須從太子養

---

74 王鳳雲：〈賈誼以禮為本、儒法並用思想初探〉《國際關係學院學報》2005
　年第 3 期，頁 78。

成教育開始。賈誼曰：「天下之命，縣於太子；太子之善，在於早諭教與選左右。夫心未濫而先諭教，則化易成也；開於道術智誼之指，則教之力也。若其服習積貫，則左右而已。」[75]太子的教育自胎教即開始，包括后妃有孕時的行為、太子出生、長成、成人，皆有一系列的養成教育。

1.胎 教

　　賈誼胎教的主張始於慎擇賢妻，其〈胎教〉曰：「謹為子孫婚妻嫁女，必擇孝悌世世有行義者。如是，則其子孫慈孝，不敢淫暴，黨無不善，三族輔之。故鳳凰生而有仁義之意，虎狼生而有貪戾之心，兩者不等，各有其母。嗚呼，戒之哉！無養乳虎，將傷天下。」[76]后妃的家世背景、品性行為會影響太子的性情，所謂「鳳凰生而有仁義之意，虎狼生而有貪戾之心」，故天子當慎取后妃，以賢德為上，而當后妃有孕，不待太子出生，就開始對太子施教。〈胎教〉曰：

> 古者胎教之道，王后有身，七月而就蔞室，太師持銅而御戶左，太宰持斗而御戶右，太卜持蓍龜而御堂下，諸官皆以其職御於門內。比三月者，王后所求聲音非禮樂，則太師撫樂而稱不習。所求滋味者非正味，則太宰荷斗而不敢煎調，而曰：「不敢以侍王太子。」太子生而立，太師吹銅曰：「聲中某律。」太宰曰：「滋味上某。」太

---

75 班固：《漢書卷四十八‧賈誼傳第十八》，頁 2251-2252。
76 《新書校注》，頁 390。

卜曰：「命云某。」[77]

　　太子之教始於王后之有身曰「胎教」，胎教」的內容包括王后本身與王后周遭的人物與食物、音樂等是否合於正道。當王后有身即另居「蔞室」閉房而處，此時有太師、太宰、太卜隨侍在旁，太師為樂師，非合禮樂之音不奏；太宰為膳夫，非合時令之正味不煎調，太卜則卜筮命名，故當太子在王后之身為胎時，所食皆為正味，所聽皆為禮樂之正音，諸官吏各司其職，以靜待太子之生。〈胎教〉曰：

> 正之禮者，王太子無羞臣，領臣之子也，故謂領臣之子也。身朝王者，妻朝后，之子朝王太子，是謂臣之子也，此正禮胎教也。周妃后姙成王於身，立而不跛，坐而不差，獨處不倨，雖怒不罵，胎教之謂也。成王生，仁者養之，孝者繦之，四賢傍之。成王有知，而選太公為師，周公為傅，前有與計而後有與慮也。是以封於泰山而禪於梁父，朝諸侯，一天下。由此觀之，主左右不可不練也。[78]

　　賈誼論太子胎教的內容分：孕育之環境、后妃之身教、太師、太宰、太卜之護養，環境會影響母親心裡，進而對胎兒亦有影響，所謂「蓬生麻中，不扶而直」，可見環境的重要。其次，太師以禮樂之音導其情性，太宰以飲食之正味滋養身體，后妃身處在悠揚的環境中，飲食滋補有節，自然母子均安，更

77　《新書校注》，頁 390。
78　同前注，頁 391-392。

重要的是運用音樂、飲食無形的薰陶胎兒的性情和順。最後，后妃出入行止，非禮不行，以母之身正以導太子之性情歸正，可謂環境、生理、心理與行為上，皆有所教於胎兒，可謂全面而周到。

2.出生、少長、入學

太子始生，雖無識而教固以行矣，〈胎教〉曰：「成王生，仁者養之，孝者繦之，四賢傍之。成王有知，而選太公為師，周公為傅，前有與計，而後有與慮也。」[79]即太子雖在襁褓之中，亦當慎重擇其仁者、孝者撫育之，及其有識，再為太子擇師教之。〈保傅〉曰：

> 古之王者，太子初生，固舉以禮，使士負之，有司齋肅端冕，見之南郊，見於天也。過闕則下，過廟則趨，孝子之道也。故自為赤子而教固已行矣。昔者周成王幼在襁褓之中，召公為太保，周公為太傅，太公為太師。保，保其身體；傅，傅之德義；師，道之教訓，三公之職也。於是為置三少，皆上大夫也。曰少保、少傅、少師，是與太子燕者也。故孩提，三公三少固明孝仁禮義，以道習之，逐去邪人，不使見惡行。於是皆選天下之端士，孝悌博聞有道術者，以衛翼之，使與太子居處出入。故太子初生而見正事，聞正言，行正道，左右前後皆正人也。習與正人居之，不能無正也，猶生長於楚之不能不楚言也。故擇其所嗜，必先受業，乃得嘗之；擇其所樂，

---

79 《新書校注》，頁391。

必先有習，乃能為之。孔子曰：「少成若天性，習貫若自然。」是殷周之所以長有道也。[80]

太子出生之後的教養分兩部分：襁褓期與幼年期，襁褓期擇仁人孝子褓之，當太子甫出生請端士懷抱之，保母言行亦為太子重要之身教。當太子初長有知，則為太子擇太保、太傅、太師之三公，太保養其身體，太傅助其養德，太師則教其教訓，另有少保、少傅、少師三人，乃與太子平居燕處者，此皆孝悌博聞之士，故太子自出生長成，左右前後皆為正人，所見所聞皆為正事，可謂在禮樂正道之中薰陶成習，自不枉邪。

《論語・陽貨》曰：「性相近，習相遠」[81]，強調「習」的養成。《荀子・儒效》曰：「師法者，所得乎積，非所受乎性，不足以獨立而治。性也者，吾所不能為也，然而可化也。積也者，非吾所有也，然而可為也。注錯習俗，所以化性也；并一而不二，所以成積也。習俗移志，安久移質。並一而不二則通於神明，參於天地矣。」[82]強調學習有待於「積」，「積」與「習」相近，皆重視後天的積累養成，賈誼顯然更接近於荀子，強調由「師友之助」以達到「積」「習」的效果，最後達到「化性」之效。〈保傅〉曰：

太子少長，知好色，則入于學，學者，所學之官也。《學禮》曰：「帝入東學，上親而貴仁，則親疏有序而恩相及矣。帝入南學，上齒而貴信，則長幼有差而民不誣矣。

---

80 《新書校注》，頁 183-184。
81 《論語》，頁 154。
82 《荀子集解》，頁 143。

帝入西學，上賢而貴德，則聖智在位而功不遺矣。帝入
北學，上貴而尊爵，則貴賤有等而下不踰矣。帝入太學，
承師問道，退習而考於太傅，太傅罰其不則而匡其不及，
則德智長而理道得矣。此五學既成於上，則百姓黎民化
輯於下矣。」學成治就，是殷周所以長有道也。[83]

《大戴禮記‧保傅》引盧辯曰：「成王年十五，亦入諸學，
觀禮布政，故引天子之禮以言之。四學者，東序、瞽宗、虞庠
及四郊之學也。春氣溫養，故上親；夏物盛，小大殊，故上齒；
秋物成實，故貴德；冬時物藏於地，唯象於天半見也，故上爵
也。」[84]又曰：「古者太子八歲入小學，十五入大學」[85]，所學
者「上親而貴仁」、「上齒而貴信」、「上賢而貴德」、「上貴而尊
爵」，是因時養德，親親尚齒，親賢親貴的「仁、信、德、爵」
之德，最後入太學「承師問道，退習而考於太傅」，可知太子
所受的教育乃品格教育的養成，學習人倫應對與治國用人之
道。〈傅職〉曰：

或稱《春秋》，而為之聳善而抑惡，以革勸其心。教之
《禮》，使知上下之則宜。或稱《詩》，而為之廣道顯德，
以馴明其志。教之《樂》，以疏其穢，而填其浮氣。教之
語，使明於上世而知先王之務明德於民也。教之故志，
使知廢興者，而戒懼焉。教之任術，始能紀萬官之職任，
而知治化之儀。教之訓典，使知族類疏戚，而隱比馴焉。

83　《新書校注》，頁183-184。
84　方向東：《大戴禮記匯校集解》，頁325。
85　同前注，頁323。

> 此所謂學太子以聖人之德者也。[86]

　　賈誼主張以儒家之經典《春秋》、《禮》、《樂》、《詩》為教，教《春秋》以明善紐惡，教《禮》以之上下之宜，教《詩》以明志，教《樂》以疏浮穢之氣，教之語以務明德，教之故志使知興廢，教之任術以紀百官之能，教之訓典以知親疏。可知賈誼對於太子之教的內容，是以儒家之經典立德為本，輔以法家治國之術，以培養聖人之德為目的。〈傅職〉曰：「或明惠施以道之忠，明長復以道之信，明度量以道之義，明等級以道之禮，明恭儉以道之孝，命敬戒以道之事，明慈愛以道之仁，明嫻雅以道之文，明除害以道之武，明精直以道之伐，明正德以道之賞，明齊肅以道之敬，此所謂教太子也。」[87]故太子自出生、襁褓、幼年，童年的青少年階段，皆有仁人、孝子、端士、嚴師在旁，教之以孝仁禮義、孝悌博聞之學，使之所居、所聞、所見、所學，無非正道，乃得積習以化性，奠定好的習性。太子所養成之德習為「忠、信、義、禮、孝、事、仁、文、武、伐、賞、敬」，為將來成年為君以為國政做準備。

3.成　人

　　賈誼對太子的成年教育較偏重於實際政事的磨鍊與規諫上，尤其強調須有賢臣輔益之功。〈保傅〉曰：

> 太子既冠成人，免於保傅之嚴，則有司直之史，有徹膳之宰。太子有過，史必書之。史之義，不得書過則死，

86　《新語校注》，頁 172。

87　同前注，頁 172。

　　過書而宰收其膳。宰之義，不得收膳即死。於是有進善
　　之旌，有誹謗之木，有敢諫之鼓。瞽史誦詩，工誦箴諫，
　　大夫進謀，士傳民語。習與智長，故切而不愧，化與心
　　成，故中道若性，是殷周之所以長有道也。[88]

　　〈保傅〉曰：「三代之禮，天子春朝朝日，秋暮夕月，所
以明有敬也。春秋入學，坐國老執醬而親饋之，所以明有孝也。
行以鸞和，步中〈采薺〉，趨中〈肆夏〉，所以明有度也。其於
禽獸也，見其生不忍其死，聞其聲不嘗其肉，故遠庖廚，所以
長恩，且明有仁也。食以禮，收以樂，失度，則史書之，工誦
之，三公進而讀之，宰夫減其膳，是天子不得為非也。」[89]天子
朝日夕月以敬天也，親饋國老以示孝也，聞獸聲而發仁恩之心，
若有失，則史書過，三公諫，宰夫減膳以警，故天子不得為非。
太子要具天子之德，當有賢人正臣以輔益之，故有「有司直之
史，有徹膳之宰」，司直之史，太子有過則書過進善；有徹膳
之宰，太子有過則減膳以警，並要採納諫言，訪求民情，養成
好善親賢之習，增長治國治人之智，以積累天子之德。〈保傅〉
曰：

　　〈明堂之位〉曰：「篤仁而好學，多聞而道順。天子疑則
　　問，應而不窮者謂之道。道者，道天子以道者也。常立
　　於前，是周公也。誠立而敦斷，輔善而相義者謂之輔。
　　輔者，輔天子之意者也。常立於左，是太公也。潔廉而
　　切直，匡過而諫邪者謂之拂。拂者，拂天子之過者也。

88　《新書校注》，頁184。
89　同前注，頁184-185。

常立於右，是召公也。博聞彊記，捷給而善對者謂之承。
承者，承天子之遺忘者也。常立於後，是史佚也。故成
王中立聽朝，則四聖維之。是以慮無失計而舉無過事，
殷周之所以長久者，其輔翼太子有此具也。[90]

此藉成王有周公、太公、召公、史佚當在左右以司規諫，
是以天子不得為非，此制度乃殷周之所以長治久安之道也。賈
誼論整個太子教育的設計有幾點特色：1.自天子之擇后妃開始，
當擇家族世世孝悌有禮者為后妃，后妃有德而其子當較性情和
順，似有遺傳觀念在其中。2.后妃有孕即有胎教之施，胎教時后
妃當另處幽靜之室，有太師、太宰、太卜隨侍於旁，在環境上、
禮樂薰陶上、飲食調養上俱得其正，此外，后妃亦當特別注意
自身的行為舉止，不敢非禮妄為，注意到母親身教對胎兒之影
響。3.太子出生必擇端士懷抱之，擇仁人、孝子襁褓之，太子初
長，擇太保、太傅、太師之三公，另有少保、少傅、少師三人，
皆孝悌博聞之士，故太子自出生長成，左右前後皆為正人，所
見所聞皆為正事，是在禮樂正道之中薰陶成習，自不枉邪。4.
太子長成受學，賈誼主張以儒家經典《春秋》、《禮》、《樂》、
《詩》為教，另教之故志、任術、訓典以知國故、任官、典章
之事，使太子具備「忠、信、義、禮、孝、事、仁、文、武、
伐、賞、敬」之德，以應將來之國政。5.太子既冠成人，仍不能
廢學，此時雖無保傅之管，仍有「有司直之史，有徹膳之宰」，
太子有過則書，有失則減膳以警，使無失其正。若貴為天子，
若成王尚有周公、太公、召公、史佚以司規諫，此乃賈誼整個

90 《新語校注》，頁184-185。

太子之教的設計。

四、論臣之禮

── 刑不上大夫

　　《漢書・賈誼傳》曰：「是時丞相絳侯周勃免就國，人有告勃謀反，逮繫長安獄治，卒亡事，復爵邑，故賈誼以此譏上。上深納其言，養臣下有節。是後大臣有罪，皆自殺，不受刑。」[91]賈誼禮學思想落實在人臣方面，主張「刑不上大夫」，並非主張大夫獨立於法律之外，或有特權之享，而是人君禮賢之禮，要培養人臣高尚的節操與知恥心。《禮記・曲禮》曰：「禮不下庶人，刑不上大夫」鄭玄注「禮不下庶人」曰：「為其遽於事，且不能備物」乃從庶人之財力不備處論；鄭玄注「刑不上大夫」曰：「不與賢者犯法，其犯法則在八議輕重，不在刑書。」[92]乃從禮賢處論之。故〈大政〉曰：「故欲求士必至、民必附，惟恭與敬、忠與信，古今毋易矣。」[93]以賢臣之難得也。〈大政下〉曰：

> 士易得而難求也，易致而難留也。故求士而不以道，周徧境內不能得一人焉。故求士而以道，則國中多有之。此之謂士易得而難求也。故待士而以敬，則士必居矣，

91　班固：《漢書卷四十八・賈誼傳第十八》，頁 2260。
92　《禮記》，頁 55。
93　《新書校注》，頁 347。

待士而不以道，則士必去矣。此之謂士易致而難留也。[94]

《孟子‧離婁下》曰：「君之視臣如手足，則臣視君如腹心；君之視臣如犬馬，則臣視君如國人；君之視臣如土芥，則臣視君如寇讎。」[95]儒家君臣之禮是建立在相對尊重與禮遇上，君禮臣則臣敬君，君賤臣則臣仇君，故明君必為國選賢舉能，夫一士難求，必以其道，故君使臣必以禮求之，人君修之以德，外之以君行君容，君子自重而後人重之，乃可明察賢士而舉之，人君以德為政，人臣因德任事，君臣以德以能，是乃能以德化民，君臣共同造就道德世界，故君非為己求士，乃為天下求士。君待臣以禮，臣必感君之德，必任事以忠以報君之德，是謂「禮賢以養節」。故《孟子‧萬章》曰：「欲見賢人而不以其道，猶欲其入而閉之門也。夫義，路也；禮，門也。惟君子能由是路，出入是門也。」[96]此乃賈誼「刑不上大夫」之深義。〈官人〉曰：

> 王者官人有六等：一曰師，二曰友，三曰大臣，四曰左右，五曰侍御，六曰廝役。知足以為源泉，行足以為表儀，問焉則應，求焉則得；入人之家足以重人之家，入人之國足以重人之國者，謂之師。知足以為礱礪，行足以為輔助，仁足以訪議；明於進賢，敢於退不肖，內相匡正，外相揚美者，謂之友。知足以謀國事，行足以為民率，仁足以合上下之驩；國有法則退而守之，君有難

94　《新語校注》，頁 348。

95　《孟子》，頁 142。

96　同前注，頁 187。

　　則進而死之，職之所守，君不得以阿私託者，大臣也。[97]

　　王者官人非徒職事之臣，對象涵蓋師、友、大臣、左右、侍御、廝役等，師者知行可表，足以重國；友者可以輔仁進賢；大臣則以謀國職事，故人君依賢之不同意有不同之對待，故賈誼〈官人〉曰：「取師之禮，黜位而朝之。取友之禮，以身先焉。取大臣之禮，皮幣先焉。」[98]此論人君禮賢之道的不同展現，「取師之禮」人君當屈位而尊之；「取友之禮」人君當以身作則為先；「取臣之禮」人君當皮幣禮之為先。〈大政上〉曰：

> 人臣之道，思善則獻之於上，聞善則獻之於上，知善則獻之於上。夫民者，唯君者有之，為人臣者助君理之。故夫為人臣者，以富樂民為功，以貧苦民為罪。故君以知賢為明，吏以愛民為忠。[99]

　　此論人臣之道，人臣以思善、知善、聞善以獻於上為職任，人臣助君治理人民，以富民樂民為功，使民貧民苦為罪。君以知賢舉賢為君之任，臣以愛民忠君為臣之任，是乃君君臣臣各司其任。韓非論愛臣之道曰：「愛臣太親，必危其身；人臣太貴，必易主位；主妾無等，必危嫡子；兄弟不服，必危社稷。臣聞千乘之君無備，必有百乘之臣在其側，以徙其民而傾其國；萬乘之君無備，必有千乘之家在其側，以徙其威而傾其國。是以姦臣蓄息，主道衰亡。是故諸侯之博大，天子之害也；群臣

之太富，君主之敗也。」[100]法家的理論基礎在尊君，故君臣關係乃尊卑、上下的主僕關係，維持君臣的上下之序，國家才能穩定。賈誼顯然有意扭轉漢初承襲秦政以來的君尊臣卑的關係，提高大臣地位，改變君臣關係的內涵，不再是建立在法治上的上下關係，而是以德為基，以富民樂民為目的的禮治關係。至於人臣有過，賈誼主張「刑不上大夫」，即人臣犯罪不當以一般刑法待之，其〈階級〉曰：

> 古者，禮不及庶人，刑不至君子，所以屬寵臣之節也。古者大臣有坐不廉而廢者，不謂曰不廉，曰「簠簋不飾」；坐穢污姑婦姊姨母，男女無別者，不謂汙穢，曰「帷箔不修」，作罷軟不勝任者，不謂罷軟，曰「下官不職」。故貴大臣定有罪矣，猶未斥然至以呼之也，上遷就而為之諱也。故其在大譴大何之域者，聞譴何則白冠氂纓，盤水加劍，造請室而請其罪耳，上弗使執縛係引而行也。其中罪者，聞命而自弛，上不使人頸盭而加也。其有大罪者，聞令則北面再拜，跪而自裁，上不使人捽抑而刑也。曰：「子大夫自有過耳，吾遇子有禮矣。」遇之有禮，故羣臣自憙，屬以廉恥，故人務節行。上設廉恥禮義以遇其臣，而羣臣不以節行而報其上者，即非人類也。[101]

賈誼論「刑不上大夫」主要理由有：1.此本古禮以尊君子，以屬大臣之節操而來。2.古之貴臣有罪則尚尊而為之諱，其聞譴則自請其罪；中罪則自繫以請罪；大罪則再拜自裁謝罪，王何

100　《韓非子集釋·愛臣》，頁 60。
101　《新書校注》，頁 81-82。

須加刑而辱臣？以人臣之自許也高，行己有恥也。3.「刑不上大夫」，乃示君待臣以禮以德，不忍加罪於臣，人臣當感君德，益廉恥自守自厲，益敬事以忠，豈肯為非蹈罪以自辱。

孔子曰：「君使臣以禮，臣事君以忠」[102]君待臣以禮，乃禮賢之尊重，臣以賢而得君以禮相待，君需賢臣以輔政安民，故君臣乃因德因賢而相互禮敬。賈誼「刑不上大夫」之說，可謂儒家禮賢思想的落實，此乃建立在對人臣道德人格的尊重與禮遇，正是《論語‧為政》曰：「道之以德，齊之以禮，有恥且格」[103]的實現，此絕非人臣享特權，不受法令約束之意，而是在法令尚未執行之前，先期望當事人的知恥、改過，自請其罪，如此人臣當更為君所看重，當更為民之景仰。

五、興禮樂以教民

賈誼禮學思想落實在社會上乃為矯秦風之敗壞。其〈俗激〉曰：「今世以侈靡相競，而上無制度，棄禮義，捐廉醜，日甚，可為月異而歲不同矣。逐利乎不耳，慮念非顧行也。今其甚者，剄父矣，財大母矣，踝嫗矣，刺兄矣。盜者慮探柱下之金，剟寢戶之簾，搴兩廟之器，白晝大都之中，剽吏而奪之金。矯偽者出幾十萬石粟，賦六百餘萬錢，乘傳而行郡諸侯，此靡無行義之尤至者已。」[104]秦政最大的傷害是破壞人與人間的善意，嚴刑峻法以利害為賞罰的秦法，使人民惟以利害為念，棄禮義，

102　《論語‧八佾》，頁 30。
103　《論語》，頁 16。
104　《新語校注》，頁 91~92。

捐廉恥，以至於剄父、殺兄，白晝剽吏奪金，詐偽文書詔令以出倉粟，妄作賦斂，實無義之甚也。故賈誼嘆曰：「秦滅四維不張，故君臣乖而相攘，上下亂僭而無差，父子六親殃僇而失其宜，奸人并起，萬民離叛，凡十三歲而社稷為墟。」[105]秦政之亡正是國家沒有禮義廉恥四維之綱紀，無君臣之分，上下之序，失父子六親之愛，故奸人並起，萬民離叛。賈誼感嘆道：「夫移風易俗，使天下回心而鄉道，類非俗吏之所能為也。俗吏之所務，在於刀筆筐篋，而不知大禮。」[106]唯有「興禮樂以教民」，方能重建人與人的良善關係，故人君當以養民、恤民為本，先使民富而後教。〈禮〉曰：

> 禮，國有饑人，人主不饗；國有凍人，人主不裘；報囚之日，人主不舉樂。歲凶穀不登，臺扉不塗，榭徹干侯，馬不食穀，馳道不除，食減膳，饗祭有闕。故禮者，自行之義，養民之道也。受計之禮，主所親拜者二：聞生民之數則拜之，聞登穀則拜之。《詩》：「君子樂胥，受天之祐。」胥者，相也。祐，大福也。夫憂民之憂者，民必憂其憂；樂民之樂者，民亦樂其樂。[107]

法令是他律的強制規範，禮為自律的道德規範，對君而言，君知國之本在民，以民為念正是君之義，君發政以養民為先，以民之疾苦為念，甚至國有饑民則不忍食，國有死囚則無心於樂，能憂民之憂，樂民之樂，發政施仁以解民之所苦，正是「禮」

105　《新書校注》，頁92。
106　班固：《漢書卷四十八・賈誼傳第十八》，頁2245。
107　同注105，頁216。

尊重與善意的精神，君能解民之所苦，民自當會解君之所憂，
這正是「禮尚往來」的善意交流。〈禮〉又曰：「禮者，所以
節義而沒不邐，故饗飲之禮，先爵於卑賤，而後貴者始羞，殺
膳下浹而樂人始奏。觴不下徧，君不嘗羞；殺不下浹，上不舉
樂。故禮者，所以恤下也。」[108]此「饗飲之禮」君民共享共飲，
上下同樂之禮，正是「體恤下民」的精神。〈禮〉曰：

> 禮，聖王之於禽獸也，見其生不忍見其死，聞其聲不嘗
> 其肉，隱弗忍也。故遠庖廚，仁之至也。不合圍，不掩
> 羣，不射宿，不涸澤。豺不祭獸，不田獵，獺不祭魚，
> 不設網罟；鷹隼不鷙，雖而不逮，不出植羅；草木不零
> 落，斧斤不入山林；昆蟲不蟄，不以火田。不麛，不卵，
> 不刳胎，不殀夭，魚肉不入廟門，鳥獸不成毫毛不登庖
> 廚。取之有時，用之有節，則物蓄多。[109]

「禮」推己及人以至於博施濟眾，以恤民為先，推而廣之，
將至於仁民愛物，取物有節。《孟子‧盡心上》曰：「親親而
仁民，仁民而愛物」[110]，「禮」本人心之仁，仁心涵攝多廣，
「禮」的應用就有多廣，故「禮」以修身為本，推己及人，以
至於仁民愛物，莫不在「禮」的涵攝之下，故君子對於萬物當
「取之有時，用之有節」方能生生不息，此乃取物之道。擴而
大之，〈禮〉曰：「道德仁義，非禮不成；教訓正俗，非禮不
備；分爭辨訟，非禮不決；君臣、上下、父子、兄弟，非禮不

---

108 《新書校注》，頁215。
109 同前注，頁216。
110 《孟子》，頁244。

定；宦學事師，非禮不親；班朝治軍，蒞官行法，非禮威嚴不行；禱祠祭祀，供給鬼神，非禮不誠不莊。是以君子恭敬、撙節、退讓以明禮。」[111]此段與《禮記・曲禮》：「道德仁義，非禮不成，教訓正俗，非禮不備。分爭辨訟，非禮不決。君臣、上下、父子、兄弟，非禮不定。宦學事師，非禮不親。班朝治軍，蒞官行法，非禮威嚴不行。禱祠祭祀，供給鬼神，非禮不誠不莊。是以君子恭敬撙節退讓以明禮。」[112]一段文字全同，觀其前後文義，當是〈曲禮〉的作者承襲賈誼之作[113]。故賈誼論「禮」的範圍廣泛，舉凡道德的實踐、風俗的完備、司法紛爭的判定、君臣父子倫理之序、官制、軍事、祭祀，皆待「禮」的參與而完備，此乃賈誼期望將「禮」擴大至於社會各層面。

第四節　小　結

漢興至於賈誼始出現富漢代特色之禮學理論，賈誼禮學思想包括對秦政歷史反省，對漢初政治形勢的因應，以及對整個漢帝國長治久安制度的建構，賈誼的禮學思想規模，可謂「極廣大而盡精微」，以人文道德為內涵，擴及天道與人道，以君臣之修身、禮容為表現，以教化成俗為目標。就學術文化而言，賈誼的禮學思想吸收先秦儒家、道家、法家、陰陽家之說，透

111　《新語校注》，頁 214。
112　《禮記》，頁 14。
113　「〈賈誼論禮〉與《禮記・曲禮上》中的一段全同，由兩方此段上下相關的文字看，是〈曲禮〉取之於賈生的。」徐復觀：《兩漢思想史》，頁 142。

過對秦政得失的歷史反省，扭轉以法家為代表的秦文化方向，轉而以儒家仁義為本的人文禮樂方向，影響漢帝國的禮制擘劃深遠。

　　賈誼從秦盛衰的歷史教訓中省察到要治理天下需要「仁義之道」，「仁義之道」非立基於嚴刑峻法的恐懼之下，而是建立在「人與人能互信的合理的社會。而合理的社會，不是靠刑罰的威壓，要靠仁義之政及禮義的教養」[114]互信與合理正是儒家「仁義之道」的精神，儒家「仁義之道」的表現則為「禮治」。故由秦亡的功與過凸顯「禮」的重要。故漢承秦亂之後而起，賈誼重新再彰顯儒家重視的以民為本，人與人間以禮相待的人倫秩序，追求仁義的道德價值，扭轉秦之「法治」，回歸「禮法之治」。《漢書‧賈誼傳》曰：「夫禮者禁於將然之前，而法者禁於已然之後，是故法之所用易見，而禮之所為生難知也。若夫慶賞以勸善，刑罰以懲惡，先王執此之政，堅如金石，行此之令，信如四時，據此之公，無私如天地耳，豈顧不用哉？然而曰禮云禮云者，貴絕惡於未萌，而起教於微眇，使民日遷善遠罪而不自知也。孔子曰：『聽訟，吾猶人也，必也使毋訟乎！』為人主計者，莫如先審取舍；取舍之極定於內，而安危之萌應於外矣。安者非一日而安也，危者非一日而危也，皆以積漸然，不可不察也。人主之所積，在其取舍。以禮義治之者，積禮義；以刑罰治之者，積刑罰。刑罰積而民怨背，禮義積而民和親。故世主欲民之善同，而所以使民善者或異。或道之以德教，或驅之以法令。道之以德教者，德教洽而民氣樂；驅之以法令者，

---

114 徐復觀：《兩漢思想史》，頁 124~127。

法令極而民風哀。哀樂之感，禍福之應也。」[115]關於「禮」與
「法」之辨，《論語・為政》曰：「道之以政，齊之以刑，民免
而無恥；道之以德，齊之以禮，有恥且格。」[116]法治禁令在外
在行為上可一其民，使民不敢為惡，道德禮樂則在內在可使民
去惡從善。漢初學者陸賈、賈誼，論及秦政之失，皆批判秦政
徒以政以刑，以嚴刑峻罰收一時之效，但旋即分崩離析，民心
敗壞至極[117]，乃藉此歷史教訓以上諫君王，當從秦亡的教訓中
學習長治久安之道，回頭重新肯定儒家以德以禮之「禮治」主
張，才能真正防範於未然，故「禮」與「法」的結合，「禮治」
輔以「法治」，正是賈誼矯秦政之失而生的禮學主張。

　　陸賈在漢高祖劉邦面前論武力取天下乃「逆取」之道與仁
義治天下之「順守」之道，因而得到劉邦的信任；叔孫通楚漢
相爭期間，絕口不提仁義之事，但天下大定後乃制朝儀之禮，
得到劉邦肯定。故漢初儒者皆善於順應時勢，使儒者得以發揮
其影響力。賈誼禮學思想在因應時務方面，可分兩部分：1.是針
對天子與諸侯封國之間的緊張情勢，特別提出「眾建諸侯少其
力」得到文帝採用，以弱化諸侯王，當然劉姓諸王勢力危及王
室，這個問題直到景帝時才真正的解決，但賈誼實有卓見。2.
是嚴君臣之分；賈誼主張透過「異服色」、「更官制」以別君
臣之分，以別中央政府與地方諸侯王尊卑之別，內容包括旗章、
符瑞、禮寵、秩祿、冠履、衣帶、環珮、車馬、妻妾、澤厚、

115　班固：《漢書卷四十八・賈誼傳第十八》，頁 2253。

116　《論語》，頁 16。

117　「君臣乖而相攘，上下亂僭而無差，父子六親殃僇而失其宜，奸人并起，萬
　　民離叛，凡十三歲而社稷為墟。」《新書校注・俗激》，頁 92。

宮室、床席、器皿、食飲、祭祀、死喪皆有別異，皆有不同之
等級尊卑。賈誼倡「眾建諸侯少其力」與「嚴君臣之分」乃雙
管齊下，一是針對諸侯王的繼承制度上進行分化、削弱，一是
在禮制面上透過「制服色」、「更官制」等措施以推尊天子與
中央，以因應當時國家政治形勢。

　　賈誼禮學思想可謂延續漢初陸賈、叔孫通諸儒順應時勢、
以應時務的路線，從歷史經驗的教訓及因應時務的背景，提出
以秦為鑑，合「禮」與「法」以治國的主張，更推尊君王與中
央，在制度上「嚴君臣之分」，在手段上「眾建諸侯少其力」
以弱化地方諸侯國，終獲得君王信任，故漢儒至於賈誼才真正
進入漢王室權力核心得以參與制定國家政策。

　　就漢代國家禮制規劃而言，賈誼的禮學思想可謂「體大而
思精」，班固贊曰：「（賈誼）通達國體，雖古之伊、管，未
為遠過也。」[118]賈誼禮學思想落實在國政方面可分君、臣、民
三部分：君有君德、君容、君行及太子之教；臣有「刑不上大
夫」的禮遇；民則有「興禮樂以教民」的教化成俗主張。《論
語‧學而》曰：「君子不重則不威」[119]，賈誼擴之以為尊君之
禮，結合法家之「勢」與儒家之「德」與「禮」，將儒家「克
己復禮」的道德涵養與視聽言動的修養，以養成君王之「威儀」。
賈誼因應漢初中央與地方諸侯分立的政治形勢，他主張嚴尊
卑、別君臣，主張「尊君」。但賈誼的所尊之君王乃法家「嚴
君」與儒家「聖王」的綜合體，「嚴君」以勢以尊，「聖王」
以德以禮，敬臣愛民。故賈誼論君之禮，包括「君德」、「君

---

118 班固：《漢書卷四十八‧賈誼傳第十八》，頁 2265。
119 《論語》，頁 7。

行」、「君容」。「君德」的內涵是「道、仁、義、忠、信、密」六美，「君行」則落實為在位，施捨，進退，周旋，容貌，作事，德行，聲氣，動作，言語，承上，臨下等日常之行止。「君容」則有視容、言容、立容、坐容、行容、趨容、旋容、拜容、坐乘之容、立乘之容等。

　　若說叔孫通為漢高祖定朝儀以推尊天子之貴，則賈誼是在天子的內涵與行為上進一步的道德化、儒家化了。惟此「威儀」非以嚴刑峻法駕馭臣民之暴君，而是以道德為內涵，培養高尚的人文內涵為基礎，然後「發而中節」的言行舉止，以為臣民之表率，具儒家人文精神，在政治地位上又令人敬畏，乃融合儒法二家的君王形象。賈誼論君王之禮，甚至擴及儲君的養成教育。關於太子之教，筆者置於君王之禮的架構下來看，賈誼對君王的期許是具備「君德」、「君行」、「君容」之聖王，故太子教育的養成也以此為目標。太子之教可分外緣人、物與內在涵養兩部分實施：外緣環境包括人與環境，人的部分即與太子有關的人皆必須為性情和順、行為端正之正人君子，包括選擇家世孝悌、性情和順之妃子；胎教時太師、太宰、太卜及母親之行為皆當循禮而行；繈褓時有端士仁人孝子在側；初長時擇太保、太傅、太師，少保、少傅、少師之人，皆孝悌博聞之士，太子既冠成人，仍有「有司直之史，有徹膳之宰」。若貴為天子，則身邊尚有如周公、太公、召公、史佚等類諍臣以司規諫，是太子由受胎、胎教、出生、繈褓、受學、成年，所遇無不為正人端士，日受其身教影響，人格自然端正。

　　賈誼論太子養成之禮，就其內容而言，可謂儒家道德人格養成理論落實在儲君身上的成果，希冀改變秦以來君王以法術

勢為手段，追求富國強兵的君王特質。賈誼以儒家經典為教材，師友規諫，禮樂之行的教育的方式，透過人物、環境、經典、生活驗證來塑造一名道德人格的聖王，並期望藉由儲君的養成，以建設道德的國家，此為先秦儒家道德理想首次透過太子與君王，透過禮的實踐，由內在德性的培養至於外在行為的端肅。若說孔子的貢獻是將貴族之學推廣至平民教育，則賈誼的主張是將先秦儒家平民教育的成果，再一次回饋到菁英階層的養成，尤其是未來的帝王養成教育上，影響中國政治深遠。[120]

　　賈誼「更官制」的主張，除應天子與諸侯以「嚴君臣之分」的實務需要外，另一方面也站在國家長治久安的規劃藍圖上而言。徐復觀以為：「他（賈誼）把朝廷的政治結構，分為上、中、下三層。而把『大相』安置於三層之上。大相是『上承大義而啟治道，總百官之要，以調天下之宜。正身行，廣教化，修禮樂以美風俗，兼領而和一之，以合治安。故天下失宜，國家不治，則大相之任（責）也。』大相下面的三層結構是：由『大拂』『上執正聽』，他的責任是『秉義立誠，以翼上志，直議正辭，以持上行，批天下之患，匡諸侯之過。令或鬱而不通，臣或黶而不義，大拂之任也。』，由『大輔』『中執政要』，他的責任是『聞善則以獻，知善則以獻，明號令，正法則，頒度量，論賢良，次官職，以時順脩，使百吏敬率其業。故經業不衰，賢不肖失序，大輔之任也。』，『道行』、『調訊』、

<hr>

120 唐代教育太子制度，始創於唐太宗，所設「三師」、「三少」為保傅，「左右贊善」、「左右諭德」、「太子洗馬」等官職以司規諫，又輔當朝老臣、博學鴻儒、當代名臣為師友，此皆受賈誼太子之教說的影響。（參見孫鈺華、蓋金暐：〈略論唐太宗的太子教育〉《新疆師範大學學報》第 18 卷第 4 期，1997 年 10 月，頁 54-58)。

『典方』、『奉常』、『桃師』等『下執事職』，分管各種重要職務，其共同之點，是這些主官，皆具備與其職務相稱的道德水準，使其職務在合理的目的上運行。」[121]如徐氏所言，賈誼有其回歸儒家道德仁義主張的傾向。筆者以為賈誼「更官制」固然是為了當時天子諸侯制度疏闊之弊而生，其用心當藉此以更秦政之弊，不再以法家思想為官制根據，企圖以聞善、知善、行善為官之職志，以修禮樂教化，淳美社會風俗為志，此或其深意焉。

　　賈誼「刑不上大夫」之說，可謂儒家禮賢思想進一步落實，此乃建立在對人臣道德人格的尊重與禮遇，絕非人臣享特權，不受法令約束之意，而是在法令尚未執行之前，先期望當事人的知恥、改過，自請其罪，乃是為臣之道的自我期許。

　　針對社會風氣敗壞，賈誼主張「興禮樂教化」。賈誼感秦政之弊，除嚴刑峻法、窮兵黷武外，最大的傷害是破壞人與人的善意，使得人與人間徒以利害相爭，故主張禮樂教化落實於社會以教化民心，企圖以「禮」重建道德仁義的價值觀，以禮導正侈靡之風，以禮解決民之紛爭興訟，以禮整頓吏治，朝綱，治軍，甚至擴及家庭父子兄弟之倫，禱祠祭祀之禮，無不為禮之範圍，其企圖透過禮教，建立禮治社會，賈誼認為禮樂教化正是要移風易俗，使民風向道，賈誼此說影響漢代社會風俗深遠。林聰舜論賈誼的禮學成就：「（賈誼）在政治秩序上，他想藉著『禮』建立以尊君為核心的秩序，並解決諸侯王僭越的問題，完成中央集權的目標。在社會秩序上，他想藉著『禮』

---

121 徐復觀：《兩漢思想史》，頁134。

標示社會等級，確立貴賤尊卑；並向藉著風俗的整頓，達到移風易俗的目的。在經濟秩序上，他想透過『禮』的規範力量，節制富商大賈，壓抑他們膨脹的影響力，解決饑貧與姦詐日繁的問題。尤有進者，賈誼更想藉著『禮』對社會秩序做一根源性的改造，把俗世世界改進成合乎文化秩序的世界。」[122]林氏所論宏觀中肯地展現賈誼禮學思想的諸面相，誠然賈誼禮學思想乃為因應漢初現實政治、社會與經濟情勢而生。但賈誼的禮學思想也具有很強烈的理想性格，即為建立漢代社會為長治久安的禮樂社會理想，故注重君王的品德，重視太子的養成教育，激勵大臣的節操，在社會風俗上以禮樂興教，都可以放在這樣的理想性架構下來看，可看出賈誼禮學思想奠定漢帝國禮制規模的先驅地位。

　　賈誼頗通諸子百家之學[123]，其禮學思想的天道論可謂結合儒、道、法三家之說，所謂「禮者，體德理而為之節文，成人事」甚具特色。天地萬物始於「道」，論述卻以「德」為主，「德」的內涵為「六理」，「六理」為「道、德、性、神、明、命」，人發而為「六行」「仁、義、禮、智、信、樂」。故「禮」本於「六理」而來，「六理」則本於天道而生，「禮」本於天，乃成為天與人之間的連結與表現，此可見賈誼吸收道家天道觀，以「道」為「禮」之始源，但卻以儒家的價值觀「德」為主體，以「仁、義、禮、智、信、樂」為實踐，而以法家之規

122　林聰舜：《漢代儒學別裁：帝國意識型態的形成與發展》，頁132。
123　「孝文皇帝初立，聞河南守吳公治平為天下第一，故與李斯同邑而常學事焉，乃征為廷尉。廷尉乃言賈生年少，頗通諸子百家之書。」司馬遷：《史記卷八十四・屈原賈生列傳第二十四》，頁1007。

範以約束，表現漢初融合諸子思想的特色。

　　杜琦以為：「賈誼的哲學思想積極吸收了道、儒、法三家思想之精華，他以道家的『道』為形上本體立基，通過『道』、『虛』、『術』三者之間的關係，在『道』的格架下融入道、儒、法的內容，把道家道的虛、靜落實到了儒、法兩家的仁、義、禮、智、信、公、法上，把道家的抽象的道與儒、法的社會宗法人倫日用聯繫起來，貫通了道、儒、法三家的思想。他借用道家的『道』，以道為本體，由形上到形下，從虛無到實有，創生萬物，打通了陰陽、天地、人。其思想既有形上的建構，又有形下的完善，由此創造了一個完整的哲學理論體系。[124]」賈誼吸收道家的本體義，但不強調形上本體義，更重視萬物「德」之內涵，並以儒家「仁」「義」「忠」「信」為「德」的表現，是由陰陽氣化之道以論人道之禮的建立，吸收道家與陰陽家氣化思想，以補強儒家仁、義、忠、信之形上根源義，是將儒家的道德義賦予天道根源，反映漢初儒道思想合流的特色。

　　賈誼對「禮」的天道論思想，在理論上補強了《荀子・禮論》的不足。荀子以「禮」乃是人性欲望的節制與合理分配的問題，欠缺「禮」的天道根源義，「禮」遂偏向於「法」，下開韓非、李斯之法家思想。賈誼由「道」下「德」而落於「禮」的理論模式，使「禮」的道德內涵在天道義上得到貞定，此乃賈誼之創見。

　　但審視賈誼的禮學思想在天道論上的影響，卻沒有董仲舒將「禮」建立在天人相應說來的影響深遠，何也？筆者以為董

124　杜琦：〈淺論賈誼的哲學思想〉《長春工業大學學報（社會科學版）》第 25 卷第 2 期 2013 年 3 月，頁 2。

仲舒以天子承天命制禮作樂，《春秋繁露・奉本》曰：「禮者，繼天地，體陰陽」[125]將「禮」之本乃應於天地、陰陽，天人理論簡捷明白。反觀賈誼所論「道」乃生物之始，「德」乃物之內涵，「德」有道、德、性、神、明、命之「六理」，其在人，發而為仁、義、禮、智、信、樂之「六行」，故人當行「六行」以合「六理」乃為有德乃合於天道，其理論太過曲折艱澀。賈誼天道論其說有其創見，但影響力卻不及董仲舒天人相應說，恐與其理論艱澀曲折有關。

此外，賈誼承襲漢初陸賈、叔孫通尊君的方向，將君王之尊又推進一步，陸賈在思想上啟蒙高祖劉邦以仁義，叔孫通在朝儀上使君王最為天下貴，賈誼因應漢初中央與地方諸侯的緊張，而倡「嚴君臣之分」，並強調君王具備品德內涵與禮容表現的「聖王」形象，都不斷在強化尊君思想，這樣的發展固然使得儒者得到君王的信任，得以參與國政，另一方面，卻也使得漢代禮學思想的發展漸傾向君王一面，使得禮學思想發展具權威化傾向，先秦儒家表現屬於個人之禮的道德性與獨立性便漸泯沒。

125　《春秋繁露義證・奉本》，頁275。

第五章　《淮南子》的禮學批判與不足

第一節　前　言

　　《淮南子》乃淮南王劉安集門下賓客合著而成，其思想龐雜[1]，班固《漢書·藝文志》歸「雜家」[2]，高誘以其思想近老子[3]，學者或以為道家[4]，陳麗桂以《淮南子》為漢初黃老思想集大成者[5]。筆者以為《淮南子》非雜家而是以道家為基礎，表現

1　「天下方術之士多往歸焉。於是遂與蘇飛、李尚、左吳、田由、雷被、毛被、伍被、晉昌等八人，及諸儒大山、小山之徒，共講論道德，總統仁義，而著此書。其旨近《老子》，淡泊無為，蹈虛守靜，出入經道。」劉文典：《淮南鴻烈集解·敘目·高誘序》，頁2。
2　班固：《漢書·藝文志》，頁1742。
3　高誘：「（淮南子）其旨近老子，淡泊無為，蹈虛守靜，出入經道。」《淮南鴻烈集解·敘目·高誘序》，頁2。
4　熊鐵基以為「新道家」，見熊氏《秦漢之際新道家略論稿》，頁104-119。陳德和則名為「淮南道家」，並說它最合乎司馬談〈論六家要旨〉中道家「因陰陽之大順，采儒墨之善，撮名法之要」之要件者。《淮南子的哲學》，頁195。
5　陳麗桂：「其實，除了黃老帛書、《管子》四篇和申、慎、韓諸人的著作之外……下迄《呂氏春秋》和《淮南子》，黃老道家思想理論益臻完備，終於在前漢七十年的政治上實際操作成功，其具體的理論結晶便是兼具集黃老思想與西漢學術思想大成雙重身分的《淮南子》二十一篇。」陳麗桂：《戰國時期的黃老思想》，頁4。

漢代黃老思想特色，自成一家之言，有其一貫體系並非龐雜不
純[6]。以下論《淮南子》[7]禮學思想內容分：氣化人物觀，禮之緣
起，對儒家之禮的批判，因性制禮，參五之道以制禮樂等幾個
面向析論之：

第二節　《淮南子》的氣化人物觀

　　《淮南子》禮學思想依據在氣化宇宙論，其論「道體」少
論抽象絕對之本體，乃以氣化思想詮釋天地為一氣，由氣化論
人、物之生，人與物皆同源一氣，但人與物氣化成形的內涵又
有精氣、煩氣之別，精氣乃形氣神俱足，煩氣則惟形氣而已，
人之所貴便在保其神氣而不失。就禮學思想而言，《淮南子》
的最高本體不在「禮」而在「道」，道體的運行規律與人之回
應道體乃《淮南子》之首重，「禮」則是人回歸道體的工具義
而已，故《淮南子》的氣化思想實為其禮學思想的形上依據。

---

6 「淮南子書中，基本思想為道家思想，治國化俗的思想則是儒家的仁義道德。
　作書的人，又不是一個人，每個人又有自己的思想。劉安沒有創立一個思想系
　統，也沒有自己按照一個中心思想把全書修改，他尊重各篇作者的意見，全書
　便成了一本龐雜不純，道儒方術混合的書。」羅光：《中國哲學思想史》，頁550。
7 《淮南子》二十一篇，本名《鴻烈》，漢淮南王劉安招致賓客所成，又名《淮
　南子》或《淮南鴻烈》，漢高誘注最早。本文版本採用劉文典：《淮南鴻烈集
　解》，臺北：文史哲，1992。

一、精氣為人，煩氣為蟲

> 古未有天地之時，惟像無形，窈窈冥冥，芒芠漠閔，澒
> 蒙鴻洞，莫知其門。有二神混生，經天營地，孔乎莫知
> 其所終極，滔乎莫知其所止息，於是乃別為陰陽，離為
> 八極，剛柔相成，萬物乃形，煩氣為蟲，精氣為人。[8]

　　老子多論道體，少論「精」與「神」，《老子·第二十一章》：
「道之物，唯恍唯忽。忽乎，恍乎，中有象乎。恍乎，忽乎，
中有物乎。幽乎，冥乎，中有情乎。其情甚真，其中有信。」[9]老
子論道體其中有象、有物、有情、有信，乃具創生之內涵。《淮
南子·精神》論道體無形乃承老子之說，但漸別為陰陽、八極、
剛柔而有萬物之生，煩氣生為萬物，精氣生為人，乃吸收戰國
以來陰陽氣化思想，更具體論及人與萬物之創生內涵與過程。
陳鼓應曰：「《淮南子》還吸收了稷下道家的精氣說，認為生物
由氣產生，氣又有精粗之分……這顯然是脫胎自《管子·內業》
『天出其精，地出其形』的說法，至於『精神入其門，而骨骸
反其根』則是對人死亡後歸返天地的說明，實質上與莊子以死
生為一氣之聚散的理論相同。」[10]陳氏論《淮南子》「精氣說」
乃吸收稷下道家思想，氣中有精粗，精氣為人，煩氣為蟲林鳥獸。
　　「煩氣為蟲，精氣為人」有二點意義：1.人與萬物皆為氣化

8　《淮南鴻烈集解·精神》，頁218。
9　陳錫勇先生：《老子釋義·第二十一章》，頁54。
10　陳鼓應：〈從《呂氏春秋》到《淮南子》論道家在秦漢哲學史上的地位〉，收
　　入《國立臺灣大學文史哲學報》第52期，頁81。

而生，不管煩氣或精氣其本質皆為氣，仍延續先秦道家強調人
與萬物之一體性。2.人與物雖為氣化所生，「精氣」與「煩氣」
畢竟不同，是又主人禽之別，而以人為貴，似人與物在先天本
質上仍有尊卑之別，此〈精神〉篇所論有別於先秦道家之處。
李增以為：「淮南子提出氣論，而使道有所乘而落實，以陰陽
說而使道有其活力生機，以萬物而使道之理現。倘若道脫離氣、
陰陽、萬物，則道無所立足。如此淮南子以道生氣、陰、陽、
萬物之過程闡釋老子的道生一、二、三，並且解釋了莊子的有
始無終之辯式，遂使老莊道生萬物極為抽象之理論踏了實。」[11]
李氏論《淮南子》氣論則就其「道體」之落實面而言。〈精神〉
篇論人與萬物同氣異質的主張，可視為先秦道家論人、物之辨
的進一步發展，不惟強調人與物的一體同源性，也強調人與萬
物的獨特性。但以「精氣」與「煩氣」在氣化內涵差異上作人
禽之辨乃其特色，至於「精氣」與「煩氣」的差異何在？

二、精氣、煩氣之辨

　　夫形者，生之舍也；氣者，生之元也；神者，生之制也。
　　一失位，則三者傷矣。是故聖人使人各處其位，守其職，
　　而不得相干也。故夫形者非其所安也而處之則廢，氣不
　　當其所充而用之則泄，神非其所宜而行之則昧。此三者，
　　不可不慎守也。夫舉天下萬物，蚑蟯貞蟲，蠕動蚑作，
　　皆知其所喜憎利害者，何也？以其性之在焉而不離也。

---

11 李增：《淮南子哲學思想研究》，頁79。

忽去之，則骨肉無倫矣。今人之所以眭然能視，螢然能
聽，形體能抗，而百節可屈伸，察能分白黑、視醜美，
而知能別同異、明是非者，何也？氣為之充，而神為之
使也。何以知其然也？凡人之志各有所在而神有所系
者，其行也，足蹪趎埳、頭抵植木而不自知也，招之而
不能見也，呼之而不能聞也。耳目非去之也，然而不能
應者，何也？神失其守也。[12]

　　此論人物之內涵差異，可解讀為「精氣」與「煩氣」之異。
人的內涵有三部分：形、氣、神。「形」者為生之所在，是為
軀殼；「氣」為生之元，充於軀殼之內者，是為血氣；「神」
為生之宰制，則為形氣之主宰，包括人之感官、美醜的審美感
受、同異的認知分析、是非的道德判斷等，皆以「神」為之主，
故「精氣為人」的內涵正是有形、氣、神，而尤以人之具神為
主故為貴。萬物蚑蟯貞蟲，則會蠕動蚑作，以其徒有形氣之性，
而無「神」在其中，故煩氣為蟲的內涵是徒具形、氣而已。

　　〈原道〉篇論人、物之生亦以氣化思想論之，較〈精神〉
篇所論「精氣煩氣」之別又更精析，即元氣之精者創生人，元
氣之煩者創生蟲魚鳥獸，人之精氣內涵為形、氣、神兼具，故
能感知判斷，蟲魚鳥獸之煩氣內涵則徒具形、氣，只能感知利
害，不能判斷是非，此乃人之精氣與物之煩氣的內涵差異。

12　《淮南鴻烈集解・原道》，頁39-40。

三、人者，神氣不蕩於外

　　人當慎守其形、氣、神而不失，〈原道〉曰：「聖人將養其神，和弱其氣，平夷其形，而與道沈浮俛仰。」[13]正是《淮南子》追求的最高修養。〈俶真〉曰：

> 古之人有處混冥之中，神氣不蕩於外，萬物恬漠以愉靜，攙槍衡杓之氣莫不彌靡，而不能為害。當此之時，萬民猖狂，不知東西，含哺而游，鼓腹而熙，交被天和，食于地德，不以曲故是非相尤，茫茫沈沈，是謂大治。於是在上位者，左右而使之，毋淫其性；鎮撫而有之，毋遷其德。是故仁義不布而萬物蕃殖，賞罰不施而天下賓服。其道可以大美興，而難以算計舉也。是故日計之不足，而歲計之有餘。夫魚相忘於江湖，人相忘於道術。古之真人，立於天地之本，中至優游，抱德煬和，而萬物雜累焉，孰肯解構人間之事，以物煩其性命乎？[14]

　　《莊子‧馬蹄》曰：「夫赫胥氏之時，民居不知所為，行不知所之，含哺而熙，鼓腹而遊，民能以此矣。及至聖人，屈折禮樂以匡天下之形，縣跂仁義以慰天下之心，而民乃始踶跂好知，爭歸於利，不可止也。此亦聖人之過也。」[15]道家認為上古之民純樸自足，無所機心，後世聖人制禮樂仁義，開啟民智，

13　《淮南鴻烈集解》，頁42。
14　同前注，頁48-50。
15　《莊子集釋》，頁341。

民乃日逐利相爭，民心日衰，此乃道家對文明弊病與儒家仁義禮樂主張的批判。〈俶真〉承此意而融入形、氣、神概念，主上古之時，人民純樸，故能保全形、氣、神渾然不失，乃能交感於天地之和德，故上位者治天下，不淫其性，不遷其德，不施刑罰，仁義賞罰不必行，天下自然賓服是謂大治。後世人心爭名逐利，神氣蕩逐於物，遂失其性情之樸，故人之天性之全乃以形、氣、神之保全為先，乃能全其性命之德。

第三節　禮乃衰世之造，末世之用

　　《淮南子》論「禮」之生乃屬第二義，「尊道貴德」得其人性之樸乃其第一義，「禮」乃救衰世人心之敗而生，而今世之亂甚至連「禮」之救敗的第二義都喪失了。〈本經〉曰：

> 古之人，同氣於天地，與一世而優游。當此之時，無慶賀之利，刑罰之威，禮義廉恥不設，毀譽仁鄙不立，而萬民莫相侵欺暴虐，猶在于混冥之中。逮至衰世，人眾財寡，事力勞而養不足，於是忿爭生，是以貴仁。仁鄙不齊，比周朋黨，設詐諝，懷機械巧故之心，而性失矣，是以貴義。陰陽之情，莫不有血氣之感，男女羣居雜處而無別，是以貴禮。性命之情，淫而相脅，以不得已，則不和，是以貴樂。是故仁義禮樂者，可以救敗，而非通治之至也。夫仁者，所以救爭也；義者，所以救失也；

　　禮者，所以救淫也；樂者，所以救憂也。[16]

　　論上古同氣於天地，禮義不設，逮至衰世，人心機巧，禮樂乃起而救敗，此說重點：1.「同氣於天地」乃氣化思想天地一氣的主張，上古人本形、氣、神兼具，人與天地同德同樸，渾然同化，無須慶賞刑罰，禮義不設。2.衰世人眾財寡，無以為養，故忿爭乃生，民懷機巧，乃有仁義之生；男女雜處，民相淫樂，乃有禮樂之防。仁義禮樂的產生，乃為救治衰世人心而起。3.〈本經〉肯定仁義禮樂在衰世的作用，雖然仁義禮樂比不上太古人心之樸，但卻是衰世不得已的救敗之方。〈本經〉主張衰世之生才是人心不古的禍源，仁義禮樂乃因應衰世人心而生，不得不有的因應。〈謬稱〉則由上世、中世、末世論道、德、仁、義之內涵，其曰：「道者，物之所導也；德者，性之所扶也；仁者，積恩之見證也；義者，比于人心而合於眾適者也。故道滅而德用，德衰而仁義生。故上世體道而不德，中世守德而弗壞也，末世繩繩乎唯恐失仁義。君子非仁義無以生，失仁義，則失其所以生；小人非嗜欲無以活，失嗜欲，則失其所以活。故君子懼失仁義，小人懼失利。觀其所懼，知各殊矣。」[17]「道」為最高主體，上世之人體道；「德」乃人性之內涵，中世之人守德；「仁」為人心之積恩，施恩之所積，末世之人以仁義為繩；「義」乃群、己之所適行。上古之民體道純樸，中世之民守德不失，末世之民乃以仁義與嗜欲之別區分君子、小人。

　　〈齊俗〉則分古之民，禮義之生，今世之禮三階段論之，

16　《淮南鴻烈集解》，頁250。
17　同前注，頁319。

其曰：「夫禮者，所以別尊卑，異貴賤；義者，所以合君臣、父子、兄弟、夫妻、朋友之際也。今世之為禮者，恭敬而忮；為義者，布施而德。君臣以相非，骨肉以生怨，則失禮義之本也，故搆而多責。……古者，民童蒙不知東西，貌不羨乎情，而言不溢乎行。其衣致暖而無文，其兵戈銖而無刃，其歌樂而無轉，其哭哀而無聲。鑿井而飲，耕田而食。無所施其美，亦不求得。親戚不相毀譽，朋友不相怨德。及至禮義之生，貨財之貴，而詐偽萌興，非譽相紛，怨德竝行。於是乃有曾參、孝己之美，而生盜蹠、莊蹻之邪。故有大路龍旂，羽蓋垂緌，結駟連騎，則必有穿窬拊楗，抽箕踰備之姦；有詭文繁繡，弱緆羅紈，必有菅屨跐跨，短褐不完者。故高下之相傾也，短脩之相形也，亦明矣。」[18]古之民鑿井而飲，耕田而食，民樸而美；後世禮義之生，雖有曾參之孝，亦有盜蹠、莊蹻之邪；今世之禮更失禮義之本，以至君臣相非，骨肉生怨，而失禮義之本。〈齊俗〉雖亦有上古為貴的主張，但肯定「禮」可以別尊卑貴賤；「義」可以合君臣、父子、兄弟、夫妻、朋友之分際，肯定禮義對社會人倫的規範作用。惟〈齊俗〉篇特別點出「今世之禮」的問題，上古乃至德之世，中世、衰世不得已而用禮義，今世更甚，君臣相非，骨肉相怨，連禮義之本都守不住。故主張今世當先回復禮義之本，先恢復君臣、父子、兄弟、夫婦、朋友之禮，再進一步回歸上古之樸。

　　《老子·第三十八章》曰：「失道而後德，失德而後仁，失

18　《淮南鴻烈集解》，頁343-345。

仁而後義，失義而後禮。夫禮者，忠信之薄也而亂之首也。」[19]
「道」、「德」、「仁」、「義」、「禮」的本質皆為體「道」
而設，惟人心之「德」隨時代變遷日漸失落，離「道」漸遠，
逐欲不返，不得已乃有「仁」、「義」、「禮」之自守因應，
故世亂之首並非「禮」之所生，實因人心「忠信之薄」所致。
而據〈本經〉、〈謬稱〉、〈齊俗〉諸篇所論仁義禮樂的產生，
亦皆由人類文明的發展史觀論之，或言上古、衰世，或言上古、
中世、衰世、今世等不同階段，但人類文明的發展日趨人眾財
寡、懷機詐之心，遂人心衰敗，失其天性之德而不返。故仁義
禮樂乃應衰世人心而設，故仁義禮樂乃救敗之方，為回歸大道
之治、救人心之敗的途徑。

　　《淮南子》論「禮樂之生」與戰國時期莊子後學論「禮樂
之生」已有很大不同。《莊子‧馬蹄》論禮樂之生，曰：「夫
至德之世，同與禽獸居，族與萬物並，惡乎知君子小人哉！同
乎无知，其德不離；同乎无欲，是謂素樸；素樸而民性得矣。
及至聖人，蹩躠為仁，踶跂為義，而天下始疑矣；澶漫為樂，
摘僻為禮，而天下始分矣。故純樸不殘，孰為犧尊！白玉不毀，
孰為珪璋！道德不廢，安取仁義！性情不離，安用禮樂！五色
不亂，孰為文采！五聲不亂，孰應六律！夫殘樸以為器，工匠
之罪也；毀道德以為仁義，聖人之過也。」[20]言上古至德，民樸
自性，禮樂不用，及至聖人制禮樂仁義之道，民遂爭於名利不
止，是乃聖人之過。戰國莊子後學對禮樂之生採否定批判角度，
以為禮樂之起乃屈折人身，扭曲人性，使民爭利欺詐，甚至嚴

---

19 《老子釋義》，頁88。
20 《莊子集釋》，頁336。

屬批判「毀道德以為仁義，聖人之過」。《淮南子》顯然較為緩和，甚至部分肯定禮樂對衰世人心有其維繫社會的貢獻與價值，這樣的差異自然與二者所處的時代、社會環境不同有關。〈齊俗〉論「仁義禮樂」四者乃衰世之造、末世之用。

> 率性而行謂之道，得其天性謂之德。性失然後貴仁，道失然後貴義。是故仁義立而道德遷矣，禮樂飾則純樸散矣，是非形則百姓眩矣，珠玉尊則天下爭矣。凡此四者，衰世之造也，末世之用也。[21]

　　〈齊俗〉言率性而行是道，乃從先天本體面說，順其道體所賦予天性之形氣神而行謂之道；得其天性為德，乃從後天實踐面說，保其天性之形氣神而不失謂之德，「尊道貴德」本道家一脈之心傳，〈齊俗〉亦以「尊道貴德」之價值為貴。至於後世，隨時代演進而人心陷溺，遂失「性」與「德」，乃立仁義之道與禮樂之飾，故「禮」之生乃應衰世之造、末世之用而設。

　　上述《淮南子》諸篇論「禮」之生有幾點特色：1.上古之禮無所用，以上古人心純樸，無須用禮，乃理想世界。2.中世、衰世人心日詐，遂有「禮」之產生，仁義禮樂之制乃應衰世而起，救敗壞人心而設，使人倫之君臣、父子、夫婦、兄弟有其序。3.今世之禮其況尤下，君臣、父子、夫婦、兄弟之禮更失其本意，恭敬而偽，布施而德，故君臣相非，父子相怨，大失禮之本。4.《淮南子》論「禮」之生乃屬第二義，「尊道貴德」得其人性

---

21 《淮南鴻烈集解》，頁343。

之樸乃其第一義，「禮」乃救衰世人心之敗而生，而今世之亂
甚至連「禮」之救敗的第二義都喪失了。

第四節　對儒家之禮的批判

　　《淮南子》諸篇對儒家之禮的批判，主要反對「禮」的永
恆性，反對拘守鄒、魯之禮的權威，反對復古守舊之禮。主張
「禮」當具多元性，並提出「禮」當本於人性、人情之真，並
提出「禮因人情而為之節文」的禮學主張。

一、禮因時而制

　　《論語‧為政》曰：「殷因於夏禮，所損益可知也；周因
於殷禮，所損益可知也；其或繼周者，雖百世可知也。」[22]主張
夏商周三代之禮有其因革損益，有所因襲也有所損益，因襲者
自有其一貫性，損益者自有其特殊性。就其因襲面而言，其後
百世亦可知，此指禮樂內在仁義內涵的永恆性。〈氾論〉、〈齊
俗〉則主張「禮」乃因時制宜而設，反對「禮」有其永恆性的
主張。〈氾論〉曰：

> 古之制，婚禮不稱主人，舜不告而娶，非禮也。立子以
> 長，文王舍伯邑考而用武王，非制也。禮三十而娶，文
> 王十五而生武王，非法也。夏后氏殯於阼階之上，殷人

22　《論語》，頁19。

殯於兩楹之間，周人殯於西階之上，此禮之不同者也。
有虞氏用瓦棺，夏后氏堲周，殷人用槨，周人牆置翣，
此葬之不同者也。夏后氏祭于闇，殷人祭于陽，周人祭
於日出以朝，此祭之不同者也。堯《大章》，舜《九韶》，
禹《大夏》，湯《大濩》，周《武象》，此樂之不同者也。
故五帝異道而德覆天下；三王殊事而名施後世。此皆因
時變而制禮樂者。……先王之制，不宜則廢之。末世之
事，善則著之，是故禮樂未始有常也。[23]

　　〈氾論〉由夏商周三代婚、殯、葬、祭，用樂之不同，說
明三代禮樂的差異性，實乃針對孔子主張「禮」具永恆性的說
法提出質疑，而主張因時變而制禮樂，禮樂沒有永恆性，只有
因時而制宜的特殊性，此由婚、殯、葬、祭諸禮的時代差異性
可以表現出禮樂的因時變動性。〈齊俗〉曰：「所謂禮義者，
五帝三王之法籍風俗，一世之迹也。譬若芻狗土龍之始成，文
以青黃，絹以綺繡，纏以朱絲，尸祝袀袨，大夫端冕，以送迎
之。及其已用之後，則壤土草芥而已。夫有孰貴之！故當舜之
時，有苗不服，於是舜修政偃兵，執干戚而舞之。禹之時，天
下大雨，禹令民聚土積薪，擇丘陵而處之。武王伐紂，載尸而
行，海內未定，故不為三所之喪始。禹遭洪水之患，陂塘之事，
故朝死而暮葬。此皆聖人之所以應時耦變，見形而施宜者
也。……夫以一世之變，欲以耦化應時，譬猶冬被葛而夏被裘。
夫一儀不可以百發，一衣不可以出歲。儀必應乎高下，衣必適
乎寒暑。是故世異則事變，時移則俗易。故聖人論世而立法，

---

23 《淮南鴻烈集解》，頁 424-426。

隨時而舉事。尚古之王，封於泰山，禪於梁父。七十餘聖，法度不同，非務相反也，時世異也。」[24]〈齊俗〉主張禮義乃五帝三王一世之法，不足以為萬世之法。舜、禹、武王各因時而施宜，亦不妨害其為聖王，是以世代異則禮制變，〈齊俗〉從不同時代所處不同環境，論述五帝三王各有其不同時空與挑戰須因應，遂制定出不同禮樂制度。〈氾論〉由同一禮的時代演變呈現差異性，說明禮的變動；〈齊俗〉由不同時空環境創生不同禮制來說明禮的變動性，二者論說主體雖不同，卻同時主張「禮」不具超越時空的永恆性，僅具因時制宜性。

二、豈必鄒、魯之禮之謂禮

> 魯國服儒者之禮，行孔子之術，地削名卑，不能親近來遠。越王勾踐劗髮文身，無皮弁搢笏之服，拘罷拒折之容，然而勝夫差於五湖，南面而霸天下，泗上十二諸侯皆率九夷以朝。胡、貉、匈奴之國，縱體拖髮，箕倨反言，而國不亡者，未必無禮也。楚莊王裾衣博袍，令行乎天下，遂霸諸侯。晉文君大布之衣，牂羊之裘，韋以帶劍，威立於海內。豈必鄒、魯之禮之謂禮乎！[25]

所謂「鄒、魯之禮」乃指鄒魯之地，即孔、孟儒家之禮，指儒者以鄒、魯之禮為宗，以鄒、魯之禮作為判斷文明與否的標準。〈齊俗〉主張禮樂因時而生，也因地而異，魯國行孔子

24　《淮南鴻烈集解》，頁 359-361。
25　《淮南鴻烈集解‧齊俗》，頁 355-356。

之道卻日衰；越王勾踐無儒服，無禮容，卻霸天下；胡貉匈奴
蠻夷之國，國亦不亡；楚莊王裾衣博袍，令行天下；晉文君大
布之衣，威立海內諸例，乃說明鄒、魯之禮並非唯一的文明價
值標準，此乃要打破儒家以鄒、魯之禮為文化價值的權威主張。
反對以鄒魯之禮為價值權威的同時，〈齊俗〉肯定越國劗髮文
身之俗，以胡、貉、匈奴未必無禮，肯定楚莊王裾衣博袍，晉
文君大布之衣等異國服制，以上諸國雖非行鄒、魯之禮，行孔
子之術，卻令行天下、威立海內，此乃在價值觀上反對儒家之
禮的權威性，強調異國異俗也有其價值，並非以鄒、魯之禮為
唯一價值。

　　其次，〈齊俗〉也對儒家之禮的內容批評，曰：「夫三年
之喪，是強人所不及也，而以偽輔情也。三月之服，是絕哀而
迫切之性也。夫儒、墨不原人情之終始，而務以行相反之制，
五縗之服，悲哀抱於情，葬薶稱於養，不強人之所不能為，不
絕人之所能已，度量不失於適，誹譽無所由生。」[26]就「喪禮」
而言，儒家主厚葬久喪，墨家主薄葬，〈齊俗〉皆有所批判，
批判的依據分內在人性之情感與外在物質條件二方面論之，對
儒家的批判在於「厚葬」與「三年之喪」，「厚葬」是不考慮
每個人的財力，「三年之喪」則是不考慮個別性，於是強人所
難，甚至為迎合社會期待，乃以虛偽取代真情。墨家主張「薄
葬」則是另一種強制性，若發於真情又財力允許，何必一定薄
葬呢？故〈齊俗〉批判儒家於「禮」過繁，批判墨家於「禮」
又過簡，就「喪禮」而言，〈齊俗〉主張以悲哀適情，於葬薶

---

26 《淮南鴻烈集解》，頁356。

之具要稱力而為。〈齊俗〉刻意打破鄒、魯之禮的文化權威，
主張文化價值的多元意義，更進而批評儒家之禮本身的虛偽性
與強人所難的強制性，皆是對儒家之禮的批判。

三、禮不必法古，不必循舊

> 聖人制禮樂，而不制於禮樂。治國有常，而利民為本；
> 政教有經，而令行為上。苟利於民，不必法古；苟周於
> 事，不必循舊。夫夏、商之衰也，不變法而亡；三代之
> 起也，不相襲而王。故聖人法與時變，禮與俗化。衣服
> 器械各便其用；法度制令各因其宜。故變古未可非，而
> 循俗未足多也。百川異源而皆歸於海；百家殊業而皆務
> 於治。[27]

《論語‧八佾》曰：「周監於二代，郁郁乎文哉！吾從周。」[28]
主張當復周文之古，〈氾論〉則批判儒家復古之說，主張聖人
制禮樂乃以利民為本，不必法古，不必循舊，當因時制宜，各
便其用，強調禮樂的因時變通，法古或革新當以利民便民為判
準。故因應時代，環境，民心，民俗更甚於復古。〈齊俗〉亦
曰：「入其國者從其俗，入其家者避其諱，不犯禁而入，不忤
逆而進，雖之夷狄徒保之國，結軌乎遠方之外，而無所困矣。
禮者，實之文也；仁者，恩之效也。故禮因人情而為之節文，

27　《淮南鴻烈集解‧氾論》，頁 426-427。
28　《論語》，頁 28。

而仁發忻以見容。禮不過實，仁不溢恩也，治世之道也。」[29]禮有其時代性、地區性與特殊性，入國當從其俗，避其諱，問其禁忌，尊重各地區習俗之異，乃能無所困，故禮當因應人情而為之節制，表現合宜之行。「禮因人情而為之節文」值得注意，代表《淮南子》諸篇並非一味批判儒家之禮而已，也在省思本身對「禮」的主張。

上述《淮南子》諸篇對儒家之禮進行批判，其論點有：1.反對三代之禮的永恆性，禮乃因時而設，隨事而制，不具有永恆性。2.反對拘守鄒、魯之禮，當尊重各地不同環境與風俗的特殊性，「禮」當具多元性。3.「禮」的內涵是人性、人情之真，禮要適情、稱能，反對虛偽與強制之禮文形式。4.「禮因人情而為之節文」，將「禮」視作順應人情而生之節文此點甚具新意，使得《淮南子》並非徒然只是批判儒家之禮而已，也有其論「禮」主張。

第五節　因性制禮，化民反性

《淮南子》非僅止於批判儒家之禮，更提出甚具特色的禮樂主張，禮有其質與文，禮當本於民之所好而為之節文，最後〈泰族〉更提出合「參五」之道以制禮樂的治禮藍圖，使民在禮樂教化下能化民反性於初的禮學主張。

---

29 《淮南鴻烈集解》，頁356。

一、禮樂必有其質，乃為之文

> 凡人之性，心和欲得則樂，樂斯動，動斯蹈，蹈斯蕩，
> 蕩斯歌，歌斯舞，歌舞節則禽獸跳矣。人之性，心有憂
> 喪則悲，悲則哀，哀斯憤，憤斯怒，怒斯動，動則手足
> 不靜。人之性，有侵犯則怒，怒則血充，血充則氣激，
> 氣激則發怒，發怒則有所釋憾矣。故鐘鼓管簫，干鏚羽
> 旄，所以飾喜也；衰絰苴杖，哭踊有節，所以飾哀也；
> 兵革羽旄，金鼓斧鉞，所以飾怒也。必有其質，乃為之
> 文。[30]

　　〈本經〉從人之性情論禮樂之生，以人喜則舞，憂戚則悲，
氣激則怒，動其喜怒之情則手舞足蹈，禮樂遂因應而生。故禮
樂的產生乃為表現人性中的喜怒哀樂而生。「質」乃指人性之
喜怒哀怒，「文」則指鐘鼓管簫之儀節。故禮樂不徒然只是儀
節形式之「文」，重要的是禮樂的「質」必有人性之情為內涵。
〈本經〉反對禮樂無其「質」，徒具其「文」的禮樂形式。其
曰：「夫三年之喪，非強而致之，聽樂不樂，食旨不甘，思慕
之心未能絕也。晚世風流俗敗，嗜慾多，禮義廢，君臣相欺，
父子相疑，怨尤充胷，思心盡亡，被衰戴絰，戲笑其中，雖致
之三年，失喪之本也。」[31]〈本經〉論「三年之喪」非強而致之
的虛文禮制，此禮制的背後乃本之於人性喪禮時自然聽樂不
樂，食旨不甘，思慕之心不能絕的真情流露，故〈本經〉不反

30　《淮南鴻烈集解‧本經》，頁265-266。
31　《淮南鴻烈集解》，頁267。

對「三年之喪」，反對的是晚世之流風敗俗，貪於嗜慾，故禮義廢弛，君臣相欺，父子相疑，思心盡亡，雖被衰戴絰，卻戲笑其中的醜態，乃失喪禮之質也。〈主術〉曰：

> 古之為金石管弦者，所以宣樂也；兵革斧鉞者，所以飾怒也；觴酌俎豆，酬酢之禮，所以效善也；衰絰菅屨，辟踴哭泣，所以諭哀也。此皆有充于內，而成像於外。及至亂主，取民則不裁其力，求於下則不量其積，男女不得事耕織之業以供上之求，力勤財匱，君臣相疾也。故民至於焦脣沸肝，有今無儲，而乃始撞大鍾，擊鳴鼓，吹竽笙，彈琴瑟，是猶貫甲胄而入宗廟，被羅紈而從軍旅，失樂之所由生矣。[32]

　　〈本經〉論「禮」之質與文，〈主術〉論「樂」之質與文，「樂」之質本於人性樂、怒、效善、諭哀之情，有其「樂」之質遂有金石管弦，兵革斧鉞，觴酌俎豆，酬酢之禮，衰絰菅屨，辟踴哭泣之文的表現，上古禮文乃本於人性喜怒之情，至於昏亂之主，失其「禮樂」之質遂失禮樂之本，取民無度，求民無厭，使民不得其生，君臣相疾，甚而撞大鍾，擊鳴鼓，吹竽笙，彈琴瑟，流於追逐感官享樂，窮盡個人感官之樂，民苦不堪言，何樂之有？遂失「樂」內在喜樂之情，流於感官之逸樂，乃失禮樂之本質。〈本經〉、〈齊俗〉強調「禮樂」需質本於人情乃發而為禮樂之文。

　　故「禮因人情而為之節文」乃針對儒家以周文為禮之本，

以鄒、魯之禮為主的批判，故〈本經〉、〈齊俗〉的禮樂內涵
非如儒家論「禮」是建立在周文省思或鄒魯之禮的基礎上，而
是一種新的禮樂內涵，是建立在人之性情內涵為質為文的新禮
學主張。

〈齊俗〉曰：「禮因人情而為之節文」，〈本經〉曰：「必
有其質，乃為之文」皆言禮樂內涵為人性喜怒哀樂之情為質，
發而為文。故《淮南子》是以人性喜怒哀樂的實然性作為禮的
本質，禮本於人心感受的節制與表現，此乃《淮南子》論「禮」
的基本主張。

二、禮者，因民之所好而節之

> 敷物有以自然，而後人事有治也。故良匠不能斫金，巧
> 冶不能鑠木，金之勢不可斫；而木性不可鑠也。埏埴而
> 為器，窬木而為舟，鑠鐵而為刃，鑄金而為鍾，因其可
> 也。駕馬服牛，令雞司夜，令狗守門，因其然也。民有
> 好色之性，故有大婚之禮；有飲食之性，故有大饗之誼；
> 有喜樂之性，故有鐘鼓筦弦之音；有悲哀之性，故有衰
> 絰哭踊之節。故先王之制法也，因民之所好，而為之節
> 文者也。因其好色而制婚姻之禮，故男女有別；因其喜
> 音而正《雅》、《頌》之聲，故風俗不流；因其寧家室、
> 樂妻子，教之以順，故父子有親；因其喜朋友而教之以
> 悌，故長幼有序。然後修朝聘以明貴賤，饗飲習射以明
> 長幼，時搜振旅以習用兵也，入學庠序以修人倫。此皆

人之所有於性，而聖人之所匠成也。[33]

〈泰族〉論人倫之禮本於人性而生，首論當順金木之性以陶冶乃可成器，再論順馬、雞、狗之性乃可服駕馭、司晨、看守之功，最後論民之性有好色之性、飲食之性、喜樂之性、悲哀之性，先王順應人性以制禮樂之法，因好色而制婚姻之禮，因飲食而制宴饗之禮，因喜樂而制鐘鼓之樂，因悲哀而制喪祭之儀，是皆本於人性而生，由聖人所匠成。「因民之所好而為之節文」乃〈泰族〉論「禮」主要宗旨。民之所好者：好色，飲食，喜怒悲哀之情，當順應民之性情而制。「節文」者乃對民之所好的性情有所節制、規範，此論「禮樂」之制乃本民之性而為之節制之，這樣的看法甚具特色。

《論語·八佾》曰：「人而不仁，如禮何？人而不仁，如樂何？」[34]孔子以人性之「仁」作為禮樂之內涵，進而提出「克己復禮為仁」[35]，以視聽言動之合於禮，作為仁之實踐，以成就仁人君子之道德人格。孔子重禮之文化傳承義，孟子重禮本於人性仁義禮智之四端，荀子重禮在人性慾望上之節制，惟荀子之性乃食色之性，荀子之禮乃針對食色之性的節制。〈泰族〉論「禮」所因之「人性」內涵卻不盡然是食色之性。其曰：「無其性，不可教訓；有其性，無其養，不能遵道。繭之性為絲，然非得工女煮以熱湯而抽其統紀，則不能成絲；卵之化為雛，非慈雌嘔煖覆伏，累日積久，則不能為雛；人之性有仁義之資，

33　《淮南鴻烈集解·泰族》，頁 670-671。
34　《論語》，頁 26。
35　《論語·顏淵》，頁 106。

非聖人為之法度而教導之，則不可使鄉方。故先王之教也，因其所喜以勸善，因其所惡以禁姦。故刑罰不用而威行如流；政令約省而化燿如神。故因其性，則天下聽從，拂其性，則法縣而不用。」[36]此異於荀子人性惟食色而已。〈泰族〉論「禮」本於人性之自然本質，人性之自然內涵有仁義之資，又有好色之性、飲食之性、喜樂之性、悲哀之性，可謂雜揉各家人性之說而成，既有儒家之道德性，也有道家之性情、法家趨利避害之人情，實則只是人性之自然面。

　　〈泰族〉傳承道家的自然人性說，卻也認可人性有仁義內涵，又強調須待學、待教化乃得成其禮樂之行，此乃融攝儒家教育思想，故禮樂因民之所好而為之節文所生，此非固守三代之禮，非鄒魯之禮，乃本於人性之自然之禮，此乃《淮南子》所認同的禮樂義，實踐此禮樂之行，便不會有繁文虛偽的弊病，反而才是回歸人性自然的方式。

三、參五之道，以制禮樂

> 治身，太上養神，其次養形；治國，太上養化，其次正法。神清志平，百節皆寧，養性之本也；肥肌膚，充腸腹，供嗜慾，養生之末也。民交讓爭處卑，委利爭受寡，力事爭就勞，日化上遷善而不知其所以然，此治之上也。利賞而勸善，畏刑而不為非，法令正于上而百姓服於下，此治之末也。上世養本而下世事末，此太平之所以

不起也。[37]

　　〈泰族〉論治身與治國之道。治身之道在「養神」，其次「養形」。神清志平乃養神之方，為養身之本，追求嗜慾享樂，乃養生之末。「因民之所好而為之節文」的禮樂之道，落實在個人即是養形，將喜怒、悲哀、好色之性有所節制而合宜的表現，以克制嗜慾享樂，養形進一步方能養神，恬淡寡欲，自能達至神清志平的心境。故治身之道先在養形，進而養神，最終以返性存神。治國之道在「養化」，其次「正法」。養化者，民日遷善而不知，治之上也。正法者，民勸善畏刑，治之末也。「民交讓爭處卑，委利爭受寡，力事爭就勞，日化上遷善而不知其所以然，此治之上也。」天以氣化造物，所謂「煩氣為蟲，精氣為人」[38]君則修身以養化，移風以異俗，使民日遷善而不知，此與儒家君子之德風相似，以上位者無形的影響力以感化人民，惟儒家強調在人君以身作則的道德影響力，〈泰族〉所論則是返性存神的聖君，順自然而無為以治的無形影響力。

　　　　昔者，五帝三王之蒞政施教，必用參五。何謂參五？仰取象於天，俯取度於地，中取法於人，乃立明堂之朝，行明堂之令，以調陰陽之氣，以和四時之節，以辟疾病之菑。俯視地理，以制度量，察陵陸水澤肥墝高下之宜，立事生財，以除飢寒之患。中考乎人德，以制禮樂，行仁義之道，以治人倫而除暴亂之禍。乃澄列金木水火土之性，故立父子之親而成家；別清濁五音六律相生之數，

37　《淮南鴻烈集解・泰族》，頁 679。
38　《淮南鴻烈集解・精神》，頁 218。

以立君臣之義而成國；察四時季孟之序，以立長幼之禮
而成官。此之謂參。制君臣之義，父子之親，夫婦之辨，
長幼之序，朋友之際，此之謂五。乃裂地而州之，分職
而治之，築城而居之，割宅而異之，分財而衣食之，立
大學而教誨之，夙興夜寐而勞力之。此治之綱紀也。[39]

　　此合天、地、人以論治世之綱紀，必用「參五」，「參者」：
順天之陰陽之氣以合四時之節，順地之陵陸水澤高下以立事除
飢寒之患，考人之德以制禮樂仁義之道，以治人倫之序，「參
者」天、地、人。「五者」：「制君臣之義，父子之親，夫婦
之辨，長幼之序，朋友之際」乃君臣、父子、夫婦、長幼、朋
友之禮。〈泰族〉合「參五」之道以制禮樂，乃合天、地、人
之「參」，以制君臣、父子、夫婦、長幼、朋友之「五」，以
制禮樂仁義之道，此與〈中庸〉「天下五達道君臣，父子，夫
婦，昆弟，朋友」[40]乍看相似，實則不同，〈中庸〉「五達道」
乃起於「三達德」，仍是承襲孔子「禮之本在仁」的道德仁心
所發。〈泰族〉合「參五」之道以制禮樂，屬「法天地」思想
模式，乃將禮樂仁義之道收攝為天、地、人之架構中，其禮學

39　《淮南鴻烈集解・泰族》，頁 671-672。
40　哀公問政。子曰：「文、武之政，布在方策，其人存則其政舉；其人亡則其政
　　息。人道敏政，地道敏樹。夫政也者，蒲盧也。故為政在人，取人以身，脩
　　身以道，脩道以仁。仁者人也，親親為大；義者宜也，尊賢為大。親親之殺，
　　尊賢之等，禮所生也。在下位不獲乎上，民不可得而治矣！故君子不可以不
　　脩身；思脩身，不可以不事親；思事親，不可以不知人；思知人，不可以不
　　知天。天下之達道五，所以行之者三，曰：君臣也，父子也，夫婦也，昆弟
　　也，朋友之交也，五者天下之達道也。知仁勇三者，天下之達德也，所以行
　　之者一也。」《禮記》，頁 887-888。

思想較近於《呂氏・十二紀》「法天地」的禮學思想型態。[41]

〈泰族〉的禮學思想是對應於治國之道的架構下，並與其宇宙氣化觀主張相應，天地由一氣生生為陰陽五行，順四時以生人與萬物，煩氣為蟲，精氣為人，下落於人世，乃由人以上達天地之道，聖人治國亦當考其天時陰陽之變，察其地利水澤之宜。值得注意者，人德的部分乃為民制禮樂、行仁義之道，以利父子之親，君臣之義，夫婦之辨，長幼之序，朋友之際，此禮樂仁義之道乃因人民之性而為之節文之制，是有君臣、飲食、婚禮、父子、夫婦、朋友之禮，惟此諸禮皆本於民之所好之性而制，故無儒家虛偽與強人所難之弊病，使民能除亂以移風易俗，以達民日遷善而不知其所以然之效。此乃〈泰族〉合「參五」之道以制禮樂的內涵，「禮樂」乃使民回歸本性、初心的教化工具。《淮南子》最後仍是要回歸道體的無為而治，〈本經〉云：「至人之治也，心與神處，形與性調，靜而體德，動而理通。隨自然之性而緣不得已之化，洞然無為而天下自和，憺然無為而民自樸，無譏祥而民不夭，不忿爭而養足，兼包海內，澤及後世，不知為之者誰何。」[42]言內在心與神，形與性的協調；靜而體天地之德，動而順事物之理，回歸自然之性情，進而能無為而使民自樸自化，可謂老子無為而治的具體化。

〈泰族〉合「參五」之道以制禮樂雖與《呂氏・十二紀》「法天地」的禮學思想型態相近，但二者仍有其相異處，《呂氏・十二紀》的禮學思想乃收攝於其十二紀的架構與規模之下，

---

41 「人之與天地也同，萬物之形雖異，其情一體也，故古之治身與天下者，必法天地也。」《呂氏春秋集釋上・仲春紀》，頁45。
42 《淮南鴻烈集解》，頁252。

但在理論陳述上或有所不足。《淮南子》「參五」之道以制禮
樂之說，結合天、地、人之「參」，以制君臣、父子、夫婦、
長幼、朋友之「五」，以制禮樂仁義之道，使民自樸、自化，
回歸無為之治的理論模式，有其思想創新與深度，惜乎卻沒有
具體架構類似《呂氏・十二紀》的具體禮制規劃藍圖。

第六節　小　結

　　《淮南子》思想以「尊道貴德」為本，其思想型態近於道
家，或以黃老目之。先秦道家重視無形抽象的天道本體，至於
《淮南子》轉向以形、氣、神的存養為主，道體越見落實。陳
德和以為：「相較於原始道家的立場，稷下黃老道家由於受自
古以來論氣的傳統和同為稷下一系的陰陽家思想的影響，氣概
念被引入形上道體的思維中，於是精氣成為道的同義詞，道之
客觀實有義於焉確然不可移，而《淮南子》的道概念又是承繼
稷下黃老道家精氣說的思考，當然他的道概念必是屬於客觀實
有的認知，也必然會有『道即是氣』的主張。道概念在原始道
家如老子《道德經》中本來是以『無』立宗的，到了稷下黃老
和淮南由於氣概念的介入，乃變成以『有』為核心，『無』只
成了對『絕對大有』之無形色、無古今、無方所、無意志的一種
總持的形容而已，這種改造無乃是原始道家的變型與轉化。」[43]陳
氏說明《淮南子》氣化思想對原始道家的變型與轉化，主要在

43　陳德和：《淮南子的哲學》，頁102。

「氣」思想的吸收，使先秦道家本以「無」為宗的方向，轉向以「氣」為內涵的「有」方向落實。雖然《淮南子》氣化思想對先秦道家的發展有所轉化，但《淮南子》氣化思想乃為詮釋「道體」，仍是以「道體」為貴，落實於人則主「復歸於樸」[44]此點與先秦道家宗旨仍是一脈相承的。但以陰陽氣化，以形氣神的存養以詮釋「樸」的內涵，如何保全「形」、「氣」、「神」之全，成為《淮南子》個人修養與治國使民化性的重要實踐功夫。

《淮南子》由時代之演進與人德之衰敗處論「禮樂」之起：1.〈齊俗〉論衰世「性失然後貴仁，道失然後貴義。是故仁義立而道德遷矣，禮樂飾則純樸散矣。」[45]，〈謬稱〉分上世、中世、末世三期，言今世之禮尤下，皆主張上古人心本樸，至於衰世人心敗壞，聖人不得已以制禮樂，以救人心之敗。2.《淮南子》較肯定禮樂的價值，上古之世雖無所用禮，但衰世人心不古，「禮」對維繫衰世的人倫秩序有其價值，故「禮」雖非達於治世之道，卻是救敗之方。3.何況今世較衰世更下，連禮樂的本質皆喪失不返，故《淮南子》在上古之世反對禮，但在衰世、今世卻不否定禮的價值，甚至肯定「禮」的意義，這點與戰國晚期莊子後學對禮樂的強烈否定有很大不同。4.道家肯定人性的自然面，《淮南子》亦肯定人性的自然面，並以人性的自然面來會通禮樂之道，主張要順應民之所性而有所節文以制禮樂，試圖將禮樂也收攝入道家思想的天人架構中。

---

44 「知其雄，守其雌，為天下谿。恆德不離，復歸於嬰兒。知其白，守其辱，為天下谷。恆德乃足，復歸於樸。樸散則為器，聖人用則為官長。夫大制無割。」陳錫勇先生：《老子釋義·第二十八章》，頁69。

45 《淮南鴻烈集解》，頁343。

　　《淮南子》對儒家既批判又吸收，針對儒家主張的三代之禮，鄒、魯之禮採批判否定角度，其論點有幾：1.由人性之本始面反對禮義之後起，上古人心本來樸實，無所用禮，禮樂乃衰世而後起，禮樂起而詭詐生，故在人性的本質上，反對儒家禮樂主張，此自然與先秦道家主張有關。2.由時間之變動性反對三代之禮的永恆性，反對三代之禮的傳統，「禮」乃因時而設，隨事而制，並無所謂一貫性。3.在形式上反對拘守鄒魯之禮，主張當尊重各地之風俗及生活方式，禮並非一時一地所規定之唯一生活方式。4.〈泰族〉論「禮」本於人性之自然，人性之自然內涵有仁義之資，又有好色之性、飲食之性、喜樂之性、悲哀之性，可謂既有儒家之道德性，道家之性情說，也接受法家趨利避害之人性說，實則乃以人性之實然面為主。《淮南子》在人性的自然這點上試圖會通儒、道二家之說，道家的自然無為與儒家的三代之禮似乎無交集可言，但二家在人性的自然面上卻可相通，儒家就人性的道德面言，道家就人性的情性面言，《淮南子》在此吸收儒家對人性的看法，主張人性需要後天的教育與節制，而與荀子性惡說主張接近，此又表現出《淮南子》對儒家思想的融攝。

　　《淮南子》提出「因性制禮，化民反性」、「參五之道，以制禮樂」的禮學主張深具特色。人君當體察天、地、人之道，以立父子、君臣、夫婦、長幼、朋友之禮，分職以治，分財以衣食，立學校以教，使民順性而知節以好禮，以化民成俗，返性於初，〈本經〉曰：「隨自然之性而緣不得已之化」[46]。《淮

46　《淮南鴻烈集解》，頁252。

南子》制禮樂乃是要使衰世之民能返性於初，以回歸於「樸」。
值得注意者，《淮南子》收攝禮樂思想成為化民返性的過程，
儒家之「禮」被《淮南子》吸收成為回歸人心之樸的途徑，此
乃《淮南子》禮學思想上有所創新，超越先秦道家之處。但如
何運用儒家之「禮」以轉化民情性之所好而節之，《淮南子》
卻沒有更具體深入的說明，也沒有建立《呂氏‧十二紀》般的
禮制教化藍圖，此乃其不足之處。

第六章　董仲舒的禮學思想

第一節　前　言

　　董仲舒（B.C.179 年-B.C.104 年），廣川（今河北棗強）人，少治春秋，景帝時為博士，武帝時以賢良對策，任博士、江都相和膠西王相等。班固以為：「（仲舒）遭漢承秦滅學之後，六經離析，下帷發憤，潛心大業，令後學者有所統壹，為羣儒首。」[1] 肯定董仲舒在漢代學術的地位，其學以《春秋公羊傳》為宗，倡「天人相應」之說，影響漢代學術深遠。本篇論述董仲舒禮學思想[2] 以天人思想為脈絡，分三個部分：1.禮者，繼天地，乃董仲舒禮學思想之天道論依據。2.禮者，體陰陽，論董仲舒禮學思想吸收陰陽之說的轉化。3.禮，奉天地人三本，乃合而論天人思想架構下董仲舒禮學思想的落實與規範。

1　班固：《漢書卷五十六·董仲舒傳第二十六》，頁 2526。
2　關於董仲舒的思想史料，可見《史記·董仲舒傳》，《漢書·董仲舒傳》、《漢書·五行志》等，另有《春秋繁露》一書，《春秋繁露》其書名與成書歷來頗有疑義，其名與書雖為後人所輯，乃屬可信之董仲舒著作資料。現存《春秋繁露》注本主要有清凌曙注、蘇輿義證。參見劉建國：《中國哲學史史料學概要上》，頁 264-265。本文版本採用（清）蘇輿撰，鍾哲點校：《春秋繁露義證》，北京：中華書局，1992 年 12 月（2007.10 重印)。

第二節　禮者，繼天地

天人相應思想為董仲舒思想的基礎，王者受命乃應天命，制禮作樂乃順天命之所當為，天命落實於人道則有「三統」與「四法」說。

一、天人相應

武帝即位，舉賢良文學之士，董仲舒以賢良對策，回應武帝所問何以維繫五帝三王之道？何謂天命與災異之說？[3]董仲舒提出「天人相應」之說。《漢書‧董仲舒傳》曰：

> 臣謹案春秋之中，視前世已行之事，以觀天人相與之際，甚可畏也。國家將有失道之敗，而天乃先出災害以譴告之，不知自省，又出怪異以警懼之，尚不知變，而傷敗乃至。以此見天心之仁愛人君而欲止其亂也。自非大亡道之世者，天盡欲扶持而全安之，事在彊勉而已矣。彊勉學問，則聞見博而知益明；彊勉行道，則德日起而大

3　(武帝)曰：「蓋聞五帝三王之道，改制作樂而天下洽和，百王同之。當虞氏之樂莫盛於〈韶〉，於周莫盛於〈勺〉。聖王已沒，鐘鼓筦絃之聲未衰，而大道微缺，陵夷至虖桀紂之行，王道大壞矣。夫五百年之間，守文之君，當塗之士，欲則先王之法以戴翼其世者甚眾，然猶不能反，日以仆滅，至後王而後止，豈其所持操或誖繆而失其統與？固天降命不可復反，必推之於大衰而後息與？烏虖！凡所為屑屑，夙興夜寐，務法上古者，又將無補與？三代受命，其符安在？災異之變，何緣而起？性命之情，或夭或壽，或仁或鄙，習聞其號，未燭厥理。」班固：《漢書卷五十六‧董仲舒傳第二十六》，頁2496。

有功：此皆可使還至而有效者也。[4]

　　天人相應一體為董仲舒禮學思想基礎，言國家失道，天將出災害以告，人君不知自省而改，天再出怪異以懼之，人君再不知變，則傷敗乃至，並舉周之興亡為例而曰：「臣聞天之所大奉使之王者，必有非人力所能致而自至者，此受命之符也。天下之人同心歸之，若歸父母，故天瑞應誠而至。書曰『白魚入于王舟，有火復于王屋，流為烏』，此蓋受命之符也。周公曰『復哉復哉』，孔子曰『德不孤，必有鄰』皆積善絫德之效也。及至後世，淫佚衰微，不能統理羣生，諸侯背畔，殘賊良民以爭壤土，廢德教而任刑罰。刑罰不中，則生邪氣；邪氣積於下，怨惡畜於上。上下不和，則陰陽繆盭而妖孽生矣。此災異所緣而起也。」[5]商紂無道，天命乃棄，文王之德、武王伐紂乃受天命，人心所歸，是以白魚入舟、火復王屋流為烏之祥瑞應之，至於晚周失德無道，廢德任刑，邪氣怨惡乃生妖孽，災異乃起，終於覆亡。此乃董仲舒天人相感相應之說。

　　董仲舒提出天人相應說的用心，其吸收道家天道觀、陰陽五行之說、《管子》、《呂氏春秋》所論祥瑞災異之說，實是希望漢代帝王施政能夠扭轉秦政之失，由嚴刑峻法轉向以德以仁為本。故在賢良對策中，董仲舒再三強調：「以此見天心之仁愛人君而欲止其亂也。自非大亡道之世者，天盡欲扶持而全安之，事在彊勉而已矣。彊勉學問，則聞見博而知益明；彊勉

4　班固：《漢書卷五十六·董仲舒傳第二十六》，頁 2498。
5　同前注，頁 2500。

行道，則德日起而大有功：此皆可使還至而有效者也。」[6]人君
要順應天命，便當彊勉學問、強勉行道，使見博智明，修德立
功，這些都是藉天命之說要重建儒家立己立人、修德行道的價
值。董仲舒又懲秦亡之教訓而對曰：

> 自古以來，未嘗有以亂濟亂，大敗天下之民如秦者也。
> 其遺毒餘烈，至今未滅，使習俗薄惡，人民嚚頑，抵冒
> 殊扞，孰爛如此之甚者也。⋯⋯今漢繼秦之後，如朽木
> 糞牆矣，雖欲善治之，亡可柰何。法出而姦生，令下而
> 詐起，如以湯止沸，抱薪救火，愈甚亡益也。竊譬之琴
> 瑟不調，甚者必解而更張之，乃可鼓也；為政而不行，
> 甚者必變而更化之，乃可理也。當更張而不更張，雖有
> 良工不能善調也；當更化而不更化，雖有大賢不能善治
> 也。故漢得天下以來，常欲善治而至今不可善治者，失
> 之於當更化而不更化也。[7]

　　董仲舒一面以天降災異以警示人君，一面以秦政無道而失
天下以告誡人君，其用心至明，藉天命之威嚇，藉歷史之教訓，
使人君心懷戒懼而不敢妄為。今漢繼秦之後，若仍一意孤行嚴
刑峻法，則恐天將降災，終至失去政權。董仲舒強調漢得天下
要與秦政有所別，當有所「更化」。「更化」正是董仲舒天人
相應說的目的，乃藉天人相應說以制禮作樂，重建漢代的禮制。
「更化」不僅包含改正朔、服制之類，更有施政方向「重德輕

6　班固：《漢書卷五十六‧董仲舒傳第二十六》，頁 2498。
7　同前注，頁 2504。

刑」的轉向，最終目的是儒家價值觀的重建[8]，從董仲舒第三次賢良對策中提議罷黜百家的主張[9]可以看出。余英時以為：「董仲舒以後，儒家多說『天人相應』，……從文化史或廣義的思想史的觀點看，這種情形足以說明儒教在漢代是一個有生命的大傳統，因為他真正和小傳統或通俗文化合流了。……陰陽五行說對先秦儒教的扭曲其實僅限於它的超越的哲學根據一方面，至於文化價值，如仁、義、禮、智、信之類，則漢儒大體上並沒有改變先秦舊說。事實上，孝悌觀念之深入中國通俗文化，主要是由於漢儒的長期宣揚。漢儒用陰陽五行的通俗觀念，取代了先秦儒家的精微的哲學論辯，但儒教的基本教義也許正因此才衝破了大傳統的藩籬，成為一般人都可以接受的道理。」[10]余氏論陰陽五行思想是否是小傳統，尚待商榷。但董仲舒吸收陰陽五行思想建立「天人相應」說，表現漢儒適應漢代社會的轉化以及維繫先秦儒家仁義禮智信的價值觀的苦心。

　　武帝建元六年六月丁酉，遼東高廟災。四月壬子，高園便殿火。董仲舒對曰：「今高廟不當居遼東，高園殿不當居陵旁，於禮亦不當立，與魯所災同。其不當立久矣，至於陛下時天乃

8　林聰舜：「雖然西漢罷斥非儒者並非發自董仲舒，但是他對『六藝之科、孔子之術』做出全新且整體的解釋，亦即他能以重新塑造的儒學『更化』，建立以儒學為主導的新統治秩序，使儒學能扮演帝國意識形態的角色，這就標誌了儒學的新紀元。」《漢代儒學別裁：帝國意識型態的形成與發展》，頁140。

9　「今師異道，人異論，百家殊方，指意不同，是以上亡以持一統；法制數變，下不知所守。臣愚以為諸不在六藝之科孔子之術者，皆絕其道，勿使並進。邪辟之說滅息，然後統紀可一而法度可明，民知所從矣。」班固：《漢書卷五十六・董仲舒傳第二十六》，頁2523。

10　余英時：〈漢代循吏與文化傳播〉《中國思想傳統的現代詮釋》，頁182-183。

災之者，殆亦其時可也。昔秦受亡周之敝，而亡以化之；漢受
亡秦之敝，又亡以化之。夫繼二敝之後，承其下流，兼受其猥，
難治甚矣。又多兄弟親戚骨肉之連，驕揚奢侈恣睢者眾，所謂
重難之時者也。陛下正當大敝之後，又遭重難之時，甚可憂也。
故天災若語陛下：『當今之世，雖敝而重難，非以太平至公，不
能治也。視親戚貴屬在諸侯遠正最甚者，忍而誅之，如吾燔遼
高廟乃可；視近臣在國中處旁仄及貴而不正者，忍而誅之，如
吾燔高園殿乃可』云爾。在外而不正者，雖貴如高廟，猶災燔
之，況諸侯乎！在內不正者，雖貴如高園殿，猶燔災之，況大
臣乎！此天意也。罪在外者天災外，罪在內者天災內，燔甚罪
當重，燔簡罪當輕，承天意之道也。」[11]董仲舒藉遼東高廟與高
園殿遭火之事認為此非單純意外，乃天有意降災以示警，警醒
武帝當留意漢沿秦政未改以及皇親貴屬驕奢恣睢之問題，若不
及早因應，恐釀更大禍事。

　　據《史記・儒林列傳》曰：「（董仲舒）居舍，著災異之
記。是時遼東高廟災，主父偃疾之，取其書奏之天子。天子召
諸生示其書，有刺譏。董仲舒弟子呂步舒不知其師書，以為下
愚。於是下董仲舒吏，當死，詔赦之。於是董仲舒竟不敢復言
災異。」[12]此處可以看出董仲舒災異之說的用意，他藉由災異之
說試圖勸諫武帝進行政治改革，以削弱地方皇親諸侯的權勢，
但也差點惹禍上身，所幸武帝最後仍赦免了他，卻也從此不敢
再言災異，可看董仲舒之說對漢代皇室的影響力，但也可看到
漢儒面對皇權的危弱。雖然如此，後世漢朝帝王每逢天災，往

11 班固：《漢書卷二十七上・五行志第七上》，頁 1332。
12 司馬遷：《史記卷一百二十一・儒林列傳第六十一》，頁 1277。

往下詔罪己之事[13]來看，董仲舒天人相應說仍有其影響力。

二、王者受命應天，制禮作樂

漢代秦而起，改正朔、易服色的主張非始於董仲舒，據《史記‧屈原賈生列傳》漢文帝時賈誼便提出：「賈生以為漢興至孝文二十餘年，天下和洽，而固當改正朔，易服色，法制度，定官名，興禮樂，乃悉草具其事儀法，色尚黃，數用五，為官名，悉更秦之法。孝文帝初即位，謙讓未遑也。諸律令所更定，及列侯悉就國，其說皆自賈生發之。」[14]惜因當時文帝謙惶，加上功臣嫉賢而未採用。

漢武帝即位，舉賢良文學之士，董仲舒以賢良對策，曰：「改正朔，易服色，以順天命而已；其餘盡循堯道，何更為哉！故王者有改制之名，亡變道之實。然夏上忠，殷上敬，周上文者，所繼之捄，當用此也。孔子曰：『殷因於夏禮，所損益可知也；周因於殷禮，所損益可知也；其或繼周者，雖百世可知也。』此言百王之用，以此三者矣。夏因於虞，而獨不言所損益者，其道如一而所上同也。道之大原出於天，天不變，道亦不變，是以禹繼舜，舜繼堯，三聖相受而守一道，亡救弊之政也，故不言其所損益也。繇是觀之，繼治世者其道同，繼亂世者其道

13　（宣帝）（本始四年）夏四月壬寅，郡國四十九地震，或山崩水出。詔曰：「蓋災異者，天地之戒也。朕承洪業，奉宗廟，託于士民之上，未能和群生。乃者地震北海、琅邪，壞祖宗廟，朕甚懼焉。…今三輔、太常、內郡國舉賢良方正各一人。律令有可蠲除以安百姓，條奏。被地震壞敗甚者，勿收租賦。」大赦天下。班固：《漢書卷八‧宣帝紀第八》，頁245。
14　司馬遷：《史記‧屈原賈生列傳》，頁1007。

變。今漢繼大亂之後，若宜少損周之文致，用夏之忠者。」[15]賈
誼站在朝代更替、地方諸侯坐大的角度主張要「悉更秦法」「改
正朔、易服色」以強化中央集權，惜功敗垂成。董仲舒面對的
政治環境與賈誼不同，隨漢景帝七國亂事的平定，漢武帝時已
無諸侯坐大的情況，而是漢帝國中央集權的局面，董仲舒將「改
制」提高到「天命」的高度，主張受命於天，受命為王，若一
因前制，則無以彰顯天志，亦無以別新王。《春秋繁露‧楚莊
王》曰：

> 今所謂新王必改制者，非改其道，非變其理，受命於天，
> 易姓更王，非繼前王而王也。若一因前制，修故業，而
> 無有所改，是與繼前王而王者無以別。受命之君，天之
> 所大顯也。事父者承意，事君者儀志。事天亦然。今天
> 大顯己，物襲所代而率與同，則不顯不明，非天志。故
> 必徙居處、更稱號、改正朔、易服色者，無他焉，不敢
> 不順天志而明自顯也。若夫大綱、人倫、道理、政治、
> 教化、習俗、文義盡如故，亦何改哉？故王者有改制之
> 名，無易道之實。[16]

　　董仲舒主張受命而王，受命於天，若一因前制，則無以彰
顯天志，亦無以別新王，所謂「改制」包括「徙居處、更稱號、
改正朔、易服色者，無他焉」僅限宮室，稱號，曆法，服制，
其餘「大綱、人倫、道理、政治、教化、習俗、文義盡如故」

15　班固：《漢書卷五十六‧董仲舒傳第二十六》，，頁2518。
16　《春秋繁露義證》，頁17-19。

即國家社會的倫常秩序、教化、風俗一如其舊，所謂「王者有改制之名，無易道之實」此說其意為何？

　　杜保瑞以為：「其一，要求新朝君王承認異姓更朝是天意授予而非人力私為之事，要求國君公開面對天下人，大張旗鼓，榮譽登場，並且要理直氣壯地要求百姓從此以後接受自己的照顧與管理。因為天下是老天給的，並不是自己因私用武、用計就能奪得來的，而是天意讓自己推翻前朝而得的，因此可以公開地昭示天下。所以董仲舒是藉由『新王改制』以給予新朝政權合法性，更進而藉由新王朝欲取得政權合法性的意圖，而要求其接受一套『君權神授』的價值體系，從此一路董仲舒才得以在天意的要求下強將儒家價值意識轉為約束君王的政治力量。其二，改制只是更改一些裝飾性的符號，例如國都的位置、衣服的顏色、以及曆法中的建元月份等事，而不是道德仁義的常道之事，也就是說君王需以仁義治國的常道原則決不更改，但是天意授權的公開宣傳不能不做，要做就藉由一些儀式性的政治動作來顯現，所以改制的措施便都是一些裝飾性的事件，而於道德仁義即無實質影響。藉改制而公開即位的結果，為儒者取得以仁義之政約束君王的『理論根據』。」[17]杜氏以為董仲舒藉由受命之君的君權神授說，提高政權的合法性，並藉由君權神授說以約束帝王的政治力量。董仲舒此說藉由「天命」強調「改制」的必然性，此說乃「天人相應」主張落在禮制上說，是將禮制的必然性提高至天命的層面；再則強調唯「受命之王」

17　杜保瑞：〈董仲舒政治哲學與宇宙論進路的儒學建構〉，《哲學與文化月刊》　　第 352 期 ，2003 年 9 月，頁 19-40。

乃得改制的神聖性，是將「天人相應」主張落在帝王身上說，賦予新朝代的帝王以神聖性。

　　〈三代改制質文〉曰：「王者必受命而後王。王者必改正朔，易服色，制禮樂，一統於天下，所以明易姓，非繼人，通以己受之於天也。」[18]；最後則為化解「改制」的疑慮，故強調僅止於宮室、稱號、曆法、服制，其他如舊。這樣的說法確實有助於漢武帝改新制的誘因。實則「新王改制」不僅止於改正朔、稱號、服制，還有制禮作樂。〈楚莊王〉曰：

> 制為應天改之，樂為應人作之。彼之所受命者，必民之所同樂也。是故大改制於初，所以明天命也。更作樂於終，所以見天功也。緣天下之所新樂而為之文曲，且以和政，且以興德。天下未遍合和，王者不虛作樂。樂者，盈於內而動發於外者也。應其治時，制禮作樂以成之。成者，本末質文皆以具矣。是故作樂者必反天下之所始樂於己以為本。……舜作〈韶〉而禹作〈夏〉，湯作〈濩〉而文王作〈武〉。四樂殊名，則各順其民始樂於己也。見其效矣。故凡樂者，作之於終，而名之以始，重本之義也。由此觀之，正朔、服色之改，受命應天制禮作樂之異，人心之動也。二者離而複合，所為一也。[19]

　　董仲舒論「新王改制」說本於「天人相應」說，王之改制分二部分：應天改之，應人作之。改正朔、稱號、服制乃應天命之改而作，制禮作樂則為應人心之動而作，王受命於天，民

---

18 《春秋繁露義證》，頁185。
19 同前注，頁19-23。

同樂於人心，故新正朔之曆乃應天命之新，新禮樂之制乃順民心之樂，故言「舜作〈韶〉而禹作〈夏〉，湯作〈濩〉而文王作〈武〉。四樂殊名，則各順其民始樂於己也。」虞舜、夏禹、商湯、周文王皆有新樂以應新代，漢繼秦而起亦當制作新禮樂以應。故董仲舒「新王改制」說可謂順天命與應人心，此說與孔子論三代之禮的因革損益不同，孔子論「禮」由三代禮文化之異同處論其特殊性與共同性，董仲舒則由形上天命賦予「制禮作樂」的必然性，但也不忽略「禮」本於人心的傳統儒學主張。

董仲舒論新王方得改制，乃藉「神權」加諸「王權」之上，有提高「王權」地位的意義，但另一角度來說，新王應天命而生，也可能應天命而廢，故也有藉「神權」壓抑「王權」之意在其中。王永祥以為：「天子雖為天神所立，最為天下貴，但卻不可任意胡為，否則，天將會把他的王位奪去。這也就是要用神學的目的論來限制統治者對人民的壓榨，以防止激起人民的反抗和起義，危及封建政權。這顯然有著對孟子民本思想的繼承。」[20]天子之位來自於天命，天命的內容為儒家推崇的仁義禮智之道，若人君勤勉行仁義之道則天降祥瑞應之，若人君違背仁義禮智之道則天降災異警之，若不知悔改，最後天命可能變易之，此見董仲舒建立新的天人相應模式亦隱含有制衡君權之意。

董仲舒論王者受天命其目的則在「制禮作樂」，可看出董仲舒是藉天人相應之說，得到君王的接納與信任，其目的乃為實現儒家制禮作樂，以興作一國禮制的理想。

---

20 王永祥：《董仲舒評傳》，頁 137。

三、新王改制質文

「三統說」與「四法說」

（一）「三統說」

董仲舒關於新王改制的內容，主要見於〈三代改制質文〉篇，其曰：

> 湯受命而王，應天變夏作殷號，時正白統。親夏故虞，
> 紬唐謂之帝堯，以神農為赤帝。作宮邑於下洛之陽，名
> 相官曰尹。作〈濩〉樂，制質禮以奉天。文王受命而王，
> 應天變殷作周號，時正赤統。親殷故夏，紬虞謂之帝舜，
> 以軒轅為黃帝，推神農以為九皇。作宮邑於豐。名相官
> 曰宰。作〈武〉樂，制文禮以奉天。武王受命，作宮邑
> 於鄗，制爵五等，作〈象〉樂，繼文以奉天。周公輔成
> 王受命，作宮邑於洛陽，成文武之制，作〈汋〉樂以奉
> 天。殷湯之後稱邑，示天之變反命。故天子命無常。唯
> 命是德慶。故《春秋》應天作新王之事，時正黑統。王
> 魯，尚黑，紬夏，親周，故宋。樂宜親〈招武〉，故以虞
> 錄親，樂制宜商，合伯子男為一等。[21]

《白虎通‧三正》以為「三統」乃本於「三微之月」，其
曰：「正朔有三何本？天有三統，謂三微之月也。明王者當奉
順而成之，故受命各統一正也，敬始重本也。朔者，蘇也，革

21　《春秋繁露義證》，頁186-187。

也，言萬物革更於是，故統焉。《禮三正記》曰：『正朔三而改，文質再而復也。』三微者，何謂也？陽氣始施黃泉，動微而未著也。十一月之時，陽氣始養根株黃泉之下，萬物皆赤。赤者，盛陽之氣也，故周為天正，色尚赤也。十二月之時，萬物始牙而白。白者，陰氣，故殷為地正，色尚白也。十三月之時，萬物始達，孚甲而出，皆黑，人得加功，故夏為人正，色尚黑。《尚書大傳》曰：『夏以孟春月為正，殷以季冬月為正，周以仲冬月為正。夏以十三月為正，色尚黑，以平旦為朔。殷以十二月為正，色尚白，以雞鳴為朔。周以十一月為正，色尚赤，以夜半為朔。不以二月後為正者，萬物不齊，莫適所統，故必以三微之月也。三正之相承，若順連環也。孔子承周之弊，行夏之時，知繼十一月正者當用十三月也。」[22]〈三正〉篇乃以陰陽之說配合自然歲時之序，解釋夏商周三代「三統」說之所據。十一月陽氣養於根，故以赤色，周以十一月為正，故尚赤；十二月萬物始牙而白，殷以十二月為正，故尚白；十三月萬物始達而黑，夏以一月為正，故尚黑。

董仲舒「三統說」可分幾點陳述：1.湯受命而王，變夏為殷；文王受命為王，變殷為周，受命新王皆當改正朔定歲首為先，夏以寅月（農曆一月）為歲首，為黑統；商以丑月（農曆十二月）為首，為白統；周以子月（農曆十一月）為首，為赤統，「改正朔」即是以寅、丑、子三月擇一以為正月，朝代更替則依寅、丑、子三月為序循環不已，寅、丑、子三月物萌之色依序為黑、白、赤，故王朝也有黑、白、赤三統色之不同，改正

---

22 陳立：《白虎通疏證》，頁 362-364。

朔象徵新王應天受命改新月為正之意。2.受天命之新王當追尊前
王為帝，故湯尊唐堯、神農為帝，文王追尊虞舜、軒轅為帝，
並上推神農為九皇，乃為「通三統」。新王當營作宮邑，制禮
樂以應天命，此乃三代改制說，有黑統、白統、赤統之循環，
此「三統說」乃對開國君王商湯、周文王而言。3.周武王、周公
雖非開國之君，但也承受天命而應制，作宮室，制禮樂以奉天，
其制較簡。此顯然針對漢武帝而言，武帝亦非開國之君，但亦
可應天改制，此有例可據。4.武王、周公之後，董仲舒提孔子作
《春秋》乃應天作新王之事，孔子非君王怎可參與改制之事？
故董仲舒解釋因「天子命無常，唯命是德慶」天命無常，孔子
雖無位而有德，乃得應天命而制作新王之事[23]，故得承周之後以
黑統為正，故漢當繼《春秋公羊傳》受命而改制。此說顯然董
仲舒為推尊《春秋公羊傳》而設。[24]

　　「三統說」的內容，包括月朔、歲首、正色、犧牲、婚、
喪、祭祀之禮等。〈三代改制質文〉曰：

> 三正以黑統初。正日月朔於營室，斗建寅。天統氣始通
> 化物，物見萌達，其色黑。故朝正服黑，首服藻黑，正
> 路輿質黑，馬黑，大節綬幘尚黑，旗黑，大寶玉黑，郊
> 牲黑，犧牲角卵，冠于阼，昏禮逆于庭，喪禮殯于東階

23　董仲舒云：「有非力之所能致而自至者，西狩獲麟，受命之符是也。然後託乎
　　《春秋》正不正之間，而明改制之義。」以西狩獲麟之符瑞，證明孔子受天
　　命而得作《春秋》。《春秋繁露義證‧符瑞》，頁157。

24　「（董仲舒）他要推尊《公羊傳》的唯一地位，就必須證明《公羊傳》具有獨特
　　的形而上基礎及堅實的歷史依據。《公羊傳》的文本已有孔子因獲麟事件而
　　作春秋的涵義在，董仲舒更明白地指出就是孔子受命符應。」張端穗：〈董
　　仲舒思想中三統說的內涵、緣起及意義〉《東海中文學報》第16期，頁85。

之上。祭牲黑牡，樂器黑質。法不刑有懷任新產，是月不殺。聽朔廢刑發德，具存二王之後也。親赤統，故日分平明，平明朝正。

正白統者，歷正日月朔於虛，斗建丑。天統氣始蛻化物，物始芽，其色白，故朝正服白，首服藻白，正路輿質白，大節綏幟尚白，旗白，大寶玉白，郊牲白，犧牲角繭。冠于堂，昏禮逆于堂，喪事殯於楹柱之間。祭牲白牡，薦尚肺。樂器白質。法不刑有身懷任，是月不殺。聽朔廢刑發德，具存二王之後也。親黑統，故日分鳴晨，鳴晨朝正。

正赤統者，歷正日月朔於牽牛，斗建子。天統氣始施化物，物始動，其色赤，故朝正服赤，首服藻赤，正路輿質赤，馬赤，大節綏，幟尚赤，旗赤，大寶玉赤，郊牲騂，犧牲角栗。冠于房，昏禮逆于戶，喪禮殯于西階之上。祭牲騂牡，薦尚心。樂器赤質。法不刑有身，重懷藏以養微，是月不殺。聽朔廢刑發德，具存二王之後也。親白統，故日分夜半，夜半朝正。[25]

25　《春秋繁露義證》，頁191-195。

「三統說」內容依據王永祥先生列表增補如下：[26]

三統	朝代	正朔	歲首	尚色	犧牲	朝服	首服	輿	馬	節	旗	玉	郊	冠	婚迎	喪殯	祭牲	薦	樂器	刑法	朝正
黑統	春秋	營室	建寅	黑	角卵	服黑	藻黑	質黑	黑	尚黑	黑	黑	牲黑	阼	庭	東階之上	黑牡	肝	黑質	不刑有懷	平明
白統	殷	虛	建丑	白	角繭	服白	藻白	質白	白	尚白	白	白	白	堂	堂	楹柱之間	白牡	肺	白質	不刑有身	鳴晨
赤統	周	牽牛	建子	赤	角栗	服赤	藻赤	質赤	赤	赤	赤	赤	騂	房	戶	西階	騂牡	心	赤質	不刑有身	夜半

董仲舒「三統說」與鄒衍「五德說」的關係如何？鄒衍以黃帝、禹（夏）、湯（商）、文王（周）分別代表土德尚黃、木德尚青、金德尚白、火德尚赤，預言代周者必為水德尚黑，乃由五行相剋相勝為循環規律。「三統說」則以殷為白統、周為赤統，春秋為黑統，三統循環為說。學者顧頡剛以為「三統說」在歷史循環觀、正色、禮樂標準三項上與「五德說」相同，故其說乃自「五德說」蛻化出來。[27]「三統說」除了受鄒衍「五

---

26 王永祥：《董仲舒評傳》，頁 330。

27 顧頡剛云：「五德說終而復始，它（三統說）也終而復始，此其一。五德說以顏色分，它也以顏色分，此其二。五德說以五德作禮樂制度的標準，它也以

德說」影響，也受到《呂氏‧十二紀》影響。《呂氏‧十二紀》吸收「陰陽」與「五行」之說，由天地運行之規律結合人道之施政，建立一套「法天地」的天人相應主張。以下整理《呂氏春秋》十二紀思想列表如下[28]：

季節	春		夏		中	秋		冬	
月份	孟 春 仲 春 季 春		孟 夏 仲 夏 季 夏			孟 秋 仲 秋 季 秋		孟 冬 仲 冬 季 冬	
日的 位置	營 室 奎 胃		畢 東 井 柳			翼 角 房		尾 斗 婺 女	
昏星 的位 置	參 中 狐 中 七星中		翼 中 亢 中 火 中			建星中 牽牛中 虛 中		危 中 東辟中 婁 中	
晨星 的位 置	尾 中 建星中 牽牛中		婺女中 危 中 奎 中			畢 中 觜觿中 柳 中		七星中 軫 中 氐 中	
天干	甲 乙		丙 丁		戊 己	庚 辛		壬 癸	
帝	大 皞		炎帝		黃 帝	少 皞		顓 頊	

三統四法作禮樂制度的標準，此其三。」顧頡剛：《中國上古史研究講義》，頁 355-361。

28 參考鄺芷人：「依《呂氏春秋》十二紀（禮記月令）之五行分類表」加以增補。《陰陽五行及其體系》，頁 25。

神	句 芒	祝 融	后 土	蓐 收	玄 冥
蟲	鱗	羽	倮	毛	介
音	角	徵	宮	商	羽
律	大 蔟 夾 鐘 姑 洗	中 呂 蕤 賓 林 鍾	黃 鐘 之 宮	夷 則 南 呂 無 射	應 鐘 黃 鐘 大 呂
數	8	7	5	9	6
味	酸	苦	甘	辛	鹹
臭	羶	焦	香	腥	朽
祀	戶	竈	中 霤	門	行
祭	先 脾	先 肺	先 心	先 肝	先 腎
穀	麥	菽	稷	麻	黍
牲	羊	禽	牛	犬	彘
節	立 春	立 夏		立 秋	立 冬
盛德	木	火	土	金	水
色	青	赤	黃	白	黑
方位	東	南	中	西	北

　　《呂氏・十二紀》受「五德說」影響，以陰陽消長解釋四時運行，由五行相生、五德更替擘劃施政方向，春夏以德，秋冬以刑，但《呂氏・十二紀》不採用「五德說」五行相勝的歷史觀，而代之以五行之德相生的施政方向。「三統說」則刪去《呂氏・十二紀》有關天文、地候、帝神、蟲鳥、方位的部分，保留月朔日分之星、正色、犧牲、祭祀等項目，增設朝代、歲

首、服制、車馬、樂器、婚、喪、祭禮，刑法等項目。故董仲舒吸收鄒衍五德轉移說的歷史循環觀，吸收《呂氏‧十二紀》由天道以論人道的天人相應觀，展現孔子論三代之禮的架構與具體內容，提高三代之禮的天道義權威，將三代之禮轉化為人道歷史循環的規律，擘劃三代之禮的架構以作為國家未來禮制的依據，此見董仲舒對先秦儒家禮學思想的承繼與發揚。

（二）「四法說」

董仲舒「三統說」乃論三代之赤、白、黑三統，使新王以改正朔以應天命，表現在月朔、歲首、正色、犧牲、婚、喪、祭祀之禮上，此乃董仲舒整體禮制觀念的大架構，論及整個三代以至於未來漢帝國禮制的內涵方向，則有〈三代改制質文〉曰：「王者以制，一商一夏，一質一文。商質者主天，夏文者主地，《春秋》者主人，故三等也。」[29]的「四法說」。董仲舒「三統說」是藉三代歷史之循環以取代鄒衍「五德說終始說」，「四法說」則進一步表現董仲舒對「三統說」的歷史詮釋，透過「一商一夏，一文一質」表現四種制度的本質內涵與軌跡。董仲舒在〈賢良方策〉第三冊曰：

> 冊曰：「三王之教所祖不同，而皆有失，或謂久而不易者道也，意豈異哉？」臣聞夫樂而不亂復而不厭者謂之道；道者萬世亡弊，弊者道之失也。先王之道必有偏而不起之處，故政有眊而不行，舉其偏者以補其弊而已矣。三王之道所祖不同，非其相反，將以捄溢扶衰，所遭之變

---

29 《春秋繁露義證》，頁204-211。

然也。故孔子曰：「亡為而治者，其舜虖！」改正朔，易服色，以順天命而已；其餘盡循堯道，何更為哉！故王者有改制之名，亡變道之實。然夏上忠，殷上敬，周上文者，所繼之捄，當用此也。孔子曰：「殷因於夏禮，所損益可知也；周因於殷禮，所損益可知也；其或繼周者，雖百世可知也。」此言百王之用，以此三者矣。夏因於虞，而獨不言所損益者，其道如一而所上同也。道之大原出於天，天不變，道亦不變，是以禹繼舜，舜繼堯，三聖相受而守一道，亡救弊之政也，故不言其所損益也。繇是觀之，繼治世者其道同，繼亂世者其道變。今漢繼大亂之後，若宜少損周之文致，用夏之忠者。[30]

　　此乃董仲舒針對武帝所問有關三代之禮的變與不變之道的論述，其重點有三：1.堯舜禹三聖治天下稟「治世之道」而無弊，故孔子不言其損益，此為先王久而不易之常道，即孔子所謂「百世可知」之常道。2.孔子所言夏商周三代損益之禮，乃繼亂世之道，就亂世補偏救弊而言，故夏尚「忠」而殷救之以「敬」，殷尚「敬」而周救之以「文」。3.今漢繼大亂之後，自是繼亂世之道，當改周文之弊而用夏之「忠」以救。董仲舒此論漢代禮制規劃的方向，乃上溯堯舜治世之道與夏商周亂世之道之失，歸納出亂世之道補偏救弊「忠—敬—文」的規律。

　　《禮記‧表記》曰：「　子曰：『夏道尊命，事鬼敬神而遠之，近人而忠焉，先祿而後威，先賞而後罰，親而不尊。其民之敝：蠢而愚，喬而野，朴而不文。殷人尊神，率民以事神，先鬼而

---

30 班固：《漢書卷五十六‧董仲舒傳第二十六》，頁2518。

後禮，先罰而後賞，尊而不親。其民之敝：蕩而不靜，勝而無恥。周人尊禮尚施，事鬼敬神而遠之，近人而忠焉，其賞罰用爵列，親而不尊。其民之敝：利而巧，文而不慚，賊而蔽。』」[31]〈表記〉藉孔子之說已論及夏遵命，其弊也樸；商尊鬼，其弊無恥；周尊禮，其弊利巧之說，或為董仲舒此說之先聲。鄒衍論朝代之興替以五德相勝為規律，並預言取代周之火德者必以水德為主，實則乃以天命之神秘及武力討伐為主，並無論及施政方向之內涵。董仲舒「三統說」乃以赤、白、黑三統取代鄒衍之五德，雖非以相勝為主，而以天命賦予取代，但赤、白、黑三統之施政方向為何？仍未詳述。

　　董仲舒「四法說」論及施政方向的大原則及其補偏救弊之方，《春秋公羊傳・桓公十一年》：「春秋伯子男一也，辭無所貶。」何休注：「《春秋》改周之文，從殷之質…王者起所以必改質文者，為承衰亂救人之失也。天道本下，親親而質省；地道敬上，尊尊而文煩。故王者始起，先本天道以治天下，質而親親，及其衰弊，其失也親親而不尊；故後王起，法地道以治天下，文而尊尊，及其衰弊，其失也尊尊而不親，故復反之於質也。質家爵三等者，法天之有三光也。文家爵五等者，法地之有五行也。合三從子者，制由中也。」[32]蓋董仲舒「四法說」乃「為承衰亂救人之失」而生，先王始法天道而治天下，親親而質省，及其衰亂，則生親親而不尊之弊；後王有感其弊，乃法地道而治天下，尊尊而文，及其衰亂，則又尊尊而不親，故復反之於質省而親親之道。故周文之衰亂乃尊尊而不親，故《春

31　《禮記》，頁 915-916。

32　《公羊傳》，頁 63。

秋》當改「文」而從商之「質」，此即董仲舒論及歷代禮制演變的規律性，遂提出「王者以制，一商一夏，一質一文。商質者主天，夏文者主地，《春秋》者主人，故三等也。」[33]的「四法說」。〈三代改制質文〉曰：

> 主天法商而王，其道佚陽，親親而多仁樸。故立嗣予子，篤母第，妾以子貴。昏冠之禮，字子以父。夫婦，對坐而食，喪禮別葬，祭禮先臊，夫妻昭穆別位。制爵三等，祿士二品。制郊宮，明堂員，其屋高嚴侈員，惟祭器員。玉厚九分，白藻五絲，衣制大上，首服嚴員。鸞輿尊蓋，法天列象，垂四鸞。樂載鼓，用錫儛，儛溢員。先毛血而後用聲。正刑多隱，親戚多諱。封禪于尚位。

> 主地法夏而王，其道進陰，尊尊而多義節。故立嗣與孫，篤世子，妾不以子稱貴號。昏冠之禮，字子以母。別眇夫婦，同坐而食，喪禮合葬，祭禮先亨，婦從夫為昭穆。制爵五等，祿士三品。制郊宮明堂方，其屋卑污方，祭器方。玉厚八分，白藻四絲，衣制大下，首服卑退。鸞輿卑，法地周象載，垂二鸞。樂設鼓，用纖施舞，儛溢方。先亨而後用聲。正刑天法，封壇於下位。

> 主天法質而王，其道佚陽，親親而多質愛，故立嗣予子，篤母弟，妾以子貴。昏冠之禮，字子以父。別眇夫婦，對坐而食，喪禮別葬，祭禮先嘉疏，夫婦昭穆別位。制爵三等，祿士二品。制郊宮明堂內員外檣，其屋如倚靡

員橢，祭器橢。玉厚七分，白藻三絲，衣長前衽，首服員轉。鸞輿尊蓋，備天列象，垂四鸞。樂桯鼓，用羽龠偉，偉溢橢。先用玉聲而後烹，正刑多隱，親戚多赦。封壇於左位。

主地法文而王，其道進陰，尊尊而多禮文。故立嗣予孫，篤世子，妾不以子稱貴號。昏冠之禮，字子以母。別眇夫妻，同坐而食，喪禮合葬，祭禮先袒迄，婦從夫為昭穆。制爵五等，祿士三品。制郊宮明堂內方外衡，其屋習而衡，祭器衡同，作秩機。玉厚六分，白藻三絲，衣長後衽，首服習而垂流。鸞輿卑，備地周象載，垂二鸞。樂縣鼓，用萬舞，舞溢衡。先烹而後用樂，正刑天法，封壇於左位（當作「右位」[34]）。[35]

34 蘇輿注：「當作右」《春秋繁露義證》，頁211。
35 同前注，頁205-211。

依據「四法說」的內容整理列表如下：

封禪	刑	樂舞	車服器物	明堂	爵制	夫婦	冠昏	嗣	道	主
尚位（上位）	正刑多隱，親戚多諱	用錫儛，儛溢員。先毛血而後用聲	玉厚九分，白藻五絲，衣制大上，首服嚴員。鸞輿尊蓋，法天列象，垂四鸞	制郊宮明堂員，其屋高嚴侈員，惟祭器員	制爵三等，祿士二品	別妱夫婦，對坐而食，喪禮別葬，夫妻昭穆別位	昏冠之禮，字子以父	立嗣予子篤母弟，妾以子貴	佚陽 親親而多仁樸	主天法商
下位	正刑天法	樂設鼓，用纖施儛，儛溢方。先亨而後用聲	玉厚八分，白藻四絲，衣制大下，首服卑退。鸞輿卑，法地周象載，垂二鸞	制郊宮明堂方，其屋卑污方，祭器方	制爵五等，祿士三品	別妱夫婦，同坐而食，喪禮合葬，祭禮先亨，婦從夫為昭穆	昏冠之禮，字子以母	立嗣與孫，篤世子，妾不以子稱貴號	進陰 尊尊而多義節	主地法夏

主天法質	伏陽 親親而多質愛	立嗣予子，篤母弟，妾以子貴	昏冠之禮，字子以父	別姁夫婦，對坐而食，喪禮別葬，祭	禮先嘉疏，夫婦昭穆別位	制爵三等，祿士二品	制郊宮明堂內員外橢，其屋如倚靡員櫺，祭器橢	玉厚七分，白藻三絲，衣長前袩，首服員轉。鸞輿尊蓋，備天列象，垂四鸞	樂桯鼓，用羽龠舞，舞溢橢。先用玉聲而後烹	正刑多隱，親戚多赦	左位
主地法文	進陰 尊尊而多禮文	立嗣予孫，篤世子，妾不以子稱貴號	昏冠之禮，字子以母	別姁夫妻，同坐而食，喪禮合葬，祭	禮先，婦從夫為昭穆	制爵五等，祿士三品	制郊宮明堂內方外衡，其屋習而衡，祭器衡同，作秩機	玉厚六分，白藻三絲，衣長後袩，首服習而垂流。鸞鸞卑，備地用象載，垂二鸞	樂縣鼓，用萬儛，儛溢衡。先烹而後用樂	正刑天法	左位

　　「四法說」是「三統說」在禮制上的更進一步落實，在「三統說」裡還看得到鄒衍「五德說」的影響，但「四法說」則完全脫離鄒衍「五德說」，表現董仲舒禮制思想的個人特色。它的內容包括：四主，四道，陰陽，嗣子，婚冠，夫婦之禮，爵等，明堂形制，車服器物之制，樂舞祭祀，用刑，封禪等。所謂「四主」乃「主天法夏，主地法商，主天法質，主地法文」，

主者分四種，主天法商，主地法夏，主天法質，主地法文。顧頡剛解釋：「一商一夏，一文一質」此「商」與「夏」非指朝代，乃是四種制度。其曰：「這是說制度有四類，一類叫做商，一類叫做夏，一類叫做質，一類叫做文，也是相次用事的。這『夏』和『商』並非朝代名，乃是一類制度的總名。這四類制度又歸屬于『主天』和『主地』兩項。」[36]故一商一夏，一質一文，乃四種制度之名，分屬法天，法地二類。

　　《白虎通‧文質》曰：「王者必一質一文何？以承天地、順陰陽。陽之道極，則陰道受，陰之道極，則陽道受，明二陰二陽不能相繼也。質法天，文法地而已。故天為質，地受而化之，養而成之，故為文。《尚書大傳》曰：『王者一質一文，據天地之道。』《禮三正記》曰：『質法天，文法地也。』帝王始起，先質後文者，順天地之道，本末之義，先後之序也。事莫不先有質性，後乃有文章也。」[37]可知董仲舒乃是將「法天地之道」與「文質說」做結合，建構而成富儒家特色的「四法說」的禮制主張，藉由法天地之道的說法，希冀使漢代政治方向由繁文苛法轉向質樸之仁，並落實在嗣子，昏冠，夫婦，爵祿，郊祀之宮，明堂之制，車服器用，樂舞之制，用刑，封禪方位上有所定制，以成就禮樂之制。

第三節　　禮者，體陰陽

　　董仲舒吸收陰陽之說，不在論述天道之消長，乃將先秦以

---

36 顧頡剛：《中國上古史研究講義‧春秋繁露》，頁125。
37 陳立：《白虎通疏證》，頁368。

來陰陽平等之說，有意地轉化為「貴陽賤陰」，再由「貴陽賤陰」之道契入人倫政治之道而倡「任德不任刑」，擴而大之由「貴陽賤陰」對應君臣、父子、夫婦之道，遂成為君尊臣卑、父尊子卑、夫尊婦卑之權威，演變成所謂「三綱」說。

一、天者貴陽賤陰，政者任德不任刑

> 天道之大者在陰陽。陽為德，陰為刑；刑主殺而德主生。是故陽常居大夏，而以生育養長為事；陰常居大冬，而積於空虛不用之處。以此見天之任德不任刑也。天使陽出布施於上而主歲功，使陰入伏於下而時出佐陽；陽不得陰之助，亦不能獨成歲。終陽以成歲為名，此天意也。王者承天意以從事，故任德教而不任刑。刑者不可任以治世，猶陰之不可任以成歲也。為政而任刑，不順於天，故先王莫之肯為也。今廢先王德教之官，而獨任執法之吏治民，毋乃任刑之意與！孔子曰：「不教而誅謂之虐。」虐政用於下，而欲德教之被四海，故難成也。[38]

陽居春夏，以生育養長為事，陰居秋冬，以空虛不用為處，此陰陽二性乃順先秦以來由陰陽消長詮釋四時更替之說。但董仲舒所重在陰陽二性所表現之德，陽為德，以生養為德；陰為刑，主殺伐，天道以陽為主，故任德不任刑。〈陽尊陰卑〉曰：「陽天之德，陰天之刑，陽氣暖而陰氣寒，陽氣予而陰氣奪，陽氣仁而陰氣戾，陽氣寬而陰氣急，陽氣愛而陰氣惡，陽氣生

---

38 班固：《漢書卷五十六·董仲舒傳第二十六》，頁2502。

而陰氣殺，是故陽常居實位而行於盛，陰常居空位而行於末，天之好仁而近，惡戾之變而遠，大德而小刑之意也，先經而後權，貴陽而賤陰也。」[39]以陽氣為暖、予、仁、寬、愛、生，以陰氣為寒、奪、戾、急、惡、殺，說明天道大德而小刑，以德為常經大道，以刑為變通權用，故董仲舒的陰陽觀念是主張「貴陽賤陰」，陰、陽遂有尊卑貴賤之別。

　　值得注意者，戰國以來《管子‧四時》、《呂氏‧十二紀》以至《淮南子》論陰陽多相對平等，《管子‧四時》曰：「陰陽者，天地之大理也；四時者，陰陽之大徑也；刑德者，四時之合也。刑德合於時則生福，詭則生禍。」[40]；《呂氏‧十二紀》曰：「太一出兩儀，兩儀出陰陽，陰陽變化，一上一下，合而成章，渾渾沌沌，離而復合，合而復離，是謂天常。」[41]；《淮南‧精神》「古未有天地之時，惟像無形，窈窈冥冥，芒芠漠閔，澒蒙鴻洞，莫知其門。有二神混生，經天營地，孔乎莫知其所終極，滔乎莫知其所止息，於是乃別為陰陽，離為八極，剛柔相成，萬物乃形，煩氣為蟲，精氣為人。」[42]以上諸篇論陰陽二氣並無尊卑貴賤之別，可見董仲舒乃有意轉化陰陽二德為「貴陽賤陰」。

　　此外，「暖、予、仁、寬、愛、生」諸德乃偏向儒家價值觀，「奪、戾、急、惡、殺」則偏向法家嚴刑峻法一面，故董仲舒吸收陰陽之說，有意識地加以轉化為「貴陽賤陰」，「貴

39　《春秋繁露義證》，頁 327。
40　《管子校注‧四時》，頁 838。
41　《呂氏春秋校釋‧仲夏紀》，頁 255。
42　《淮南鴻烈集解‧精神》，頁 218。

陽」的內涵為儒家「暖、予、仁、寬、愛、生」諸德，「賤陰」
則為「奪、戾、急、惡、殺」之說，於是「陰陽對等」成為「重
陽輕陰」，「以刑以德」轉向「重德輕刑」的儒家德治主張，
董仲舒乃有意地扭轉漢代承秦法以來的施政方向，故董仲舒批
評今廢先王德教之官，獨任執法之吏治民，乃朝廷任刑不任德
之失。

二、天有陰、陽之施　人有貪、仁二性

> 為生不能為人，為人者天也，人之人本於天，天亦人之
> 曾祖父也，此人之所以乃上類天也。人之形體，化天數
> 而成；人之血氣，化天志而仁；人之德行，化天理而義；
> 人之好惡，化天之暖清；人之喜怒，化天之寒暑；人之
> 受命，化天之四時；人生有喜怒哀樂之答，春秋冬夏之
> 類也。喜，春之答也，怒，秋之答也，樂，夏之答也，
> 哀，冬之答也，天之副在乎人，人之情性有由天者矣，
> 故曰受，由天之號也。[43]

〈為人者天〉論人道本於天道，並將人之形體、血氣、德
行、好惡、喜怒、受命皆比附於天地之象，〈天副人數〉曰：「人
有三百六十節，偶天之數也；形體骨肉，偶地之厚也；上有耳
目聰明，日月之象也；體有空竅理脈，川谷之象也；心有哀樂
喜怒，神氣之類也；觀人之體一，何高物之甚，而類於天也。」[44]

---

43 《春秋繁露義證》，頁 318-319。
44 同前注，頁 354-355。

此為「天副人數說」。先秦儒家以人為貴，孟子有「人禽之辨」[45]強調人當存養四端之善性；荀子有「人有氣、有生、有知，亦且有義，故最為天下貴。」[46]在形氣內涵上強調人之道德性。但由天以論人則為〈中庸〉「天命之謂性」[47]之說，言人當「盡性」、「至誠」以上達天道之德，皆屬道德性的感通以上達天道之說。

　　董仲舒「天副人數」說具體明確指出人為天之所生，由「數」的觀念比附天之道[48]，是以骨節象三百六十日、耳目象日月、五臟象五行、髮象星辰、鼻口呼吸象風氣、喜怒象四時。關於天人關係，董仲舒不僅止於道德的感受與實踐，他在具體的形體、感官、喜怒之情中，將天與人作明確的比附，人之形體喜怒乃從天之四時、日月、風氣、星辰所化而來，由人身內在情性與外在感官肢體所透露的「數」去作連結的證明，反映的思想意義是董仲舒承繼先秦以來「以人為貴」的觀念，只是他是以人身之「數」以對應「天道之象」以襯出人之尊貴。〈天副人數〉曰：「莫精於氣，莫富於地，莫神於天，天地之精所以生物者，莫貴於人。人受命乎天也，故超然有以倚；物疢疾莫能為仁義，唯人獨能為仁義；物疢疾莫能偶天地，唯人獨能偶天地。」[49]此

---

45 「人之所以異於禽獸者幾希，庶民去之，君子存之。舜明於庶物，察於人倫；由仁義行，非行仁義也。」《孟子‧離婁章句下》，頁 145。

46 「水火有氣而無生，草木有生而無知，禽獸有知而無義，人有氣、有生、有知，亦且有義，故最為天下貴也。」《荀子集解上‧天論》頁 164。

47 「天命之謂性，率性之謂道，脩道之謂教。」《禮記‧中庸》，頁 879。

48 張德文認為董仲舒的數字系統為：「『一』乃指天地之氣，合而為一；『二』乃指陰陽二氣，『三』指天、地、人三才；『四』天之四時，人有四肢；『五』天列五行，人有五臟；『十』天有十端，人懷胎十月；『十二』天有十二月，人有十二節。」〈董仲舒的「天人關係」模式及其思維方式〉，《中國文化月刊》第 239 期（2000 年 5 月），頁 25。

49 《春秋繁露義證》，頁 354。

明人之所以為貴在於能對應天地之數，天地由氣化以生物，人、物皆為氣之所生成。人獨受命乎天，此或承〈中庸〉「天命」之說，但〈中庸〉以「性」為天命的內涵，董仲舒卻吸收荀子之說，以人獨能知仁義而為貴。人除能知仁義，更惟有人獨能「偶天地」即對應天地，此乃董生「天副人數」之說，肯定人之為貴的價值。

此外，在說明天人關係上，〈中庸〉由「性」連結天與人，孟子進一步提出「盡心、知性、知天」[50]，建立儒家「天人合德」的道德天基礎。荀子吸收氣化觀念，以氣化的內涵做為天地創造萬物的本質，但卻隔絕天與人的連結。董仲舒則意圖重建天、人之間的實然連結，人與萬物為天之所生，其本質為氣化所成，但人獨為貴，人之為貴不僅止於道德的創造以回應天地之德，更在具體的人身性情之「數」，即可見天有所命於人的訊息。雖然，由今觀之，「天副人數」不免牽強附會之處，但由先秦儒家論「天人合德」的思想發展而言，董仲舒可謂最具體的連結，人之內在與外在皆受天之特別造化，以明天與人確為一體。〈深察名號〉曰：

> 天兩有陰陽之施，身亦兩有貪仁之性；天有陰陽禁，身有情欲□，與天道一也。是以陰之行不得干春夏，而月之魄常厭於日光，乍全乍傷。天之禁陰如此，安得不損其欲而輟其情以應天？天所禁，而身禁之，故曰身猶天也，禁天所禁，非禁天也。必知天性不乘於教，終不能

---

50 孟子曰：「盡其心者，知其性也。知其性，則知天矣。存其心，養其性，所以事天也。殀壽不貳，修身以俟之，所以立命也。」《孟子·盡心章句上》，頁228。

□。察實以為名，無教之時，性何蘧若是？[51]

天道有陰、陽二氣，人身亦有仁、貪二性，人之受氣善、惡皆在心性之內，但天道尊陽而卑陰，不免有時而月厭於日光，乍全乍傷，故人有時不得不損輟其情性，是皆應天之所為，稟天氣化之自然，故人雖有仁、貪在性中，但亦具好仁惡貪之性向，〈竹林〉曰：「善善惡惡，好榮憎辱，非人能自生，此天施之在人者也。」[52]，故心性雖善惡在其中，但天道尊陽而卑陰，故人亦好善而惡惡，是以對董仲舒而言，人非「性善」，而是有「好善」的天性。董仲舒論「性」較近於荀子，《荀子‧禮論》曰：「性者，本始材朴也。」[53]又曰：「無性則偽之無所加，無偽則性不能自美」[54]，「性」為氣化材質義，「偽」乃是對「性」的人為裁成義，「性」與「偽」本質上相同，只是在表現上不同，「性」乃自人欲發，「偽」則經過人為的教化洗禮而發之禮義之行。只是荀子沒有在天人氣性的連結上加以論述，而董仲舒則由天道氣化之「尊陽卑陰」下落於心性而論人心之「善善惡惡」，是其理論又較荀子嚴密。

三、君臣、父子、夫婦之禮

人倫尊卑之序

先秦儒家論「君臣、父子、夫婦之道」，《論語‧顏淵》

---

51 《春秋繁露義證》，頁296。
52 同前注，頁63。
53 《荀子集解》，頁366。
54 同前注，頁366。

曰：「君君、臣臣、父父、子子。」⁵⁵《論語‧八佾》曰：「君使
臣以禮，臣事君以忠。」⁵⁶強調君臣以禮，各盡職分，並不強調
尊卑貴賤。《孟子‧滕文公上》曰：「父子有親，君臣有義，夫
婦有別，長幼有序，朋友有信。」⁵⁷孟子更進一步說明父子、君
臣、夫婦、長幼、朋友之人倫內涵為親、義、別、序、信，即
人倫關係是建立在仁心所發之親情、義理、尊重、敬長、坦誠
之情的基礎上。孟子論君臣關係，《孟子‧盡心下》曰：「民為
貴，社稷次之，君為輕」⁵⁸孟子強調以民為本為貴，君更次於社
稷之後而為輕，甚至激烈表達「聞誅一夫紂矣，未聞弒君也。」⁵⁹
主張賊害仁、賊害義之君，臣與民有弒君之權利，孟子當是有
感於戰國之時屢見暴君虐民而發。

　　荀子論君臣父子之道，《荀子‧大略》曰：「君臣不得不
尊，父子不得不親，兄弟不得不順，夫婦不得不驩。少者以長，
老者以養……禮之於正國家也，如權衡之於輕重也，如繩墨之
於曲直也。故人無禮不生，事無禮不成，國家無禮不寧。」⁶⁰主
張君臣父子兄弟夫婦當「循禮」各盡其分，以正國家，強調「禮」
對於國家群體個人的規範意義。故先秦孔、孟、荀論君臣、父
子、夫婦之禮皆無主張權威性的尊卑貴賤觀念，乃強調彼此以
禮相待，各盡其分，相互尊重之相對關係。

---

55 《論語》，頁108。
56 同前注，頁30。
57 《孟子》，頁98。
58 同前注，頁251。
59 齊宣王問曰：「湯放桀，武王伐紂，有諸？」孟子對曰：「於傳有之。」曰：
　　「臣弒其君，可乎？」曰：「賊仁者，謂之賊；賊義者，謂之殘。殘賊之人，
　　謂之一夫。聞誅一夫紂矣，未聞弒君也。」《孟子‧梁惠王下》，頁42。
60 《荀子集解》，頁494-495。

　　董仲舒由天道「貴陽賤陰」，主張政治方向的「重德輕刑」，再擴而大之論人道君臣父子夫婦兄弟之尊卑貴賤。〈天辨在人〉曰：「天下之尊卑隨陽而序位，幼者居陽之所少，老者居陽之所老，貴者居陽之所盛，賤者居陽之所衰，藏者言其不得當陽，不當陽者，臣子是也，當陽者君父是也。故人主南面，以陽為位也，陽貴而陰賤，天之制也。禮之尚右，非尚陰也，敬老陽而尊成功也。」[61]天地氣化以陽為尊，以陰為卑，〈陽尊陰卑〉曰：「陽始出，物亦始出，陽方盛，物亦方盛，陽初衰，物亦初衰，物隨陽而出入，數隨陽而終始，三王之正隨陽而更起，以此見之，貴陽而賤陰也。」[62]天道萬物以陽之盛衰為盛衰，人道亦法天地之道，故當以「陽」為貴，以「陰」為賤。擴大於君臣關係，〈陽尊陰卑〉又曰：「臣之義比於地，故為人臣者，視地之事天也，為人子者，視土之事火也。」[63]臣之事君如地之事天，子之事父如土之事火，故以陽為尊：老者、貴者、君者、父者為陽為尊；幼者、賤者、臣者、子者為陰為卑。故尊君父、敬長老，乃為天地之常，人倫之大。尊陽而賤陰之說落實於人道，故〈基義〉曰：「君臣、父子、夫婦之義，皆取諸陰陽之道。」[64]此說值得注意。

　　先秦孔、孟、荀論君臣、父子、夫婦之禮強調以禮相待，各盡其分，相互尊重之相對關係，至於董仲舒而有了改變。董仲舒以「陽尊陰卑」理論來對應君臣、父子、夫婦、長幼關係，

61　《春秋繁露義證》，頁 336-337。
62　同前注，頁 324。
63　同前注，頁 326。
64　同前注，頁 350。

成為君尊臣卑、父尊子卑、夫尊婦卑，長尊幼卑的上下關係，
這樣的做法自然是投武帝之所好，也是因應大一統帝國需要建
立君臣關係的絕對權威，以鞏固領導中心的統治地位，但也擴
及至家庭倫理秩序，其影響不可謂不深遠。〈基義〉曰：

> 陽兼於陰，陰兼於陽，夫兼於妻，妻兼於夫，父兼於子，
> 子兼於父，君兼於臣，臣兼於君。君臣、父子、夫婦之
> 義，皆取諸陰陽之道。君為陽，臣為陰；父為陽，子為
> 陰；夫為陽，妻為陰。陰道無所獨行。其始也不得專起，
> 其終也不得分功，有所兼之義。是故臣兼功於君，子兼
> 功於父，妻兼功於夫，陰兼功於陽，地兼功於天。……
> 陽之出也，常縣於前而任事；陰之出也，常縣於後而守
> 空處。此見天之親陽而疏陰，任德而不任刑也。是故仁
> 義制度之數，盡取之天。天為君而覆露之，地為臣而持
> 載之；陽為夫而生之，陰為婦而助之；春為父而生之，
> 夏為子而養之；秋為死而棺之，冬為痛而喪之。王道之
> 三綱，可求於天。天出陽，為暖以生之；地出陰，為清
> 以成之。不暖不生，不清不成。然而計其多少之分，則
> 暖暑居百而清寒居一。德教之與刑罰猶此也。故聖人多
> 其愛而少其嚴，厚其德而簡其刑，以此配天。[65]

董仲舒由天地陰陽氣化之道以論仁義制度之數，亦論父
子、君臣之道，〈王道通〉曰：「四時之行，父子之道也；天

---

65 《春秋繁露義證》，頁 350~352。

地之志，君臣之義也；陰陽之理，聖人之法也。」[66]天地本陰陽相兼相助，天地陰陽相兼相助之道對應於父子君臣夫婦之倫，亦為相兼相助一體同行之道。故君為陽則臣為陰；父為陽則子為陰；夫為陽則婦為陰。於是董仲舒「尊陽賤陰」的理論，擴大為君臣、父子、夫婦之倫，乃成為著名「三綱」說的理論基礎。「三綱」說始見於《白虎通‧三綱六紀》引《禮緯‧含文嘉》曰：「君為臣綱，父為子綱，夫為妻綱」[67]是為著名「三綱」說。董仲舒雖只言「王道之三綱，可求於天」並無正式提出「三綱」說，但已點出君臣、父子、夫婦為王道之三綱，雖未明確提出「君為臣綱，父為子綱，夫為妻綱」，但由「尊陽賤陰」理論繼續推展而為「三綱」說，也是很合理的發展，於是董仲舒禮學思想落實在人倫之道的規範上乃具權威化傾向。

第四節　禮奉天、地、人三本

　　董仲舒禮學思想在實踐上則有「禮奉三本」之說，「三本」乃天、地、人三本。天為生之本，地為養之本，人成之以禮樂以應天地，故董仲舒首重郊祀之禮以尊天地，「禮」之於人則主「體情而防亂」，故為之立王教以化民，以成禮樂之治以應天命。

---

66 《春秋繁露義證》，頁 331。
67 陳立：《白虎通疏證》，頁 373-374。

一、禮奉三本

> 天地人，萬物之本也，天生之，地養之，人成之；天生
> 之以孝悌，地養之以衣食，人成之以禮樂，三者相為手
> 足，合以成體，不可一無也；無孝悌則亡其所以生，無
> 衣食則亡其所以養，無禮樂，則亡其所以成也；三者皆
> 亡，則民如麋鹿，各從其欲，家自為俗。父不能使子，
> 君不能使臣，雖有城郭，名曰虛邑，如此，其君枕塊而
> 僵，莫之危而自危，莫之喪而自亡，是謂自然之罰。[68]

　　天生萬物，地養以衣食，人則成就禮樂之道，天、地、人
相互為手足一體，彼此相養相成，此乃董仲舒天人相應思想下
的禮學觀。〈王道通〉曰：「天，仁也。天覆育萬物，既化而
生之，有養而成之，事功無已，終而複始，凡舉歸之以奉人。
察於天之意，無窮極之仁也。人之受命於天也，取仁於天而仁
也。是故人之受命天之尊，父兄子弟之親，有忠信慈惠之心，
有禮義廉讓之行，有是非逆順之治，文理燦然而厚，知廣大有
而博，唯人道為可以參天。」[69]天覆育生養萬物是為仁德，人受
命於天亦受其德，能知父子之親、忠信慈惠、禮義廉恥之行，
乃知治之順逆，人倫尊卑，博學積累，故天道乃人道價值的根
源，人道乃法天道而生。天以生生為德，地以生養為德，人則
能參天地之道，而知孝悌之行，而有衣食飽暖，以成其禮樂之
道，故「禮樂之道」乃天地之道在人道上的表現。〈立元神〉

68　《春秋繁露義證》，頁168-169。
69　同前注，頁329-330。

曰：

> 明主賢君，必於其信，是故肅慎三本，郊祀致敬，共事
> 祖禰，舉顯孝悌，表異孝行，所以奉天本也；秉耒躬耕，
> 採桑親蠶，墾草殖穀，開闢以足衣食，所以奉地本也；
> 立辟雍庠序，修考悌敬讓，明以教化，感以禮樂，所以
> 奉人本也；三者皆奉；則民如子弟，不敢自專，邦如父
> 母，不待恩而愛，不須嚴而使，雖野居露宿，厚於宮室，
> 如是者，其君安枕而臥，莫之助而自強，莫之綏而自安，
> 是謂自然之賞，自然之賞至，雖退讓委國而去，百姓襁
> 負其子隨而君之，君亦不得離也。[70]

　　天、地、人乃萬物之本是曰「三本」，故明主賢君重此「三
本」，化作禮樂之道有三個層面：奉天之禮：郊祀祭天以致其
敬，以感萬物之本，使知反始；四時祭祖禰，以感人道之本，
以彰孝悌之行，乃奉天之禮之由。奉地之禮：天子躬耕籍田，
后妃採桑親蠶，民之墾殖開發地利，使民安養樂居，豐衣足食，
此乃奉地之禮之由。奉人之禮：設學校，修孝悌敬讓，使民知
禮樂教化，此乃奉人之禮。君者奉此天地人三本而不失，則民
如子弟而順，邦如父母而慈，君可高枕而臥矣。故天、地、人
三本之禮，乃董仲舒禮學思想的大架構。

　　荀子亦有「禮有三本」說，《荀子・禮論》曰：「禮有三本：
天地者，生之本也；先祖者，類之本也；君師者，治之本也。
無天地惡生？無先祖惡出？無君師惡治？三者偏亡焉，無安

---

70 《春秋繁露義證》，頁169。

人。故禮上事天，下事地，尊先祖而隆君師。是禮之三本也。」[71]
荀子論「禮」乃以「天地，先祖，君師」為三本，天地為生養
之本，先祖為人倫之本，君師為教化之本，禮上以事天，下以
事地，敬先祖，崇君師，亦是屬於以「禮」涵攝天、地、人（祖
考、君師）的架構，只是荀子乃是以「禮」的社會規範為主體，
以「禮」安頓天道、地道、先祖、君師之秩序，荀子制「禮」
仍是以群體之人倫規範「禮義之統」為主，此乃荀子「禮有三
本」之說。

　　荀子「禮有三本」並無以陰陽氣化做為天地人相應的媒介，
即無天人相應說為依據。董仲舒「禮奉三本」之說，乃以天人
相應說為依據，以天道陰陽之尊卑統攝地道、人道之序，禮樂
之道乃上應天地之道而設，更將荀子「君師」轉化為以「君」
為尊。故董仲舒「禮奉三本」說可以視作荀子「禮有三本」說
的發展，董仲舒在荀子「禮義之統」的社會規範義之外，又結
合天人相應思想及尊君觀念在其中，表現漢儒禮學思想的特色。

二、重郊祀之禮

　　董仲舒論「禮」尊天之陽而貴人之君父，故論「天子之禮」
首重郊祀祭天之禮。《漢書・董仲舒傳》曰：「仲舒在家，朝廷
如有大議，使使者及廷尉張湯就其家而問之，其對皆有明法。」[72]
《春秋繁露》今尚存廷尉張湯問「郊祀之禮」[73]。董仲舒論「禮」，

---

71 《荀子集解》，頁 349。
72 班固：《漢書卷五十六・董仲舒傳第二十六》，頁 2525。
73 「臣湯承制，以郊事問故膠西相仲舒。臣仲舒對曰：『所聞古者天子之禮，
　　莫重於郊。郊常以正月上辛者，所以先百神而最居前。禮，三年喪，不祭其
　　先，而不敢廢郊。郊重於宗廟，天尊於人也。』」《春秋繁露義證・郊事對》，
　　頁 414。

特重「郊祀之禮」。〈郊祭〉曰：

> 先貴而後賤，孰貴於天子？天子號天之子也。奈何受為
> 天子之號，而無天子之禮？天子不可不祭天也，無異人
> 之不可以不食父。為人子而不事父者，天下莫能以為可。
> 今為天之子而不事天，何以異是？是故天子每至歲首，
> 必先郊祭以享天，乃敢為地，行子禮也；每將興師，必
> 先郊祭以告天，乃敢征伐，行子道也。[74]

　　《禮記‧祭義》曰：「郊之祭，大報天而主日，配以月。夏
后氏祭其闇，殷人祭其陽，周人祭日，以朝及闇。祭日於壇，
祭月於坎，以別幽明，以制上下。祭日於東，祭月於西，以別
外內，以端其位。日出於東，月生於西。陰陽長短，終始相巡，
以致天下之和。」[75]此言「郊祀之禮」本於上古三代，以日為主，
以月配之，夏代祭以昏時，商人祭以日中，周人以日出及昏時，
雖三代不同，但皆有回報天之所生，報本反始之意。

　　《漢書‧郊祀志》論周天子郊祀之禮曰：「周公相成王，
王道大洽，制禮作樂，天子曰明堂辟雍，諸侯曰泮宮。郊祀后
稷以配天，宗祀文王於明堂以配上帝。四海之內各以其職來助
祭。天子祭天下名山大川，懷柔百神，咸秩無文。五嶽視三公，
四瀆視諸侯。而諸侯祭其疆內名山大川，大夫祭門、戶、井、
灶、中霤五祀。士庶人祖考而已。各有典禮，而淫祀有禁。」[76]
此言周公制禮作樂，天子、諸侯、大夫、士、庶人按其尊卑，

74　《春秋繁露義證》，頁 404-405。
75　《禮記》，頁 812-813。
76　班固：《漢書卷二十五上‧郊祀志第五上》，頁 1193-1194。

各有典禮。周天子郊祀周之始祖后稷以配天，宗祀文王以配上帝，郊祀乃彰顯宗族起源與文王之德，以凝聚王室向心力。此外，天子祭天下名山大川百神。三公祀五嶽，諸侯祀四瀆，諸侯祭其疆內名山大川，大夫祭門、戶、井、灶、中霤五祀。士庶人祀祖考。

漢郊祀之禮，陳戌國以為「西漢的郊祀，從高祖劉邦起，或親往，或否，即同一帝，有時親往，有時不往。或郊於國都長安附近，或否。多在歲首，或否。（如《武帝紀》元鼎五年冬十一月，『泰畤于甘泉。天子親郊見』，《郊祀志》則有『其秋，上雍且郊』。或用犛牛，或用太牢。……郊祀本為祭天，而西漢武帝以下郊祀包含了天郊與地郊，設立了專門供應郊祀所需的奉郊縣，這都是西漢人的發明。」[77]可見郊祀之禮至於漢代仍然沿襲而有所興作。

董仲舒重「郊祀之禮」其意義有：1.以天為貴，〈郊事對〉曰：「郊重於宗廟，天尊於人也。」[78]天乃至尊，落實於「禮」而言郊祀之禮實乃首要。2.人道以君為尊，天子受天之所命，惟天子可行郊祀之禮而祭天，故天子不可以不行郊祀之禮，此言天子之權威乃受之於天，故天子當親行郊祀之禮以應天，則朝廷君臣尊卑乃定。3.天子受天之所命，而行郊祀之禮，正如子受父所命而行父子之禮，則又擴而至於家庭父子尊卑之倫。在董仲舒「禮」者奉天地人三本的架構下，上古報本反始之意已大為減少，周人彰顯宗族血緣與君王之德的傳統亦減弱，董仲舒重視「郊祀之禮」乃推尊天子受命於天的神聖性，天子乃得行

77 陳戌國：《中國禮制史・秦漢卷》，頁139。
78 《春秋繁露義證》，頁414。

郊禮的特殊性與尊貴性，正為鞏固天子之權威而設，且更擴及君臣、父子之尊卑，故董仲舒首重郊祀之禮。

三、禮者，體情而防亂

> 君子非禮而不言，非禮而不動，好色而無禮則流，飲食而無禮則爭，流爭則亂。夫禮，體情而防亂者也。民之情，不能制其欲，使之度禮。目視正色，耳聽正聲，口食正味，身行正道，非奪之情也，所以安其情也。[79]

《論語‧顏淵》曰：「克己復禮為仁。一日克己復禮，天下歸仁焉。為仁由己，而由人乎哉？」顏淵曰：「請問其目。」子曰：「非禮勿視，非禮勿聽，非禮勿言，非禮勿動。」[80]「性與天道」孔子雖少言，但言「克己」則知性中自有私慾當克乃得「復禮」，「復禮」乃視、聽、言、動皆當循禮而行，始為仁人君子，故孔子論「仁」由內在之克己，加上外在視聽言動之循禮而言。

董仲舒論「禮」言「非禮而不言，非禮而不動，好色而無禮則流，飲食而無禮則爭，流爭則亂。」可謂孔子「克己」內涵的闡發，好色之性、飲食之性當循禮而行，否則當流而為亂，人世之紛爭始起。此說與荀子論「禮」相近，荀子論「禮」自情欲之規範處言，《荀子‧禮論》曰：「人生而有欲，欲而不

79　《春秋繁露義證‧天地施》，頁 469~470。
80　《論語》，頁 106。

得，則不能無求。求而無度量分界，則不能不爭」[81]，荀子論「禮」自情欲之「性惡」論，乃由「防亂」角度論「禮」。董仲舒論好色之性、飲食之性若無禮則流為亂，正是自「防亂」角度論「禮」。

　　但董仲舒論「禮」之作用除「防亂」之外，還提出「體情」之說。因董仲舒人性觀不全然是好色、飲食之性，其人性內容有仁、貪二性，人性本好仁惡貪，由「貪」而言，好色之性、飲食之性自當有所防亂而節制之；由「仁」而言，則「禮」為「體情」，目視正色，耳聽正聲，口食正味，乃從人性之好仁、好義處發出，故「禮」非一味奪人之情，防人之性，其另一用意乃在順人之性，安人之情。故董仲舒論「禮」之於人性有兩個作用：一是「防亂」，此就先天人性之貪欲言，人順其情不能自制，乃需有「禮」以防之；一是「體情」，「禮」非奪人之情，「禮」亦本於人性之仁而生，人依禮而行更能安其情。

四、民受成性之教於王

> 性待教而為善。此之謂真天。天生民性有善質，而未能善，於是為之立王以善之，此天意也。民受未能善之性於天，而退受成性之教於王。王承天意，以成民之性為任者也。今案其真質，而謂民性已善者，是失天意而去王任也。[82]

81　《荀子集解》，頁 346。
82　《春秋繁露義證・深察名號》，頁 300-302。

　　荀子重「化性起偽」，董仲舒曰「成性之教」，就重視後天教化而言，二家是相同的。對荀子而言，人性的內涵就是「食色之性」並無所謂善惡，透過聖人制禮義的實踐，透過「學」與「習」，「近師友」的「同氣相感」以變化氣質，使過與不及之欲，能有所節制表現出合理之行為規範，此即「化性起偽」的主張。董仲舒主張人性有「仁、貪兩性」且基本上人是「好仁惡貪」的，具備「好善惡惡」的傾向，即人性中有善質，荀子的人性觀中無所謂「善質」，人性本身是食色之性，無所謂善惡，但董仲舒由「貴陽賤陰」以論人性「仁貪二性」，便主張人有善質，有善質不必然能表現善行，但人性本身有善質，所以才有「教化成善」的可能性。

　　董仲舒主張透過外在的教化，使「仁、貪兩性」的人性觀轉化為善行，但主導此教化職責的不是聖人、亦非師友，乃是君王，故君王除了是政治領袖，也是道德教化領袖，此為董仲舒人性說的特色，將政治義的君王賦予更崇高的道德教化使命。

　　董仲舒由天道之陰陽以論人性之貪、仁二性，性非善，性須待教而為善，天乃為之立王以教民，使民為善。故民受性於天，受教於王，王者承襲天意乃以教民為善以為己任。董仲舒在〈賢良對策〉對曰：「古之王者……莫不以教化為大務，立大學以教于國，設庠序以化於邑。漸民以仁，摩民以誼，節民以禮，故其刑罰甚輕而禁不犯者，教化行而習俗美也。……夫仁誼禮知信五常之道，王者所當修飭也。五者修飭，故受天之佑，而享鬼神之靈，德施于方外，延及羣生也。」[83]論人君施教

83　班固：《漢書卷五十六‧董仲舒傳第二十六》，頁 2503-2505。

於民之內容與必要性，古代聖王莫不以教化人民為務，漢承秦
而起，仍續秦法而嚴刑，無怪乎國不得治，故君王當改弦易張，
以教化為重，立大學、庠序以教化人民。而君王更當身自表率，
〈為人者天〉曰：

> 天生之，地載之，聖人教之。君者，民之心也；民者，
> 君之體也。心之所好，體必安之；君之所好，民必從之。
> 故君民者，貴孝弟而好禮義，重仁廉而輕財利，躬親職
> 此於上，而萬民聽，生善於下矣。故曰：「先王見教之可
> 以化民也。」此之謂也。衣服容貌者，所以說目也；聲
> 音應對者，所以說耳也；好惡去就者，所以說心也。故
> 君子衣服中而容貌恭，則目說矣；言理應對遜，則耳說
> 矣；好仁厚而惡淺薄，就善人而遠僻鄙，則心說矣。故
> 曰：「行思可樂，容止可觀。」此之謂也。[84]

此論王教之內容，天以生物為德，地以載物為德，聖人以
教化為任，知王教乃具天人相應意義之使命。董仲舒「聖人」
乃指君王而言，〈為人者天〉曰：「聖人之道，不能獨以威勢
成政，必有教化。先之以博愛，教以仁也；難得者，君子不貴，
教以義也；雖天子必有尊也，教以孝也，必有先也，教以弟也，
此威勢之不足獨恃，而教化之功不大乎？」[85]君王不僅以威勢為
政，更有教化之使命，君王先之以博愛、不貴難得，則教民以
仁、義、孝、弟也。君為民之心，「心」者明辨是非之主，故
君有教民之責，以為民心之主；民為君之體，民有從君之義。

---

84 《春秋繁露義證》，頁 320
85 同前注，頁 319。

故君立身以孝悌好禮，重仁廉而輕利，躬親職於上，君立己以
正民，則萬民從善於下。人君行之於身，所謂視聽言動合於禮，
衣服中而容貌恭、言語順應、好仁惡薄，去鄙就善，合於耳目
感官之悅，而為民可樂可觀之身教也。此可見董仲舒結合孔子
「非禮勿視，非禮勿聽，非禮勿言，非禮勿動」[86]的君王以身作
則與「君子之德風，小人之德草」[87]發揮君德無形影響力的落實，
整合強調人君立身言行的重要並賦予人君以立身言行以教化人
民的使命。

　　〈五行五事〉曰：：「五事，一曰貌，二曰言，三曰視，
四曰聽，五曰思。何謂也？夫五事者，人之所受命於天也，而
王者所修而治民也。故王者為民，治則不可以不明，準繩不可
以不正。王者貌曰恭，恭者敬也。言曰從，視曰明，明者知賢
不肖，分明黑白也。聽曰聰，聰者能聞事而審其意也。思曰容，
容者言無不容。恭作肅，從作乂，明作哲，聰作謀，容作聖。
何謂也？恭作肅，言王者誠能內有恭敬之姿，而天下莫不肅矣。
從作乂，言王者言可從，明正從行而天下治矣。明作哲，哲者
知也，王者明則賢者進，不肖者退，天下知善而勸之，知惡而
恥之矣。聰作謀，謀者謀事也，王者聰則聞事與臣下謀之，故
事無失謀矣。容作聖，聖者設也。王者心寬大無不容，則聖能
施設，事各得其宜也。」[88]董仲舒引《尚書・洪範》曰：「一曰
貌，二曰言，三曰視，四曰聽，五曰思。貌曰恭，言曰從，視
曰明，聽曰聰，思曰睿。恭作肅，從作乂，明作哲，聰作謀，

86　《論語・顏淵》，頁106。
87　同前注，頁109。
88　《春秋繁露義證》，頁389-391。

睿作聖。」[89]言王者之貌、言、視、明、聽、聰、思諸行，當以為禮以正諸民，此乃王教之內涵。

孔子答季康子問政，曰：「子為政，焉用殺？子欲善，而民善矣！君子之德，風；小人之德，草；草上之風，必偃。」[90]孔子主張人君當行道德，發揮無形之影響力，以身作則，不要徒以嚴刑治民，君子先正己乃得正民，強調「修己以敬。」、「修己以安人」、「修己以安百姓」[91]的德治思想。荀子主「性惡」，面對人性好利、爭奪之性，《荀子・性惡》主張「必將有師法之化，禮義之道，然後出於辭讓，合於文理，而歸於治。」[92]，又曰：「古者聖人以人之性惡，以為偏險而不正，悖亂而不治，故為之立君上之埶以臨之，明禮義以化之，起法正以治之，重刑罰以禁之，使天下皆出於治、合於善也。是聖王之治，而禮義之化也。」[93]荀子主張立「師法」、「立君上之埶」，乃見先秦儒家德治理想已有趨向群體性的社會規範發展的趨向。

漢儒由於與政治權力核心的密切合作，德治理想乃漸以「王教」為主。文帝時賈誼便主張君王當具備君德、君容、君行以為民之表率，《新書・大政上》曰：「道者，聖王之行也；文者，聖王之辭也；恭敬者，聖王之容也；忠信者，聖王之教也。聖人者，賢智之師也。仁義者，明君之性也。」[94]賈誼主張人君

89　《尚書》，頁 170。

90　《論語・顏淵》，頁 109。

91　子路問君子。子曰：「修己以敬。」曰：「如斯而已乎？」曰：「修己以安人。」曰：「如斯而已乎？」曰：「修己以安百姓。修己以安百姓，堯、舜其猶病諸！」《論語・憲問》，頁 131。

92　《荀子集解》，頁 434-435。

93　同前注，頁 440

94　《新書校注》，頁 341。

當以「德」涵養，以「禮」為進退之儀，以「容」為顏色，動作有文、言語有則，應接有序，使上下和諧。[95]故君王修身正己，推己及人，以正百姓，可見荀子的「師法」漸轉向以「聖王之教」。

　　董仲舒論「王教」其義有幾：1.董仲舒結合陰陽之說，由天道之陰、陽以論人性之貪、仁，天命乃立王以施教，此乃為君王的成立建立權威與道德之根源義，君承天命而來，可謂教化義的「君權神授」，但此君權非可一意孤行，當以人民之施教為任，君王乃天命之君，且為天命之師。2.董仲舒的主張實有所承又有所創新，承襲的是先秦儒家君王德治的理想，而關於君王德治思想演變，由孔子「君子之德風」，荀子「師法」、「聖王」之說，以至賈誼「君德」、「君行」、「君容」之說，可看出德治理想漸向推尊君王方向發展，至於董仲舒藉由天道陰陽思想，遂達至君權與師道結合的巔峰。3.董仲舒雖推尊君權，但以將儒家德治思想灌注其中，君王握天命之權威，但也不可任意妄為，其有為民表率的無形壓力與使命感，或是董仲舒用心所在。

95　「古者聖王居有法則，動有文章，位執戒輔，鳴玉以行。……故曰明君在位可畏，施舍可愛，進退可度，周旋可則，容貌可觀，作事可法，德行可象，聲氣可樂，動作有文，言語有章，以承其上，以接其等，以臨其下，以畜其民。故為之上者敬而信之，等者親而重之，下者畏而愛之，民者肅而樂之，是以上下和諧而士民順一。」《新書校注‧禮》，頁229。

第五節　小　結

　　董仲舒禮學思想的成就可分幾方面：1.禮學方面天人思想理論的完成，2.禮學方面天命理論的建構，3.禮學落實方面傾向權威化禮教。

　　關於禮學方面天人思想理論的完成：關於天人相應，天降福禍之說，戰國晚期以至秦漢間著作《管子》與《呂氏春秋》等書已經出現。《管子・四時》篇曰：「陰陽者，天地之大理也，四時者，陰陽之大徑也。刑德者，四時之合也。刑德合於時則生福；詭則生禍。」[96]將陰陽、四時與刑德之政做結合，刑德合於時而施，則天降福，不合於時而施，則天降禍。《呂氏・十二紀》曰：「人之與天地也同，萬物之形雖異，其情一體也，故古之治身與天下者必法天地也。」[97]主張治國當法天地之道，配合十二月令以施政，十二紀每一紀皆附災異之說，如〈季春紀〉篇末曰：「季春行冬令則寒氣時發，草木皆肅，國有大恐。行夏令則民多疾疫，時雨不降，山陵不收。行秋令，則天多沉陰，淫雨早降，兵革竝起。」[98]這樣的思想出現在齊國與秦國，筆者以為並非偶然，因為齊、秦二國是戰國晚期二大強國，戰國以來群雄爭戰不休，民心厭戰[99]，齊、秦是最有實力一統天下

96　《管子校注・四時》，頁838。
97　《呂氏春秋集釋上・仲春紀》，頁45。
98　《呂氏春秋集釋上・季春紀》，頁65。
99　賈誼云：「秦滅周祀，并海內，兼諸侯，南面稱帝，以四海養。天下之士斐然嚮風，若是何也？曰：近古而無王者久矣。周室卑微，五霸既滅，令不行於天下，是以諸侯力正，強凌弱，眾暴寡，兵革不休，士民罷弊。今秦南面而王天下，是上有天子也。即元元之民冀得安其性命，莫不虛心而仰上。當此之時，專威定功，安危之本，在於此矣。」《新書校注・過秦上》，頁13~14。

的國家，思想家因應新的時局，需要有新的思想價值觀因應。故天人一體，福禍相應之說，可以對大權集於一身的君王有所約束，這樣的想法可從《呂氏春秋》〈序意〉篇中看出來[100]，惜乎秦皇帝與二世一味嚴刑峻法，未能體會呂氏用心，終至大失民望，遂失天下。

　　錢穆論及戰國末期以至漢世，秦漢儒者吸收道家、陰陽家之說，開創「新宇宙觀」的意義，其曰：「惟自戰國晚世，下迄秦皇、漢武之間，道家新宇宙觀既確立，而陰陽家言又不符深望，其時之儒家，則多采取道家新說，旁及陰陽家，而更務為變通修飾，以求融會於孔孟以來傳統之人生論，而儒家面目亦為之一新。……故論戰國晚世以迄秦皇、漢武間之新儒，必著眼於其新宇宙觀之創立，又必著眼於其所采莊老道家之宇宙論而重加彌縫補綴，以曲折會合於儒家人生觀之舊傳統，其鎔鑄莊老激烈破壞之宇宙論以與孔孟中和建設之人生論凝合無間，而成為一體，實此期間新儒家之功績也。予謂此時期之新儒，以《易傳》與《小戴禮記》中諸篇為代表。」[101]錢氏說明秦漢新儒吸收莊老道家、陰陽家新說，建立新宇宙觀的思想背景，誠然如此。但秦漢儒者是否求融通於孔孟傳統之人生論，以曲折會合儒家人生之舊傳統值得商榷。但由《呂氏春秋》十二紀以至漢儒董仲舒論禮學思想的淵源，確實受到戰國以來天人思

---

100 「維秦八年，歲在涒灘，秋，甲子朔，朔之日，良人請問十二紀。文信侯曰：「嘗得學黃帝之所以誨顓頊矣，爰有大圜在上，大矩在下，汝能法之，為民父母。蓋聞古之清世，是法天地。凡〈十二紀〉者，所以紀治亂存亡也，所以知壽夭吉凶也。上揆之天，下驗之地，中審之人，若此則是非可不可無所遁矣。」《呂氏春秋集釋上‧季冬紀‧序意》，頁273-274。

101 錢穆：〈易傳與小戴禮記中之宇宙論〉《中國學術思想史論叢》（二），頁23。

想「新宇宙觀」的深刻影響。

　　先秦儒家天人思想淵源，可溯及《周易・繫辭》曰：「《易》有太極，是生兩儀，兩儀生四象，四象生八卦，八卦定吉凶，吉凶生大業。是故法象莫大乎天地，變通莫大乎四時，縣象著明莫大乎日月……天地變化，聖人效之；天垂象，見吉凶，聖人象之。」[102]太極、兩儀、四象、八卦呼應天地、四時、日月之象，是由卦象之序以釋天地之道，並主張聖人當法天地之道，可謂卦象義的法天地思想。又曰：「天尊地卑，乾坤定矣。卑高以陳，貴賤位矣。動靜有常，剛柔斷矣。方以類聚，物以羣分，吉凶生矣。在天成象，在地成形，變化見矣。是故剛柔相摩，八卦相盪。鼓之以雷霆，潤之以風雨；日月運行，一寒一暑。……可久則賢人之德，可大則賢人之業。易簡而天下之理得矣。天下之理得而成位乎其中矣。」[103]此天地之序已賦予尊卑貴賤觀念，但尚未言及君臣父子之道。《禮記・樂記》曰：「天尊地卑，君臣定矣。卑高已陳，貴賤位矣。動靜有常，小大殊矣。方以類聚，物以羣分，則性命不同矣。在天成象，在地成形；如此，則禮者天地之別也。地氣上齊，天氣下降，陰陽相摩，天地相盪，鼓之以雷霆，奮之以風雨，動之以四時，煖之以日月，而百化興焉。如此則樂者天地之和也。」[104]〈樂記〉再由天地之道以論禮樂之起，禮者源於天地之別，由天地卑高大小類聚物分之別，以定人道之尊卑貴賤差別；樂者源於天地之和，以達人道之一體同樂。〈樂記〉由天地氣化之殊異與

102　《周易》，頁 156-157。
103　同前注，頁 143-144。
104　《禮記》，頁 671-672。

同化論禮樂之別與合，開創儒家禮樂思想的宇宙論高度甚具意義。《禮記‧禮運》曰：「夫禮，必本於大一，分而為天地，轉而為陰陽，變而為四時，列而為鬼神。其降曰命，其官於天也。夫禮必本於天，動而之地，列而之事，變而從時，協於分藝，其居人也曰養，其行之以貨力、辭讓：飲、食、冠昏、喪、祭、射、御、朝、聘。」[105]此乃〈禮運〉吸收天道氣化陰陽之說，再重新詮釋「禮」之新說，「禮」之本源不再強調三代之禮，而推其源於「大一」，「大一」為天道之最高主體，使「禮」與天道本體聯繫，「大一」內容為天地、陰陽、四時、五行、鬼神，落實於「禮」之中，則表現為飲、食、冠、昏、喪、祭、射、御、朝、聘之禮，故「禮」乃成為「達天道、順人情」的重要連結。

　　董仲舒吸收戰國以來天人相應思想，以「禮」作為天人相應之連結，完成天人相應思想的禮學理論。〈奉本〉曰：「禮者，繼天地，體陰陽，而慎主客，序尊卑、貴賤、大小之位，而差外內、遠近、新故之級者也，以德多為象。萬物以廣博眾多，歷年久者為象。其在天而象天者，莫大日月，繼天地之光明，莫不照也。星莫大於大辰，北斗常星。部星三百，衛星三千。大火二十六星，伐十三星，北斗七星，常星九辭，二十八宿。多者宿二十八九。其猶蓍百莖而共一本，龜千歲而人寶。是以三代傳決疑焉。其得地體者，莫如山阜。人之得天得眾者，莫如受命之天子。下至公、侯、伯、子、男，海內之心懸於天

子，疆內之民統於諸侯。」[106]董氏論「禮」由天地陰陽之序立論，順天道之序以立人道之位。天道以日月為尊，大辰北斗眾星次之；地道以山阜為尊；人道以德多、博物、高年為尊，故受天命之天子最高，公、侯、伯、子、男之諸侯次之，萬民又次之。「禮者，繼天地，體陰陽」乃以天地之序作為人倫之序的禮制根據，強調人道的尊卑貴賤有序，尤其是君王的地位受到推尊，以其乃天之所命為最高，其次乃公侯諸侯之尊，是由天道義之秩序以建立政治義的尊卑倫理基礎。

　　董仲舒天人相應的禮學思想，值得注意者有幾：1.不強調自然義的法天地思想，更偏向人倫秩序的根源義探討。2.「禮」是天人相應思想在人世的表現，「禮」成為天與人的連結，使禮制更具必然性與合理性。3.天道以日月為尊，人道以人君為尊，再次彰顯尊君思想。4.人世之尊卑貴賤乃相應於天地之秩序而來，故建立禮制之尊卑貴賤有其必要性，人倫世界之君臣父子夫婦之道乃成為權威性尊卑之規範，影響深遠。「禮者，繼天地，體陰陽」乃董仲舒禮學思想的價值根源，由天道以論人道的禮學思想模式，有別於先秦儒家由三代之禮以立論的禮學傳統，可謂受到戰國以來天人思想的衝擊而生，雖近於《呂氏春秋》十二紀「法天地」模式[107]，但《呂氏春秋》之禮學思想乃

106　《春秋繁露義證》，頁275-278。
107　徐復觀以為：「到了董仲舒，才在天的地方，追求實證的意義，有如四時、災異。更以天貫通一切，構成一個龐大的體系。他這不是直承古代天的觀念發展下來的，而是直承《呂氏春秋》十二紀紀首的格套、內容、發展下來的。」徐氏以為董仲舒天人相應思想乃承戰國以來結合道家、陰陽家思想的「新宇宙觀」而建立包括天命、四時、陰陽、五行、災異的龐大思想體系，他非承於古代宗教天的傳統而來，而是直承《呂氏春秋》十二紀，結合天人、陰陽五行思想的政治思想而來。徐復觀：《兩漢思想史‧先秦儒家思想的轉折及天的哲學的完成》，頁371。

配合天道之自然而設，以人道配合天道；董仲舒的天人相應的禮學模式卻是透過天地山川高低大小之異以賦予人道尊卑貴賤之別之根源義與必要性，是借天道以彰顯「禮」之本源，藉天道以彰顯「禮」之價值，表現出有別於先秦儒學乃為漢代禮學思想的天人特色。

　　在禮學方面天命理論的建構上，關於歷代禮制之演變規律，董仲舒提出「三統說」與「四法說」甚具意義。孔子曰：「殷因於夏禮，所損益可知也；周因於殷禮，所損益，可知也；其或繼周者，雖百世可知也。」[108]首次提出夏商周以至百世在禮樂制度上承繼損益的歷史觀，但三代所損益者何？所繼周以至百世者何？孔子並無明確點出。孟子曰：「五百年必有王者興，其間必有名世者。由周而來，七百有餘歲矣。以其數則過矣，以其時考之則可矣。」[109]孟子「五百年必有王者興」的依據不知為何？或只是對周文傳承的使命感所致。戰國末年的鄒衍正式提出一套主張，說明人類歷史演進有其規律性，他將「陰陽」與「五行」這兩種本為獨立的觀念作結合，擴大解釋為朝代更替的「五德轉移」說。據《史記・孟荀列傳》：「騶衍睹有國者益淫侈，不能尚德，若大雅整之於身，施及黎庶矣。乃深觀陰陽消息而作怪迂之變，終始、大聖之篇十餘萬言。其語閎大不經，必先驗小物，推而大之，至於無垠。先序今以上至黃帝，學者所共術，大並世盛衰，因載其禨祥度制，推而遠之，至天地未生，窈冥不可考而原也。先列中國名山大川，通谷禽獸，水土所殖，物類所珍，因而推之，及海外人之所不能睹。稱引

108　《論語・為政》，頁19。
109　《孟子・公孫丑下》，頁85。

天地剖判以來，五德轉移，治各有宜，而符應若茲。」[110]鄒衍「五德轉移說」具體內容今未知其詳，由上所述，可推想其理論之龐雜，包括古往今來、天文地理、草木禽獸、甚至天地未生、人之不能睹者，其說雖無法窺知，但特別的是「深觀陰陽消息」與「五德轉移，治各有宜」之文，「五行」由物質義轉變為解釋天地人文變化之五種主德的移轉，乃將天地陰陽二氣消長與五行之德移轉做結合，以解釋人文世代之興衰，約自鄒衍始。

今鄒衍著作已不得見，惟《呂氏春秋‧應同》篇略見其概：「凡帝王者之將興也，天必先見祥乎下民。黃帝之時，天先見大螾大螻，黃帝曰：『土氣勝』，土氣勝，故其色尚黃，其事則土。及禹之時，天先見草木秋冬不殺，禹曰：『木氣勝』，木氣勝，故其色尚青，其事則木。及湯之時，天先見金刃生於水，湯曰：『金氣勝』，金氣勝，故其色尚白，其事則金。及文王之時，天先見火，赤烏銜丹書集於周社，文王曰：『火氣勝』，火氣勝，故其色尚赤，其事則火。代火者必將水，天且先見水氣勝，水氣勝，故其色尚黑，其事則水。」[111]「五德轉移」乃述黃帝以來，歷土德、木德、金德、火德，其論述取代周之火德者，必為水德，是以五德相勝為說。《史記‧秦始皇本紀》曰：「（秦）始皇推終始五德之傳，以為周得火德，秦代周德，從所不勝。方今水德之始，改年始，朝賀皆自十月朔。衣服旄旌節旗皆上黑。數以六為紀，符、法冠皆六寸，而輿六尺，六尺為步，乘六馬。更名河曰德水，以為水德之始。」[112]鄒衍「五德

110 司馬遷：《史記‧孟子荀卿列傳》，頁 939。
111 陳奇猷：《呂氏春秋校釋》，頁 677。
112 司馬遷：《史記卷二十八‧封禪書第六》，頁 120。

轉移」說因秦始皇的採用，影響當時思潮甚鉅，司馬遷受其學
說影響，以為其有勸諫君王之深意焉[113]，在《史記・高祖本紀》
內更言高祖斬白蛇起義，以「赤帝子」自命之事[114]。

　　董仲舒在賢良對策中對曰：「臣聞制度文采玄黃之飾，所
以明尊卑，異貴賤，而勸有德也。故春秋受命所先制者，改正朔，
易服色，所以應天也。然則宮室旌旗之制，有法而然者也。」[115]
王者受天命以改制乃應天命之必要。至於如何改制？必將有所
據，即天命的證明在何處？董仲舒藉孔子夏商周三代之禮的因
革損益以至繼周百世一段，證明歷史演變有其規律性。但演述
歷史的規律性最直接的方式是採用鄒衍「五德轉移說」。「五
德轉移說」由土、木、金、火、水五德相勝以取代前朝的循環
史觀立論。但董仲舒並未採用其說，反而另倡所謂「三代改制
質文」，其中原故董仲舒並未明言。近代學者就鄒衍之說在漢
代政治、思想上的缺陷等原因推論之[116]，或是因秦承水德承繼

113　《史記・孟荀列傳》：「或曰，伊尹負鼎而勉湯以王，百里奚飯牛車下而繆公
　　用霸，作先合然後引之大道。騶衍其言雖不軌，儻亦有牛鼎之意乎？」，頁
　　940。
114　「祠黃帝，祭蚩尤於沛庭，而釁鼓旗，幟皆赤。由所殺蛇白帝子，殺者赤帝
　　子，故上赤。」司馬遷：《史記・高祖本紀第八》，頁165。
115　班固：《漢書卷五十六・董仲舒傳第二十六》，頁2510。
116　「董仲舒的三統說的歷史觀，表面上類似於五德說的歷史觀，其實有根本的
　　不同。五德說的歷史觀認為五行以相剋相勝的原則，推動朝代的轉變。五行
　　的相剋相勝，是歷史轉變的動力。一個統治的朝代為其以後的朝代所代替，
　　是出於歷史的必然。這種必然是機械的，不以人的意志為轉移。這種歷史觀，
　　在地主階級爭取政權的時候，有其一定的積極作用。在地主階級已經取得政
　　權以後，他不希望另一個階級以機械的必然來代替它的統治。「五德轉移」的
　　說法對於它就不合適了。於是董仲舒代之以三統說。他所說的「三統」並不
　　是歷史轉變的動力，只是「新王受命」的一種標誌。「新王受命」完全是「天
　　意」的決定；表現「天意」的「道」是永恆不變的。董仲舒吸收了五德說的
　　歷史觀的一些思想資料，但加以改造，使之為已居統治地位的地主階級服
　　務。」馮友蘭，《中國哲學史新編》，頁90-91。「漢初陸賈、賈誼提倡以儒學

的是鄒衍系統。漢雖承秦之後，卻有意越過秦代直承春秋而作。故董仲舒不願襲用鄒衍之說。[117]觀「三統說」的內容，「三統說」與「五德說」除了五代循環說與三色循環說有相近之處，旨在呈現有一歷史大規律的存在，此自然是為讓君王有所戒懼而設。此外，董仲舒「三統說」更強調三代禮制的具體性與差異性，具體性包括正朔、犧牲、車馬、服冕、旗幟、名物、冠、婚、喪、祭之禮、祭牲、薦物、樂器、用刑、日分等，可謂提綱挈領展現儒家禮制之大方向，至於「四法」則完全脫離鄒衍「五德說」的影響，提出「一商一夏一文一質」的歷代施政內涵規律，表現董仲舒禮學思想的歷史觀與具體內容。故「三統說」與「四法說」不徒然只為呈現朝代更替的歷史循環，與其說董仲舒「三統說」受到鄒衍「五德說」的影響，不如說董仲舒更想演繹孔子所論三代禮制的具體內涵與損益之別[118]。故董仲舒乃站儒家禮制因革損益的立場，企圖以三代禮制的歷史循環來取代鄒衍「五德說」訴諸神祕主義五行相勝的歷史觀，此甚具意義。張樹業以為：「文質問題乃由華夏禮樂文明所演生，

改制並未依賴鄒衍的理論，原因可能是鄒衍的理論內容有其缺陷，因而不為他們兩人所採。他們各自提出改制的理據，但並未就此達到目標。現在董仲舒要以《春秋公羊傳》所包含的政治倫理思想來推尊《春秋經》，他必須建構新的歷史發展理論， 論證《春秋經》的時代價值。要達到這個目標，他的歷史發展理論必須滿足三個基本條件。第一，這個歷史哲學的內容必須將《春秋公羊傳》的政治倫理思想包含在內。第二，這個歷史哲學的涵蓋的時間要足夠長久，足與《淮南子》書中的歷史觀相抗衡，才能說服人心。第三，這個歷史觀又要與五德終始說有某種類似處，但又無其缺陷才能取代流行一時的鄒衍的五德終始說或與其抗衡。董仲舒的三代改制說就是滿足了這三個基本條件 而被建構出來的。」張端穗：〈董仲舒思想中三統說的內涵、緣起及意義〉，《東海中文學報》第 16 期，頁 87-88。

117 李威熊：《董仲舒與西漢學術》，頁 88-89。

118 孔子：「殷因於夏禮，所損益可知也；周因於殷禮，所損益，可知也；其或繼周者，雖百世可知也。」《論語・為政》，頁 19。

構成禮樂的核心問題。而在《表記》中，先秦儒已提出了以文質取向來定位虞夏商周四代文化特性的主張，但還沒有明確表達文質相互演替、補救的思想，而只是延續孔子重質傾向對"殷周之文"提出批評。董子文質論的獨特神采和突出貢獻正在此展現出來。從董子開始，文質論不再僅是一種對三代文化的描述性定位，不再是靜態的、分別性的文化精神斷面剖析，而成為解釋歷史文化特別是政治制度與政教精神之演變更替的動態的同時也是普遍性的法則。」[119]張氏說明董仲舒「文質說」補充先秦儒學的動態意義，實則董仲舒的「一商一夏，一文一質」的「四法說」正是董仲舒禮學歷史觀重要成就。

　　在禮學落實方面傾向權威化禮教上，董仲舒論「禮」由天地陰陽之序立論，順天道之序以立人道之位，以天地之序作為人倫之序的禮制根據，強調人道的尊卑貴賤有序，尤其是君王的地位受到推尊，以其乃天之所命為最高，其次乃公侯諸侯之尊，是由天道義之秩序以建立政治義的尊卑倫理基礎。天道以陰陽五行為尊，人道以人君為尊，人世之尊卑貴賤乃相應於天地之秩序而來，故建立禮制之尊卑貴賤有其必要性，人倫世界之君臣父子夫婦之道乃成為權威性尊卑之規範，催生「三綱說」的成立。天地之序落實為人倫之禮，君為天子推為至尊，因而得到君王信任，儒家人倫之道也因而獲得支持，得以罷黜百家獨尊儒術，但先秦孔子論「禮」強調的道德化與相對尊重性，卻也大大弱化，漢代禮學思想至此表現越來越強烈的權威化與絕對化傾向。徐復觀曰：「此種陰陽善惡的觀念，假定只應用在尚德而不尚刑的政治主張上，雖然近於牽附，亦無大流弊，

---

119 張樹業：〈"三代改制質文"的政治哲學意蘊——董仲舒文質論的理論淵源與歷史效應〉《衡水學院學報》第 15 卷，第 3 期，2013 年 6 月，頁 24。

但仲舒既認定陽善而陰惡，即認為陽貴而陰賤，陽尊而陰卑，由此應用在人倫關係上，將先秦儒家相對性的倫理關係，轉變為絕對性的倫理關係，其弊害便不可勝言了。」[120]徐氏所論正由董仲舒的陰陽觀以論其「尚德不尚刑」的政治論，並對其「陽尊陰卑」落實在人倫關係上，使相對性的關係轉變為絕對性關係的影響而言。

　　陳麗桂以為：「道家的陰陽五行說即使移論人政，一樣重視循環輪替，消長代勝。儒家重封建秩序與尊卑等差，守『經』而達『權』。但儒家的封建秩序有互動的相對要求，與權利、義務的均衡守則，儒家也有『齊之以刑』與『齊之以德』的權衡，終於堅持『德』為上『刑』為下，『經』常而『權』變。法家重視政治倫理，嚴制絕對的上下尊卑，刑德嚴明，沒有何者當重問題。董仲舒的陰陽大論，既承儒家『德』重於『刑』與『經』主『權』從的觀點，卻依從了法家的尊君卑臣……這當然不是客觀的自然事實，而是主觀的人為認定，這樣的認定，是片面切割地衰、殺、後、虛的平衡功能，目的在建立起絕對的政治與家庭倫理。」[121]陳氏從道家重消長、儒家重經權、法家重尊卑的觀念，論董仲舒「陽尊陰卑」說乃融合儒家與法家特色，目的在建立新的政治秩序與家庭倫理。筆者同意陳氏所論董仲舒「陽尊陰卑」說目的在於建立新的政治秩序與家庭倫理。但董氏是否結合儒、法二家之說則持保留態度，以董氏有「尊君」卻非「貴刑」，或因董氏身處漢帝國鼎盛時期，「尊君」、「貴陽」有其客觀政治與時代環境的需要，不必然主法

120　徐復觀：《兩漢思想史·先秦儒家思想的轉折及天的哲學的完成》，頁376。
121　陳麗桂：〈從循環、代勝到主從、尊卑—戰國秦漢陰陽五行說的緣起與演變〉《哲學與文化》（第四十二卷第十期，2015.10)，頁18。

家之說。董金裕先生以為：「先秦時代的孔子、孟子等儒家宗師，雖然懷抱極大的理想與熱誠，想要得君行道，但終其一生，仍未能實現。直到兩漢初期，董仲舒才開始扭轉此一情勢，在獲得漢武帝的信任之後，將其所主張者化為實際的政策，使儒家思想取得正統地位，並且獲得部分實現，功績十分值得肯定。但是為了迎合帝王及時代風潮，不得不揉合百家，並以陰陽家之說作為推論方式，將儒者所強調的人的主體性，轉換為具有權威性格的天，從而被統治者假借運用，難免也遭致批評。　然而從儒者之目標乃在於由內聖以達外王的角度來看，如非董仲舒的極力推崇儒家，儒家是否能在政治上取得主導的地位，並因而使儒家向來所主張的仁義之道，以及『導之以德，齊之以禮』的治民方式，得以在歷史上實現，則十分難以斷言。」[122]董氏對於董仲舒推展儒家思想的貢獻與流弊之論，堪為公允。合而論之，董仲舒由天人相應說，以天命推尊天子，由「陽尊陰卑」說，以推尊天子之貴，擴大而為君臣、父子、夫婦之尊卑，以贏得天子支持，以重建漢代的政治、家庭倫理，終得獨尊儒術，誠有功於儒門。但董仲舒以災異警戒天子，其後乃生讖緯之弊；「陽尊陰卑」說破壞傳統儒家君臣以禮的平等性，發展「三綱說」乃生禮教權威化之弊，使先秦禮本於仁心的道德性減弱。但由漢代禮學思想的成就論之，董仲舒實漢儒之首。[123]

---

122 董金裕先生：〈董仲舒的崇儒重教及其現代意義〉《衡水學院學報》，2015.3），頁 10-15。

123 班固曰：「（仲舒）遭漢承秦滅學之後，六經離析，下帷發憤，潛心大業，令後學者有所統壹，為羣儒首。」《漢書卷五十六‧董仲舒傳第二十六》，頁 2526。

第七章 結 論

秦漢諸子禮學思想—論《呂氏‧十二紀》到《春秋繁露》
乃筆者對中國禮學思想研究的階段性成果。就目前考察成果觀
之,可以發現由《呂氏‧十二紀》到《春秋繁露》這一時期的
禮學思想發展,有幾點特色:1.天人關係的重建,2.陰陽思想的
轉化,3.秦亡的歷史教訓,4.推尊君王的權威,5.災異說的制衡,
6.黃老思想的批判,7.人倫規範的重建。以下分述之:

首先,是天人關係的重建:由天人思想的發展脈絡下看,
《呂氏‧十二紀》的禮制規劃正是因應天、地、人的天人思想,
它嘗試將先秦諸禮與十二紀「法天地」架構作結合,試圖重建
一代禮制,此禮學理論成果在中國禮學發展上當有其重要意
義。荀子〈禮論〉重禮學理論的陳述,《呂氏春秋》十二紀重
禮制的規劃,它吸收戰國諸子思想包括《夏小正》、《周書》、
《管子‧時則》及鄒衍陰陽五行之說,試圖建立法天地人之道
的禮制運行模式,「禮」成為落實「天」與「人」的治國運作
模式,它是一個包括天人相感、陰陽消長、五行更替不已的思
想觀念下的禮制設計,惟其對此禮制運作模型背後的思想理論
未多申論。筆者以為此乃呂氏試圖為即將結束的戰國混亂狀態
的新帝國擘劃的治國藍圖,他重視的政治實務的運作與配置,

而非在學術上做理論工作，惜乎此書未獲秦皇重用，遂湮沒於歷史之中，但其天人思想影響漢儒深遠。

漢初陸賈吸收天人思想以規諫高祖劉邦，論人道源於天道而生，禮本於天地而設，其說受先秦道家、陰陽家、《易・繫辭傳》氣化宇宙觀影響，天地有陰陽消長、寒暑之節、五行之序，人道有君臣、父子、夫婦、兄弟、朋友之倫，此由天道以論人道的思考模式，主張「治國無為，君行有為」，既符合國家當時休養生息的需要，也提高儒家仁義之道的價值，故為高祖劉邦所認同，首倡「天人相感」之災異說，以勸諫高祖當行善政勿行惡政以免招致災殃，陸賈開啟漢儒以天人思想論「禮」及「災異說」之先驅。

文帝時賈誼禮學思想在天人關係方面，乃結合儒、道二家之說，論天地始於「道」，論人以「德」為主，「德」的內涵為「六理」：「道、德、性、神、明、命」，發而為「六行」：「仁、義、禮、智、信、樂」，論「禮者，體德理而為之節文，成人事」，「禮」本於天道「六理」，人當行「六行」以復「六理」乃合於「道」，賈誼禮學思想在天人理論上較陸賈深刻精微而自成一家，表現出漢儒融合諸子之學的特色，但也因其天人之說太曲折艱澀，故其影響力遂不如武帝時期董仲舒「天人相應」說的簡易直截。

武帝初期《淮南子》的天人思想乃承黃老之學而來，主張天地一氣，人、物皆氣化所生，天人關係有其一體性與特殊性。〈本經〉言上古禮義不設，衰世民懷機巧，乃有仁義禮樂之生，故仁義禮樂乃為救治衰世人心而起，人心回歸道體之樸，才是通治之至，仁義禮樂乃救失之具，「禮」遂下落為第二義，乃

救治人心之敗的工具義。《淮南子》站在道體的永恆性，對儒家禮樂主張採批判立場，主禮樂皆一時一地之制，道體方具永恆性，強調「道體」之尊，藉道體之普遍性，強調價值的多元性與「禮」的因地時宜性。《淮南子》的天人思想遠承先秦道家一脈，但並不完全否定「禮」的價值，而是將「禮」吸納此天人架構之中，成為人心反敗歸樸的修養功夫的一部分；近襲《呂氏・十二紀》「法天地」思想型態，但在其理論上較《呂氏》更精微，惜乎並未如《呂氏・十二紀》般建構出具體的天地人的禮樂制度藍圖。

　　武帝時期董仲舒最擅長運用「天人相應」說以建構其禮學思想：1.他由天人相感以論天命之所歸，王乃應天命而生，表現尊王思想，也藉天命表現新王制禮作樂的正當性與必然性。2.他由「天人相感」論述「三統」、「四法」的主張，取代鄒衍「五德終始說」，證明歷史的演進有其規律性與必然性，為其「改正朔」、「易服色」等禮制改革取得形上天命理論的支持。3.他也藉著「天人相感」結合災異禍福論施政得失，試圖影響朝政，間接造成漢代讖緯思想的興起。

　　「禮」在天人關係方面，上古三代「禮」與祭祀關係密切，人與天透過「禮」以表達敬畏與感恩之情，天人關係因「禮」而親密。孔子自周文崩壞處，提「禮樂之本在仁」，孟子自人性四端之心論「禮」，荀子自人性欲望之節制與社會人倫之規範處論「禮」，「禮」遂逐漸下落於人，下落於內心之德性義與社會人倫之規範義。故上古三代天人關係透過「禮」的連結乃漸失落，「禮」內化為德性義與外化為社會規範義發展。

　　由《呂氏・十二紀》到《春秋繁露》論「禮」則受戰國以

來天人思想影響。《呂氏‧十二紀》吸收戰國天人思潮，成其「法天地」的禮制規劃，天人思想乃其背後的禮制依據；陸賈吸收天道思想以矯秦政之失，吸收「災異」之說以規諫帝王；賈誼吸收道家之說以為「禮」形上依據；《淮南子》的天人思想則受黃老思潮與《呂氏‧十二紀》影響，強調道體之尊，以「禮」化民反樸；董仲舒吸收天人思想用力最深，「天人相應」乃董仲舒禮學思想的重要理論根據，並由此闡述「天子受命」，「改正朔」，「易服制」的禮學主張。故由天人關係看待《呂氏‧十二紀》到《春秋繁露》的禮學思想發展，此時期強調「禮」之形上依據，將「禮」的價值義提高其淵源於天道層次，人與天因「禮」而重新連結一體，重新恢復上古三代「禮」連結天與人的關係，但此時期天與人之思想內涵為陰陽五行思想，此與上古三代的祭祀宗教之禮其內涵是不同的，也成為此時期的重要特色。

　　由陰陽思想論《呂氏‧十二紀》到《春秋繁露》的禮學思想變化：由上述可知《呂氏‧十二紀》到《春秋繁露》以「禮」重新連結上古三代以來的天人關係，而其思想內涵則與「陰陽」之說息息相關，在其吸收陰陽觀念的過程中也表現出不同的消化與運用。「陰陽」與「五行」歷來研究頗多[1]，「陰陽」與「五行」本為兩種詮釋自然的樸素觀念並無神祕色彩。自戰國以來，

---

1 梁啟超：〈陰陽五行說之來歷〉，顧頡剛編《古史辨》冊 5（上海：上海古籍出版社，1982 年)，頁 343。鄺芷人：《陰陽五行及其體系》（台北：文津出版社，1998)，頁 8。陳麗桂：〈從循環、代勝到主從、尊卑—戰國秦漢陰陽五行說的緣起與演變〉《哲學與文化》（第四十二卷第十期，2015.10)，頁 18。

鄒衍始將二者結合以詮釋政治之道，歷經《管子‧四時》、《呂氏‧十二紀》遂建構成一套包含月令、天文、星象、干支、帝神、物候、音律、祭祀、災禍等嚴密的天人相感的施政藍圖。《呂氏‧十二紀》吸收陰陽二氣之說，解釋天道之變化，萬物乃「太一」所生，生生之內涵為陰陽二氣，春夏陽氣盛而陰氣衰，秋冬則陰氣日盛，陽氣漸衰，來春陽氣復爭勝，歲乃更始，故陰陽二氣消長盛衰，乃成歲時之流轉。另配合吸收五行與方位，春德在東為木，夏德在南為火，秋德在西為金，冬德在水為北，土德在中。因應陰陽氣化消長，人君當齋戒以待節氣；節氣當日天子公卿大夫依四時當令方位恭迎節氣之禮；本為驅邪逐疫的「儺禮」也轉化為送歸節氣之儀式；「雩禮」也以陽氣過盛之說詮釋禮意，故《呂氏‧十二紀》的禮學主張正是以人文之禮配合陰陽二氣消長與五行之德轉移的自然之理，結合而成就其「法天地」理論，陰陽與五行乃為消長、循環，相生不已的關係。

　　董仲舒吸收陰陽思想直接由自然之理詮釋人倫政治之道，董仲舒主張由天道之陰陽二氣以詮釋人道施政之刑德說。此說始見於《管子‧四時》曰：「德始於春，長於夏；刑始於秋，流於冬。刑德不失，四時如一。」[2] 又見於《呂氏‧孟春紀》曰：「命相布德和令，行慶施惠，下及兆民，慶賜遂行」[3]，《呂氏‧孟秋紀》曰：「命將帥選士厲兵，簡練桀儁，專任有功，以征不義」[4]。但《管子‧四時》、《呂氏‧十二紀》或《淮南子》關

2　《管子校注》，頁857。
3　《呂氏春秋集釋》，頁8-9。
4　同前注，頁156。

於陰陽的看法，多為相對平等，並無孰輕孰重之別。董仲舒則論陽為貴，以生養為德；陰為賤，主殺伐，天道以陽為主，陰為輔。故陰陽二氣乃成「貴陽而賤陰」，推之於政治乃主張「重德而輕刑」，再據以論人道之尊卑貴賤。則以陽為尊，老者、貴者、君者、父者為陽為尊；幼者、賤者、臣者、子者為陰為卑，故尊君父、敬長老，乃為天地之常，人倫之大，是為「三綱說」的濫觴。

故由《呂氏‧十二紀》到《春秋繁露》這一時期的禮學思想發展而言，可以觀察到陰陽五行思想由吸收、消長、循環以至於陽尊陰卑的發展脈絡，秦漢禮學吸收陰陽五行思想以建構其天道論內涵，至於董仲舒時則將陰陽思想改造成人倫尊卑貴賤的形上依據，成為尊君卑臣，尊長卑少，尊男卑女，尊夫卑婦，尊父卑子的政治與家庭秩序規範的依據。

由秦亡的歷史教訓論對漢儒禮學思想的影響，陳澔曰：「呂不韋相秦十餘年，此時已有必得天下之勢，故大集羣儒，損益先王之禮而作此書，名曰春秋，將欲為一代興王之典禮也，故其間亦多有未見與禮經合者。……其後徙死，始皇并天下，李斯作相，盡廢先王之制，而呂氏春秋亦無用矣。然其書也，亦當時儒生學士有志者所為，猶能彷彿古制，故記禮者有取焉。」[5]或因秦政的緣故，漢儒少提到《呂氏》其人其書，但《呂氏‧十二紀》的陰陽五行之說，天人思想，災異觀念，卻普遍見於漢

5　《禮記集說‧月令》，頁95。

儒著作中，無論陸賈、賈誼或董仲舒無不受其影響，尤以董仲舒為最，故《呂氏・十二紀》對於漢儒禮學思想是有其影響力的。

漢初諸儒陸賈、叔孫通、賈誼、董仲舒都對秦帝國的施政與覆亡皆有所論述。陸賈論始皇用事太繁，窮兵黷武，以刑治國，不行仁義，不法先聖之道，遂失天下，故勸諫高祖劉邦當以仁義之道治國，並主張要「無為而治」，開啟漢初黃老之風，得到高祖劉邦的認同，提高禮學與儒家經典的地位。

叔孫通本秦博士，為漢創制朝儀之制，自言：「頗采古禮與秦儀雜就之。」[6]觀漢朝儀與《禮記・明堂位》所載不盡相同，宮殿道上滿佈車騎步卒，群臣震恐肅靜，群臣依尊卑上賀，劉邦歡喜讚嘆，若說周天子朝覲之禮表現周王室「親親」與「尊尊」之氣象，則叔孫通所制漢朝儀就偏向獨尊君王之肅穆，此恐受秦儀影響。

賈誼當文帝時期，其禮學思想可謂從評論秦政之得失與因應當時政治環境而產生。賈誼對秦王朝的論述見於〈過秦〉上、下二篇，其論秦之興衰有功有過，秦吞六國統一天下，南征百越、北伐匈奴，有其人心望治的歷史因素，此乃其功。秦代滅亡之因乃在不知征伐天下與治理天下不同，秦以法家得天下，也因法家而亡天下，故不可以法家治天下，當回歸儒家以民為本，以禮治天下，以君德教化天下。其次，賈誼論秦政之弊端是對社會倫常的破壞，秦政以法為尊的結果，國家沒有禮義廉恥四維之綱紀，無君臣之分，上下之序，失父子六親之愛，故奸人並起，萬民離叛。唯有「興禮樂以教民」，方能重建人與

6　司馬遷：《史記・劉敬叔孫通列傳第三十九》，頁 1107。

人的良善關係，故主張人君當以養民、恤民為本，先使民富而後教。賈誼對秦亡的析論，可謂漢儒最客觀深入者，尤以秦法對人倫之道的破壞論述最為有見，惜乎文帝謙惶，賈誼驟逝，未得重用而大行於世，實乃漢代禮學思想之先驅。

　　董仲舒亦批判秦政之失在於禁文學、棄禮義、滅先王之道，其曰：「自古以來，未嘗有以亂濟亂，大敗天下之民如秦者也。其遺毒餘烈，至今未滅，使習俗薄惡，人民嚚頑，抵冒殊扞，孰爛如此之甚者也。」[7]主張漢繼秦後當更化而改正朔，異服色，得到武帝認同以至於獨尊儒術。故漢初諸儒禮治思想之能被漢王室接受，秦代以法治國而迅速滅亡的歷史教訓，可謂漢代禮學思想產生的重要歷史背景。

　　推尊君王權威也是《呂氏‧十二紀》到《春秋繁露》這時期禮學思想發展的特色之一。除《淮南子》離朝廷權力核心較遠之外，其餘皆與君王關係密切。《呂氏‧十二紀》本為秦相呂不韋召集賓客之作，以為未來統一天下之一代國典，其動機本有強烈之政治目的。

　　漢初陸賈在高祖劉邦面前論「馬上得天下」與「馬下治天下」是兩回事，雖可以「逆取之道」得天下，卻不能以「逆取之道」治天下，當以順守之道治天下，當以秦亡為鑑，勿窮兵黷武，當以仁義之道治國，乃得長治久安。陸賈進而論人君當以身作則，為政如德風，當以無為之道治國，使民安居樂業，陸賈之說得到劉邦認同。叔孫通制朝儀，更表現明顯的尊君色

7　班固：《漢書卷五十六‧董仲舒傳第二十六》，頁 2504。

彩。觀高祖劉邦十五年過魯，以太牢祠孔廟之舉[8]，使儒家地位
提升，陸賈與叔孫通實功不可沒。

　　賈誼因應漢初中央與地方諸侯的緊張局勢，高倡「嚴君臣
之分」，主張建立制度，透過等級、勢力、衣服、號令的區別，
以明貴賤尊卑之不同，賈誼復上疏文帝主張「改正朔，易服色，
法制度，定官名，興禮樂」[9]以推尊天子權威，壓抑諸侯王的勢
力。觀賈誼所尊君王接近法家「嚴君」與儒家「聖王」的綜合
體，「嚴君」以勢以尊，「聖王」以德以禮。賈誼論君之禮，
包括「君德」、「君行」、「君容」。「君德」的內涵是「道、
仁、義、忠、信、密」六美，「君行」則落實為在位，施捨，
進退，周旋，容貌，作事，德行，聲氣，動作，言語，承上，
臨下等日常之行止。「君容」則有視容、言容、立容、坐容、
行容、趨容、旋容、拜容、坐乘之容、立乘之容等聖君形象，
強化尊君思想，更擴大至於太子的養成教育。賈誼在禮學思想
主張上尊中央而輕地方，尊天子而輕諸侯，使得儒者得到君王
的信任，進一步得以參與國政，另一方面，卻也使得漢代禮學
思想的發展更傾向君王一面，表現強烈的尊君傾向。若說叔孫
通為漢高祖劉邦定朝儀以推尊天子之貴，則賈誼是在國家的禮
制規畫進一步推尊天子之權威，但在君王的內涵與行為上也有
進一步道德化、儒家化的發展。

　　武帝時期董仲舒禮學思想在尊君方面可謂推至極致，其尊
君思想提高到「天命」的高度，主張受命而王，受命於天，若

8　「高皇帝過魯，以太牢祠焉。諸侯卿相至，常先謁然後從政。」《史記卷四十
　　七・孔子世家第十七》，頁773。
9　司馬遷：《史記卷八十四・屈原賈生列傳第二十四》，頁1007。

一因前制則無以彰顯天志，亦無以別新王，故當改稱號、改正朔、易服色。董仲舒藉「神權」加諸「王權」之上，將「王權」推尊至極致地位。其次，董仲舒由天道陰陽上「貴陽賤陰」以論君道之尊。君父當為陽為貴，臣子當為陰為卑。陰陽之說落在人性論上，由天道之陰陽以論人之貪、仁二性，性須待教而為善，天乃為之立王以教民。故民受性於天，受教於王，王者承襲天意乃以教民為善以為己任，乃將政治義的君王賦予更崇高的道德教化使命。

由《呂氏・十二紀》至於漢初陸賈、叔孫通、賈誼、董仲舒諸儒其禮學思想表現強烈尊君化、權威化傾向。高祖時叔孫通在朝賀之儀表現天子之貴；賈誼則擴大至車輿、服色、器械等制數上以別其君、臣、民之尊卑等差，更在內涵與表現上講求君德、君行、君容之威儀，更深化論及太子教育；董仲舒更賦予帝王「天命」以神權化，吸收陰陽之說，強化尊君之陽，使天子不僅為政治領袖，更同時為教化人民的教育領袖。諸儒禮學思想的尊君表現，無非是為了爭取君王的支持，藉由君權支持以推動儒家禮學理想的實現，此乃其用心之處。但在追求禮學理想實際的同時，塑造至尊的王權，卻也不得不有些調整與妥協，使得先秦君君、臣臣，禮賢下士的道德性與相互尊重性，卻也日益喪失。

由災異思想角度論之，「災異」之說戰國稷下學派《管子・四時》篇便已出現，其曰：「春行冬政則雕，行秋政則霜，行夏

政則欲。」[10]、「夏行春政則風，行秋政則水，行冬政則落。」[11]
若不順時施政將導致天候不調之災異。《呂氏·十二紀》亦言
施政不順時令便有「災異」發生，〈孟春紀〉曰：「是月也，
不可以稱兵，稱兵必天殃。」[12]無論《管子》或《呂氏春秋》十
二紀言災異之生，皆與人道不能呼應天道之規律而生，可知災
異之說當與戰國末期天人思想有關。

　　漢初陸賈由順時施政，言人君若行惡政，則生災異之事以
警戒之。即人君之施政當合於仁義之道，否則將有災異示警。
陸賈面對漢高祖劉邦至尊的皇權，其吸收災異禎祥之說，將陰
陽家以自然天道之規律，轉化為儒家仁義之道的價值，將人君
施行仁義之道與天降災異作結合，此說雖然將儒家仁義之道的
道德性減弱，卻也讓人君施政有所顧忌而不敢任意妄為。

　　武帝即位，董仲舒以賢良對策解釋「災異」之說，他藉由
災異之說試圖勸諫武帝進行政治改革，以削弱地方皇親諸侯的
權勢，但也差點惹禍上身，從此不敢再言災異，可看災異之說
對漢代皇室的影響力，間接造成漢代讖緯思想的興起，由後世
漢君王每逢天災，往往下詔罪己之事[13]來看，災異之說有其影響力。

　　「災異」之說興起於戰國，實與天人相感思想相伴而生，
當「王權」賦予「神權」具備無上權威之時，「王權」亦當受

10　《管子校注》，頁 842-843。
11　同前注，頁 847
12　《呂氏春秋集釋》，頁 11。
13　(宣帝)（本始四年)夏四月壬寅，郡國四十九地震，或山崩水出。詔曰：「蓋
　　災異者，天地之戒也。朕承洪業，奉宗廟，託于士民之上，未能和群生。乃
　　者地震北海、琅邪、壞祖宗廟，朕甚懼焉。…今三輔、太常、內郡國舉賢良
　　方正各一人。律令有可蠲除以安百姓，條奏。被地震壞敗甚者，勿收租賦。」
　　大赦天下。班固：《漢書卷八·宣帝紀第八》，頁 245。

制於「神權」之下，觀陸賈、董仲舒倡天人相感之說，推尊天子之貴的同時，亦同時主張災異之說，可以視作乃漢儒為制衡王權的配套學說，此或漢儒苦心之處。

　　就黃老思想對「禮」的批判角度論之，漢承秦亂之後，漢初乃以黃老之術治國。惠帝時曹參為齊相，蓋公為言：「治道貴清靜而民自定」，曹參用黃老術，相齊九年，齊國安集，大稱賢相。曹參進而為漢相國，與民休息無為，天下稱美。[14]孝文帝亦好道家之學，以為「繁禮飾貌，無益於治」[15]，專務以德化民，海內殷富。至於武帝雖好儒術，但竇太后好黃老言，故「諸所興為者皆廢」[16]，直到竇太后崩，武帝乃於太初之年「改正朔，易服色，封太山，定宗廟百官之儀」[17]，施政乃漸轉向獨尊儒術。就漢初禮學思想的發展而言，黃老思想對儒家之「禮」乃採批

---

14 「孝惠帝元年，除諸侯相國法，更以參為齊丞相。……參未知所定。聞膠西有蓋公，善治黃老言，使人厚幣請之。既見蓋公，蓋公為言治道貴清靜而民自定，推此類具言之。參於是避正堂，舍蓋公焉。其治要用黃老術，故相齊九年，齊國安集，大稱賢相。……參為漢相國，清靜極言合道。然百姓離秦之酷後，參與休息無為，故天下俱稱其美矣。」司馬遷：《史記卷五十四‧曹相國世家第二十四》，頁809-810。

15 「孝文即位，有司議欲定儀禮，孝文好道家之學，以為繁禮飾貌，無益於治，躬化謂何耳，故罷去之。」司馬遷：《史記卷二十三‧禮書第一》，頁459。

16 「元年，漢興已六十餘歲矣，天下乂安，薦紳之屬皆望天子封禪改正度也。而上鄉儒術，招賢良，趙綰、王臧等以文學為公卿，欲議古立明堂城南，以朝諸侯。草巡狩封禪改歷服色事未就。會竇太后治黃老言，不好儒術，使人微伺得趙綰等姦利事，召案綰、臧，綰、臧自殺，諸所興為者皆廢。」司馬遷：《史記卷十二‧孝武本紀第十二》，頁207。

17 「今上即位，招致儒術之士，令共定儀，十餘年不就。或言古者太平，萬民和喜，瑞應辨至，乃采風俗，定制作。上聞之，制詔御史曰：「蓋受命而王，各有所由興，殊路而同歸，謂因民而作，追俗為制也。議者咸稱太古，百姓何望？漢亦一家之事，典法不傳，謂子孫何？化隆者閎博，治淺者褊狹，可不勉與！」乃以太初之元改正朔，易服色，封太山，定宗廟百官之儀，以為典常，垂之於後」司馬遷：《史記卷二十三‧禮書第一》，頁459。

判立場，可視作漢初禮學思想發展的一道逆流。

　　《淮南子》代表漢初以來黃老思想的總結，在文中強調道體的主體性，試圖削弱帝王的權威，主張無為而治，強調禮制乃因時制宜的特殊性，強調價值觀的多元性，淮南王劉安自有其政治上的意圖。徐復觀以為：「《淮南子》中道家們的無為而治，與西漢初年由蓋公所進言於曹參者並不相同，《史記》曹相國世家所紀曹參的作為，及蓋公的『治道貴清靜而民自定』，只是在原有政治體制之下，少管事、不擾民，而未曾涉及政治的基本問題；黃老之術，所以能在政治中形成一時風氣的原因在此。但《淮南子》所說的無為而治，乃是澈底於老莊思想，設計整個政治基本問題的無為而治。這大概有兩點原因。第一個原因，只有澈底的無為而治，則淮南王國始得免於朝廷的猜嫌控制，有真正存在的可能與意義。第二，關涉到他們對當時政治的基本了解。」[18]徐氏由政治面論漢初黃老無為思想與淮南王劉安編集《淮南子》主張「無為而治」的異同，並點出淮南王劉安政治上的企圖。

　　就政治方面而言，黃老思想面對戰後亟需休養生息的漢初社會，有其政治與社會環境的需要，故大行其道，天下稱美。但淮南王之時，漢興已六十餘年，面對國力充裕、雄才大略，亟思有為的漢武帝，《淮南子》再主張黃老思想，強調無為而治，對應於當時的政治環境與社會發展，恐已無法因應新的政治局勢了。就禮學思想本身而言，《淮南子》對儒家禮學思想提出嚴厲的批判，其價值主體在「尊道」與「守德」，回復人

18　徐復觀：《兩漢思想史》，頁244。

心之樸，以「禮」為衰世救敗之方，非治世之道，批判儒家「禮」的永恆性，「禮」乃一時一地之制，反對以鄒、魯之禮之謂禮，否定以復古為禮，並批判儒家「禮」的虛偽與強人所難的強制性，主張「禮」當發自人情之真誠為貴。《淮南子》批判儒家「禮」的看法並沒有超越先秦道家對儒家「禮」的批評。

　　《淮南子》論「禮」超越先秦道家的部分，在於它試圖建立屬於漢代黃老思想的禮學主張。《淮南子》反對儒家立基於三代傳統的禮學主張，提出「禮者，因民之所好而節之」的禮學主張，此「禮」乃立基在人性的自然而有節的理念上，所謂「合參五之道以制禮」乃合天、地、人之「參」，以立君臣、父子、夫婦、長幼、朋友之「五」，建立屬於黃老思想的禮樂思想架構，吸收儒家的教育方式與禮樂規範，使人民能反性歸樸，於是禮樂規範成為實現黃老無為而治的工具，《淮南子》的禮學思想可視作黃老思想與儒家禮樂思想的融合，可以看出《淮南子》所代表的黃老思想也在調適自身，以適應新的政治與社會環境，試圖融攝儒家禮樂思想以轉化為黃老思想下的禮樂主張，筆者以為此乃《淮南子》禮學思想超越先秦道家的新意。

　　惜乎《淮南子》書中沒有提出像《呂氏‧十二紀》那般具體的治國藍圖，也沒有再細說如何由禮樂一步步去保神養形，使民反性歸樸。再加上淮南王劉安對漢武帝而言，畢竟不如大儒董仲舒那般值得信任，而董仲舒所提「天人相感」、「天命」、「災異」、「改正朔服色」等主張十分明確具體，《淮南子》禮學思想雖然理論高妙，但在執行落實上卻有其不足之處，經過此次失敗，黃老思想乃漸湮沒，漢代禮學思想乃往「獨尊儒術」發展。

　　由人倫規範的重建方面論之，自《呂氏・十二紀》到《春秋繁露》可看出秦末漢初人倫規範的重建脈絡，是由君、臣倫理逐漸發展而為父子、夫婦家庭倫理，再擴及于長幼、朋友社會倫理的擴大、深化過程。

　　《呂氏・十二紀》在敬天之禮、祈地之禮方面，主要為天子后妃率公卿大夫行之；在人道之禮方面，天子公卿春夏至太學視導國子祭祀先聖，主張「敬學」與「尊師」，秋時召集人民舉行教戰田獵、豐收饗神之禮，冬時水德主藏乃行蒸嘗禮以饗臣民，以祈來年。行禮對象為天子公卿大夫國子等貴族階層，尚未擴及於社會各階層。

　　賈誼首次論及君、臣、民三部分的人倫規範：君有君德、君容、君行及太子之教；臣有「刑不上大夫」的禮遇；民則有「興禮樂以教民」的教化成俗主張。賈誼論「禮」之範圍與作用，曰：「道德仁義，非禮不成；教訓正俗，非禮不備；分爭辨訟，非禮不決；君臣、上下、父子、兄弟，非禮不定；宦學事師，非禮不親；班朝治軍，蒞官行法，非禮威嚴不行；禱祠祭祀，供給鬼神，非禮不誠不莊。是以君子恭敬、撙節、退讓以明禮。」[19]舉凡道德、風俗、司法判定、君臣之序，家庭父子倫理、官制、軍事、祭祀，皆待「禮」的參與，此乃賈誼期望將「禮」擴大至於社會各層面，以矯秦風之侈靡。

　　董仲舒禮學思想在人倫規範上影響深遠，由天地陰陽氣化之道以論仁義制度之數，父子、君臣、夫婦乃對應天地陰陽之

19　《新書校注・禮》，頁214。

道，君為陽，臣為陰；父為陽，子為陰；夫為陽，婦為陰。人
道亦法天地之道，以陽為尊，老者、貴者、君者、父者為陽，
為尊；幼者、賤者、臣者、子者為陰為卑，故尊君父、敬長老，
乃為天地之常，人倫之大。尊陽而賤陰，落實於人道，遂擴及
男女、君臣、父子、夫婦、長幼人倫之序，成為男尊女卑、君
尊臣卑、父尊子卑、夫尊妻卑，長尊幼卑的上下關係，人倫規
範乃趨向權威化、禮教化傾向發展。

　　先秦周文禮樂崩壞的亂局，如何重建人倫社會的新秩序？
成為先秦諸子要面對的時代課題。孔子以道德心「仁」作為「禮」
的新內涵，試圖重建「天下歸仁」的道德世界；老子「尊道貴
德」，以天道為尊，主張回歸人心之樸；墨子主去人性之自私，
以「天志」、「兼愛」之公為志；韓非子則以「尊君」為志，
以「法」為令，以一其政；稷下學派《管子》合儒、道、法為
一爐，以道為尊，以禮義為尚，以法為令；荀子提出〈禮論〉
由人性基本欲望的合理與節制思考「禮」的意義，進而提出「禮
義之統」作為個人行為規範與社會規範的大綱領；《呂氏‧十
二紀》則以「法天地」思想為宗，規劃天人相應的治國藍圖。
以上諸子之說就面對春秋亂局，重建人倫社會新秩序而言，先
秦諸子之說可視為新人倫秩序在理論上的發展期，而陸賈、叔
孫通、賈誼以至於董仲舒等漢儒，則可視為周文崩壞後，人倫
社會新秩序的重建期。

　　綜合上述所論特色，可看出漢儒面對新的帝國時期，如何
發展其禮學思想？又如何一步步重建漢代社會的新人倫規範。
簡而言之，漢儒的禮學思想發展與新人倫規範的重建是由上往

下，重建一個依階級身分不同而尊卑貴賤有別的新社會型態的脈絡進行的。

由政治環境而言，漢取秦而代之，劉邦以布衣取天下，中國歷史的發展進入帝國時期，不再是過去列國時代，孔、孟皆得周遊列國，不合則去，漢儒卻無從選擇，要重建新的社會規範，只能爭取與君王合作。故自陸賈、叔孫通始，賈誼、董仲舒皆莫不與帝王有密切關係，為爭取上位者帝王的支持，其在禮學思想主張上乃不得不有尊君的傾向，尊君才能得到帝王的認同，才有機會實現禮學主張，重建人倫新規範。

就學術思想而言，戰國末期興起的天人思想、陰陽五行之說，以至於《呂氏·十二紀》「法天地」之說，廣泛為漢儒論「禮」時所吸收，以補強先秦論「禮」在理論上形上天道義不足之弊。此外，漢儒為對君權有所規諫，輔以災異之說，以導正尊君之弊。陸賈首言災異以諫高祖，董仲舒「天人相應」說更是此思潮的高峰，不僅帝王有天命賦予，更改變傳統陰陽循環相生的模式，轉化為天道「貴陽賤陰」，引出「三綱之說」，使尊君達於極致，但另一方面也主張災異之說以相警。故漢儒論「禮」與先秦孔孟論「禮」已有所不同，孔孟所強調「禮」的道德性「仁」與合理性「義」有所轉向，漢儒論「禮」因天人之說的融攝，多了一份神祕主義的天命意涵，後來發展為讖緯之說也就不足為怪。

就人倫規範的重建而言，由於諸儒與權力核心帝王的親近，使得這段時期漢儒禮學思想的落實，是由帝王支持開始，擴及朝廷之君臣倫理，再由君臣倫理，擴大而為家庭倫理，最後及於社會倫理的建立，位階上亦是由上往下，依身分不同而

有尊卑之分，有政治力的支持很有效率地使得漢代社會重建成為因階級身分的不同而尊卑貴賤有別的新秩序，但這樣的發展也使得漢代人倫規範有階級化、權威化的傾向，先秦儒家所倡「禮之本在仁」的內在道德心性遂日益喪失而生禮教之弊。

引 用 文 獻

一、古　籍

《周易》，十三經注疏 1，台北：藝文印書館，1976 年。

《尚書》，十三經注疏 1，臺北：藝文印書館，1976 年。

《詩經》，十三經注疏 2，臺北：藝文印書館，1976 年。

《周禮》，十三經注疏 3，臺北：藝文印書館，1976 年。

《禮記》，十三經注疏 5，臺北：藝文印書館，1976 年。

《左傳》，十三經注疏 6，臺北：藝文印書館，1976 年。

《論語》，十三經注疏 8，臺北：藝文印書館，1976 年。

《孟子》，十三經注疏 8，臺北：藝文印書館，1976 年。

《史記》，（漢）司馬遷，據武英殿影印本，臺北：藝文印書館，
　　1982 年。

《史記會注考證》，（日）瀧川龜太郎著：，臺北：萬卷樓圖書
　　有限公司，1993 年 8 月。

《漢書》，（漢）班固，台北：世界書局，1973 年 3 月。

《後漢書集解》，（漢）范曄撰，（清）王先謙集解，據武英殿影
　　印本，臺北：藝文印書館，1982 年。

《國語集解》，徐元誥撰；王樹民，沈長雲點校，北京：中華書
　　局，2002 年（2006 年重印）。

《晉書》，臺北：鼎文書局，1976 年。

《孟子正義》，（清）焦循，臺北：文津出版社，1988 年 7 月。

《莊子集釋》，（清）郭慶藩，臺北：莊嚴出版社，1984 年 10 月。

《管子校注》，黎翔鳳撰，梁運華整理，北京：中華書局，2006 年。

《荀子集解》，（清）王先謙，北京：中華書局，1981 年。

《韓非子集釋》，陳奇猷，臺北：河洛圖書出版社，1974 年 3 月。

《呂氏春秋集釋》，許維遹，北京：中華書局，2009 年 9 月。

《呂氏春秋校釋》，陳奇猷，上海：學林出版社，1995 年 10 月。

《禮記集說》，（元）陳澔，臺北：世界書局，六版，2009 年 6 月。

《禮記集解》，（清）孫希旦，臺北：文史哲出版社，1990 年 8 月。

《漢禮器制度》，《叢書集成初編》811，（漢）叔孫通撰，（清）
　　孫星衍校集，北京：中華書局，1985 年。

《說文解字注》，（漢）許慎撰，（清）段玉裁注，臺北：黎明文
　　化事業股份有限公司，1991 年 8 月八版。

《大戴禮記解詁》，（清）王聘珍，王文錦點校，北京，中華書
　　局，1983 年 3 月，2008 年 1 月重印。

《新語校注》，王利器，北京：中華書局，1997 年 10 月。

《新書校注》，閻振益、鍾夏校注，北京：中華書局，2007 年
　　10 月。

《大戴禮記匯校集解》，方向東，北京：中華書局，2008 年 7 月。

《春秋繁露義證》，（清）蘇輿，北京：中華書局，1992 年 12 月。

《淮南鴻烈集解》，劉文典，臺北：文史哲出版社，1992 年。

《白虎通疏證》，（清）陳立，北京：中華書局，1994 年 8 月。

《習學記言》，（宋）葉適：《四庫全書珍本》三集，臺北：臺灣
　　商務印書館出版，1971 年。

《四書章句集注》，（宋）朱熹著，臺北：大安出版社，1999 年
　　12 月。第一版（2011 年 12 月第十二刷））。

《朱子語類》，（宋）朱熹，臺北：文津出版社，1986 年。

二、今人專書（依姓氏筆畫排列）

王永祥，《董仲舒評傳》，南京大學出版社，1995 年 9 月，第一版。

王啟發，《禮學思想體系探源》，中洲古籍出版社，2005 年。

勾承益，《先秦禮學》，巴蜀書社，2002 年

王興國，《賈誼評傳》，南京：南京大學出版社，1996 年 1 月二版。

余英時，《中國思想傳統的現代詮釋》，臺北：聯經出版社，1987 年 3 月 23 日。

李威熊，《董仲舒與西漢學術》，臺北：文史哲，1978 年。

林明照，《先秦道家的禮樂觀》，臺北：五南，2007 年 09 月。

林聰舜，《漢代儒學別裁帝國意識型態的形成與發展》，臺北：臺大出版中心，2013 年 7 月。

侯外盧主編，《中國思想通史》，北京：人民出版社，1957 年。

高　明，《帛書老子校注》，北京：中華書局，1996 年，2002 年重印。

涂宗流，劉祖信，《郭店楚簡先秦儒家佚書校釋》，臺北：萬卷樓，2011 年。

徐復觀，《增訂兩漢思想史》，臺北：學生書局，1976 年。

陳錫勇，《郭店楚簡老子論證》，臺北：里仁，2005 年。

陳錫勇，《老子釋義》，臺北：國家，2011 年 8 月。

陳德和，《淮南子的哲學》，南華管理學院，1999 年。

陳戌國，《中國禮制史》，2 版，長沙：湖南教育出版社，2002 年 2 月。

陳鼓應，《管子四篇詮釋—稷下道家代表作解析》，北京：商務印書館，2006 年。

陸建華，《荀子禮學研究》，安徽大學出版社，2004 年。

陸建華，《先秦諸子禮學研究》，北京：人民出版社，2008 年 12 月。

陳麗桂，《近四十年出土簡帛文獻思想研究》，臺北：五南，2013 年 11 月。

陳麗桂，《戰國時期的黃老思想》，臺北：聯經出版事業公司，
　　1991 年。

曹建墩，《先秦禮制探頤》，天津：人民出版社，2010 年 10 月。

華友根，《西漢禮學新論》，上海：上海科學院出版社，1998 年
　　2 月。

勞思光，《新編中國哲學史（一）》，台灣：三民書局，初版民 70
　　年 1 月（1981 年 1 月），增訂六版民 80 年 1 月（1991 年 1 月）。

馮有蘭，《中國哲學史新編》，臺北：藍燈文化，1991 年 12 月。

傅武光，《呂氏春秋與諸子的關係》，臺北：東吳大學，1993 年
　　2 月。

楊志剛，《中國禮儀制度研究》，上海：華東師範大學出版社，
　　2000 年。

蒙文通，《古學甄微》，成都：巴蜀書社，1987 年。

劉　丰，《先秦禮學思想與社會的整合》，中國人民大學出版社，
　　2003 年。

劉永信，龍永芳編著，《郭店楚簡綜覽》，臺北：萬卷樓，2004 年。

劉建國，《中國哲學史史料學概要上下》，吉林：人民出版社，
　　1983 年 5 月。

熊鐵基，《秦漢之際新道家略論稿》，上海人民出版社，1984 年。

蔡仁厚，《孔孟荀哲學》，臺北：臺灣學生，1994 年。

錢　穆，《中國學術思想史論叢》（二），臺北：東大圖書公司，
　　1981 年再版。

鄺芷人，《陰陽五行及其體系》，臺北：文津出版社，1998 年。

羅　光，《中國哲學思想史》，臺灣：學生書局，1980 年。

顧頡剛，《中國上古史研究講義》，臺北：洪業文化，1994 年 10 月。

顧頡剛，《古史辨》冊 5，上海：上海古籍出版社，1982 年。

三、期刊論文（依姓氏筆畫排列）

丁原植：〈月令架構與古代天文的哲學思索〉《先秦兩漢學術》1
　　期，2004 年 3 月，頁 77-98。

王鳳雲：〈賈誼以禮為本、儒法並用思想初探〉《國際關係學院
　　學報》2005 年第 3 期，頁 78。

王繼訓：〈從陸賈到賈誼：看先秦儒學對漢初思想界的影響〉《臨
　　沂師範學院學報》第 26 卷第 2 期，頁 42-43。

朱海龍，黃明喜：〈陸賈教化思想探析〉《華南師範大學學報》（社
　　會科學版），2004 年第 3 期，2004 年 6 月，頁 127-128。

沈信甫：〈論戴震《考工記圖》的明堂形制及其意義〉《中國學
　　術年刊》第三十四期（秋季號），2012 年 9 月，頁 62-63。

李存山：〈秦后第一儒—陸賈〉，《中國哲學史》（1992 年 10 月），
　　頁 25-26。

李禹阶，何多奇：〈論陸賈新儒學對先秦諸子說的批判繼承—兼
　　論陸賈"厚今薄古"思想的方法論原則〉《華南師範大學學
　　報》（社會科學版），2009 年第 1 期，2009 年 2 月，頁 85。

李禹阶：〈論陸賈的"禮""法"思想〉《重慶師範學報》（哲學
　　社會科學版），2003 年第 3 期，頁 64。

杜保瑞：〈董仲舒政治哲學與宇宙論進路的儒學建構〉，《哲學與
　　文化月刊》第 352 期，2003 年 9 月，頁 19-40。

杜　琦：〈淺論賈誼的哲學思想〉《長春工業大學學報（社會科
　　學版）》第 25 卷第 2 期 2013 年 3 月，頁 2。

佐藤將之：〈《呂氏春秋》和《荀子》對「人類國家」構想之探

析：以其「人」觀與「群」論為切入點〉《政治科學論叢》第 69 期，民 105 年 9 月（2016 年 9 月），頁 176

吳曉昀：〈從「以古非今」到「因世權行」：漢初儒者對秦漢新政治秩序的回應〉《清華中文學報》17 期，2017 年 6 月），頁 126。

周子平，詹　原：〈略論賈誼的德教思想及其影响〉，《传承》，2009 年第 8 期，頁 156。

唐雄山：〈賈誼禮治思想的本源論〉《佛山科學技術學院學報（社會科學版）》第 24 卷第 2 期 2006 年 3 月，頁 14。

孫鈺華、蓋金暐：〈略論唐太宗的太子教育〉《新疆師範大學學報》第 18 卷第 4 期，1997 年 10 月，頁 54-58。

陳鼓應：〈先秦道家之禮觀〉《漢學研究》第 18 卷第 1 期，2000 年 6 月，頁 3。

陳鼓應：〈從《呂氏春秋》到《淮南子》論道家在秦漢哲學史上的地位〉，收入《國立臺灣大學文史哲學報》第 52 期，頁 81。

陳麗桂：〈從循環、代勝到主從、尊卑—戰國秦漢陰陽五行說的緣起與演變〉《哲學與文化》（第四十二卷第十期，2015 年 10 月），頁 18。

陳麗桂：＜融合道、法兼採陰陽的漢儒-陸賈＞，《中國學術年刊》，第十七期，1996 年 3 月，頁 152-153。

黃宛峰：〈叔孫通、陸賈與漢初的儒學走向〉《 史學月刊 》第三期，1995 年，頁 21。

張德文：〈董仲舒的「天人關係」模式及其思維方式〉，《中國文化月刊》第 239 期（2000 年 5 月），頁 25。

張端穗：〈董仲舒思想中三統說的内涵、緣起及意義〉，《東海中

文學報》第 16 期,(台灣:東海大學中文系,2004 年 7 月),
頁 87-88。

張樹業:〈"三代改制質文"的政治哲學意蘊──董仲舒文質論
的理論淵源與歷史效應〉《衡水學院學報》第 15 卷,第 3
期,2013 年 6 月,頁 24。

楊志剛:〈中國禮學史發凡〉《復旦學報》(社會科學版)1995 年
第 6 期,頁 52-68。

董金裕:〈董仲舒的崇儒重教及其現代意義〉《衡水學院學報》,
2015 年 3 月),頁 10-15。

蔡忠道:＜陸賈儒道思想析論＞,《鵝湖月刊》,第三十二卷第
四期,2006 年 10 月,頁 52。